城市研究系列

Urban Studies

城市研究系列

主　　编　周　宪　［加］罗伯·希尔兹

项目总监　任　晖

凤凰文库

城市研究系列

世界城市网络

——一项全球层面的城市分析

World City Network

[英]彼得·J.泰勒 [比]本·德鲁德 著

刘行健 李凌月 译

江苏凤凰教育出版社
Phoenix Education Publishing, Ltd

Routledge
Taylor & Francis Group

图书在版编目(CIP)数据

世界城市网络:一项全球层面的城市分析 / (英)彼得·J.泰勒等著;刘行健、李凌月译.—南京:江苏凤凰教育出版社,2018.3
(凤凰文库.城市研究系列)
书名原文:World City Network: A Global Urban Analysis
ISBN 978-7-5499-7147-3

Ⅰ.①世… Ⅱ.①彼…②刘…③李… Ⅲ.①城市网络—世界 Ⅳ.①F299.1

中国版本图书馆 CIP 数据核字(2018)第 036329 号

World City Network: A Global Urban Analysis, 2nd edition published in 2016.
By Peter J. Taylor and Ben Derudder.
ISBN: 978-1-138-84357-8

江苏省版权局著作权合同登记 图字 10-2016-429 号

书　　名	**世界城市网络:一项全球层面的城市分析**
著　　者	[英]彼得·J.泰勒 [比]本·德鲁德
译　　者	刘行健 李凌月
责任编辑	张 杰
出版发行	凤凰出版传媒股份有限公司
	江苏凤凰教育出版社(南京市湖南路 1 号 A 楼 邮编 210009)
苏教网址	http://www.1088.com.cn
照　　排	南京紫藤制版印务中心
印　　刷	江苏凤凰通达印刷有限公司(电话 025-57572508)
厂　　址	南京市六合区冶山镇(邮编 211523)
开　　本	787 毫米×1092 毫米 1/16
印　　张	19.5
版　　次	2018 年 3 月第 1 版 2018 年 3 月第 1 次印刷
书　　号	ISBN 978-7-5499-7147-3
定　　价	48.00 元
网店地址	http://jsfhjycbs.tmall.com
公 众 号	苏教服务(微信号:jsfhjyfw)
邮购电话	025-85406265,025-85400774,短信 025-85420909
盗版举报	025-83658579

苏教版图书若有印装错误可向承印厂调换
提供盗版线索者给予重奖

出版说明

城市研究领域很深广，涉及多学科内容。经济、政治、文化、环境、资源、规划、可持续发展等主题，都与城市有关。这些主题大致涵盖了实体的物质空间和抽象的文化空间，也许在一定程度上与当代生活有关的问题大多是城市问题。

“城市研究系列”即是对中国城市化进程中可能遭遇的各种问题在理论上的一种回应。“系列”以经典性与前沿性为导向，理论研究与实证研究并重。在内容方面重点关注与城市主题有关的经典性著作、各学术流派的代表作、当代前沿问题研究、城市研究新理论、城市文化现象与发展方向的探讨等。这些内容不仅追溯了城市发展的历史进程中诸多富有影响力的节点，也契合了当前社会的热点和趋势。

“城市研究系列”既重视国外先进的城市研究著作的引入，也重视国内城市研究领域中优秀的原创著作的出版。我国的城市研究起步较晚，引入国外先进的学术理论，其目的是丰富我们认识城市的路径，建立更加科学的观照体系，从而形成并完善我们本土的城市理论系统建构。

作为中国城市化进程的目击者、参与者、解释者、引领者，我们有责任告诉世界这个历史悠久的农业大国在这一巨大的城市化转型中所发生的一切。而城市本身所具有的多样性与复杂性，也值得我们去探究，去呈现，去引领。

我们期待“城市研究系列”这一高水准的中外城市理论研究出版平台所带来的新角度和新方法，所开启的新视野，所探讨的新问题，能为我国新型的城市化进程提供充分的学术支持。

江苏凤凰教育出版社

全世界的城市联合起来，除了贫民窟、贫穷和军事消耗之外，你们没有什么可失去的。

(Boudling, 1978: 157)

目录

第二部分　世界城市网络分析

第三部分　总结性思考

图目录

表目录

前言

熟悉本书第一版的读者会知道我们在第二版中做了全面的修订。这主要是两个原因：一方面，世界城市网络方向的文献在2004年之后由全球化与世界城市网络(Globalization and World Cities [GaWC] Research Network)内外的学者进行了极大的扩展。这里面包括新的进展、有意义的批判、修正与改进的方法，以及更广泛的对世界城市网络研究如何同其他城市与全球化研究相联系的认识。我们吸收了很多新的想法，包括提出更为准确的理论框架并完成一项更大规模的全球城市分析；另一方面，本书第一版所使用的数据搜集于2000年，而我们所处的世界全球化过程一直没有停止过。自2000年后，世界经历了互联网泡沫、一次强烈的经济复苏、由此发展成为全球经济危机的金融危机，以及因此带来的缓慢而又断断续续的复苏。本书所使用的世界城市网络数据搜集于2012/2013年，并且关注2000年和2012/2013年间的变化。

在详细叙述这些改变、修正和扩展前，我们希望简述我们的研究与之后发生的另一个重大改变的联系，即博客圈的兴起。这是因为我们的一小部分研究已经成为博客圈这个新的非常民主的平台上引发争论的话题。这些争论往往关于具体的城市排名，而这并不是本书以及我们研究关注的重点。城市的排名是我们某些分析自然而然的结果，但正如本书标题所表达的，我们关注的重点是城市网络。但是，作为全球化与世界城市网络的学者，我们为这些不同的公众讨论以及人们对所生活的城市相对排名的焦虑全权负责。因为由 GaWC 研究者撰写的论文中获得最多次引用(超过 1000 次)的文章就是关于将世界城市进行阿尔法、贝塔和伽马三个层级的排名(Beaverstock，1999)，我们决定将这样的排名在我们的网站上提供，并在有新的数据收集之后更新这些排名。这些排名带来了关于我们数据和排名的很多讨论，其中也包括一些因为对分析结果不满而对我们方法的批判。这体现了科学研究与充满激情的争论存在冲突，而有时候后者包含着一些傲慢与无知的成分。为准确起见，我们利用了 526 个城市的 175 个办公室网络中的 92050 条信息对城市进行分级。正如在我们网站上介绍研究方法时所述，我们的分析中没有使用其他信息。但是，以下是一组关于我们最新分析结果的评论，这些评论完全理解和体现了我们真正所做的事情(以下七条评论引用自 www.city-data.com 网站上的博客)。

- 他们没有可靠的数据来支撑结论。

- GaWC 跟其他(关于城市排名的)研究不太一样。他们以为非常有智慧地在探讨的权重，却让他们自己看起来像笑话。他们给予举办过奥林匹克的城市、各个首都、亿万富翁数量、机场交通流量和各地区的文化中心更高的权重。

- 这排名完全是垃圾。经常发生的大的排名变化显示分析并没有严谨的标准。如果分析是基于国际通讯，那么欧洲城市的排名就会偏高。而且最重要的是他们没有合理地给美国的城市排名。亚特兰大？真的吗？

- 他们将有着牛仔文化地区的城市置于实际上更重要的城市的上一

层级。或者一个城市被排在高层级，仅仅是因为那里有拿贝果当早餐的习惯。明白我在说什么吗？我不想再说了。但是对那些真的相信亚特兰大排在波士顿、达拉斯、休斯顿和费城之前的人，你需要讲更多。还有对那些真的相信迈阿密和亚特兰大是阿尔法级的世界城市、排名甚至高于华盛顿的人来说，你确实需要心理治疗师。

● 把费城和卢布尔雅那排在同一级，这一点我非常喜欢。卢布尔雅那是哪儿？好吧，我刚刚查了，那是斯洛文尼亚的首都，比费城小得多。

● 我可以想象一个城市的排名可以在20年间衰退(如"锈带"城市)，或者停滞，或者在20或30年间提升排名，如"阳光地带"的城市。但是将城市的排名每四年就变来变去让我觉得他们是不是(随机地)从袋子中抽取城市的名字。

● 他们总是不断地调整排名。如果排名总是一样的，没有人会去他们的网站去查看排名，而这些排名的制作者就会失业。一切都是因为钱。

这些关于亿万富翁、牛仔、贝果、治疗师、袋子和钱的讨论是关于另一个世界的，和本书相去甚远。列出这些网上观点是有趣的，但也是为了说明重要的一点：我们看到的是公众与专业科学之间关系的一个特例，而且这里的专业科学是在描述公众每天生活经历的社会科学。这甚至是一个好的博士论文题目！在此我们邀请读者在读完本书后再去浏览网上的这"另一个世界"，甚至做我们不敢做的事：参与网上的讨论。

本书第二版和第一版的"三明治"结构类似。这一"三明治"结构的文本以全球分析为核心，全书的三大部分都已经得到全面修改，以期获得更为整体的叙述。该书的第一版以一组历史上的例子、文献综述以及对简·雅各布斯(Jane Jacobs)关于城市外部联系的理论解读作为开端。在这一版中，我们将此顺序进行了调整，作为一个新的导论(第一部分)。第一章主要关注我们选取的理论基础及其在现代世界中的应用，从而引出产生世界城市网络的公司全球化。与之前的版本相比，我们提供了一个更加全面的雅各布斯关于城市及其在经济发展中的作用的理论讨论。我们也因此将我们所关注的城市之间的外部联系（连通性）与更为通常的对城市内部联系（集聚）的关注联系起来。关于城市外部联系的研究会在接下来的两章中加以综述。以往对城市外部联系的研究，包括中心地理论和国家城市系统在第二章中得到了批判性的评价。并以此为基础在第三章中介绍 GaWC 研究者是如何拓展和补充传统的对城市外部联系的研究。

本书的第二部分包含五个有关世界城市网络分析的实证章节。第四章介绍了连锁网络模型的设定和数据的收集，为后续分析提供了基础。在第五章中，我们关注连锁网络模型提供的基本测量，即城市到网络连通性。这些连通性以总体和分行业与其他网络对比的方式呈现。在第五章中我们也介绍了一些研究中的新进展。第六章叙述了自第一版后的一个重要研究进展："城市对"分析。在网络腹地分析之外，我们找寻"城市对"之中的总体格局，并介绍了新的选择排序法。分析的下一步则是展示世界城市网络中一些具体格局。为此，我们在第七章中对城市和"城市对"进行了主成分分析。第八章随之思考了世界城市网络自 2000 年以来的变化，绘制了城市与世界区域不断变化的连通性。

第三部分只有第九章。将第三部分命名为"总结性思考"是表明我们并不想以一个"标准"的结尾完结。我们认为这里呈现的研究仍在进行中，所以希望强调研究未来发展的开放性。为此我们选择了"城市与国家关系"这一主题来探索一些从我们对城市外部联系的关注中得出的想法。这使得我们不同寻常地在最后一章中引入了新概念，例如"世界空间经济"和"城市间的绿色网络"。这些新概念或许将是未来全球化与世界城市网络研究的重要方向。当然，最后一章的内容或许会让我们在博客圈中有更多的"麻烦"。

致　谢

与本书的第一版一样，我们依然感激世界范围的学者网络(全球化与世界城市研究网络；GaWC)，他们在过去15年中与我们一同分享了作为一项全球城市分析的世界城市网络的发展历程。我们希望他们看到他们的思想与工作在本书中得到了记录，虽然我们未能涵盖他们的全部贡献。我们这里有一长串学者的名字需要感谢，是他们使得这本书成为可能：Rolee Aranya，David Bassens，Jon Beaverstock，Martijn Burger，James Faulconbridge，John Harrison，Stefan Hennemann，Michael Hoyler，Xingjian Liu，Oli Mould，Zachary Neal，Pengfei Ni，Kathy Pain，Christof Parnreiter，Eliana Rossi，Wei Shen，Sandra Vinciguerra，Michiel Van Meeteren，Allan Watson，和 Frank Witlox。此外，我们希望感谢 Liang Dai，Daan Pelckmans，Weiyang Zhang 和 Xiaohua Zou 为本书提供研究方面的协助。我们也感谢来自英国经济与社会科学研究理事会、比利时国家科研基金会、欧盟第七框架计划和中国科学院。

在本书撰写过程中，两位作者都改变过所属机构：其中的一位换到了纽卡斯尔的诺森伯兰大学工作，在那里他接触到了很多有关可持续和生态恢复能力的研究，这使得他开始从新的角度思考城市与网络；另一位在莫纳什大学访问了两年，并在此期间完成了本书大部分的研究；Priya Rangan 和 Kevin O'Connor 为此提供了非常良好的工作环境。

我们将本书献给我们的妻子 Enid 和 Fem。

彼得·泰勒　本·德鲁德

缩略词

BC	Betweenness Centrality 中介中心性
DDB	Doyle Dane Bernbach 多伊尔戴恩伯恩巴克广告公司
FDEB	Force-Directed Edge Bundling 力导向边集束
GaWC	Globalization and World Cities 全球化及世界城市网络
GATT	General Agreement on Tariffs and Trade 关税与贸易总协定
GNC	Global Network Connectivity 全球网络连通性
ICBC	Industrial and Commercial Bank of China 中国工商银行
LLC	Limited Liability Company 有限责任公司
NNC	National Network Connectivity 国家网络连通性

续 表

OECD	Organization for Economic Co-operation and Development 经济合作与发展组织，简称经合组织
PCA	Principal Components Analysis 主成分分析法
SEJs	State Economic Jurisdictions 国家经济管辖区
SWF	Sovereign Wealth Fund 主权财富基金
USAL	United States plus London (as a single economic entity) 美国伦敦单一经济体
WR	World Region 世界区域

第一部分　导论

第一章　城市与全球化

- **总论：雅各布斯的城市与发展理论**
  通过城市网络的创新与模仿
  城市权力
- **分论：城市的现代性**
  商业现代性：商业网络的全球版图扩张
  工业现代性：帝国的全球化与依赖关系
  "拼图"全球化中的消费现代性
  公司全球化：网络社会中的城市

无论是现代还是历史时期，没有一个地方的创意经济——或者说城市经济——是独立于其他城市而存在的。一个城市不能仅仅依靠与农村腹地的贸易而发展。一个城市似乎总是在与一群城市的相互贸易中得到发展。

(Jacobs，1969：35)

本章旨在为现代世界城市网络理念提供一个理论和历史背景，并进一步引出本书的主旨：全球层面的城市分析。

我们将城市视作各种工作的集中地。这自然地引出了两个问题：什么样的工作在城市中完成？怎么完成？这一思考可以进一步从两个层面展开。一方面，我们将城市视作一种人类千百年来进行日常工作的普遍的聚落类型。人们从事的工作类别多样，包括一切由于专业分工（质量）和规模（数量）限制而不能在其他（如更小范围的、乡村的）聚点进行的生产、分配、组织与安全控制活动。并且，这样的工作往往需要通过专业的基础设施配合物流来完成，而不是城市地区难以找到也不需要这些基础设施。另一方面，我们也意识到城市在不同时期和不同地域具备不同的特质。因此，工作的类别及其完成方式受到现有技术、精神认知和环境资源等多种因素的影响。城市之间的特质差异巨大，所以我们将本研究置于广义的现代性语境下。我们所讨论的现代性包含过去 500 年左右、并从 20 世纪开始表现出的趋于全球化的特点。因此，我们认为现代的世界城市网络实则是现代性影响下的产物。

我们认为普遍的和特殊的两个层面的思考方式并不存在任何冲突。相反，它们是互补的，并且能融合我们对研究对象的不同理解，包括对城市以及城市在现代全球化背景下发展前景的基本理解。接下来的两个部分即按照这样的思路展开。

• 总论：雅各布斯的城市与发展理论

我们选择的理论来源于简·雅各布斯的著作，包括她对发展城市经济增长理论的贡献（1969：3）、在城市权力方面的延伸（1984），以及在生态学语境下对其理论的解读（2000）。原因很简单，因为这是仅有的一个能将城市内的集聚效应与其外部关系完美结合的理论构想。尽管本书更关注后者，但理解本研究与被广泛研究的城市集聚效应之间的联系同样重要。不过值得一提的是，虽然外部关系在雅各布斯的模型中作为一个必要的成分出现，但她对外部关系的性质几乎没有涉及。尽管她在城市互补性方面有清晰的阐述（如“为什么落后城市需要彼此”，Jacobs，1984：135），然而却没有将这些关系构想为城市网络。因此，在诠释雅各布斯的著作时，将城市的外部关系延伸理解为城市网络尤为关键。

通过城市网络的创新与模仿

我们在此仅提供了雅各布斯关于城市经济思考的粗略框架。对我们的研究而言，这一粗略框架提供的理论背景已经足够了。如果读者希望透彻了解雅各布斯著作中丰富的内容和细节，可以参见原著（Jacobs，1969，1984，2000）。

雅各布斯基于以下三个前提构建起她关于城市经济增长的理论。

1. 经济过程的基本单元是城市而非国家。国家是由军队和外交手段组建的政治单元，只是在现代社会运作中积累了一些经济功能。但这些并不能够组成一个可运作的经济体；所谓“国家经济”其实并不存在。经济过程在城市内和城市间进行，因此城市和其对应的功能环境（如城市-区域）才是组成经济的单元。在这一论点中，所谓的国家经济其实是由政治上相互联系的城市经济构成，而城市经济正是我们理解经济增长的关键。

2. 城市是一种由复杂且动态的劳动分工组成的特殊聚落。城市始终包含两类工作：旧工作和新工作。“新”工作是城市中一种不同于传统的谋生方式；这类工作不可预测，富于变换，并且不可依赖，是一个充满了创业的失败与成功的世界。“旧”工作实质上是过去新的工作在成功以后，由常规化和规律化所形成的生存方式。旧工作占据城市经济的主体，但新工作才是城市经济持续发展的动力；这些新工作使城市得以闻名于世。

3. 经济发展是基于新工作的特殊增长形式。增加额外的旧工作(如扩大工厂规模)带来的经济增长创造了经济数量上的扩张,却无法改变现有的劳动分工。新工作带来的是质的变化,因为这样的工作增加了劳动分工的复杂性。两方面的变化都能够带来经济增长,但只有后者可以称为经济发展。这样的经济发展只发生在城市中,这也解释了为什么城市是基本的经济单元。

雅各布斯(1969)关于城市进程的思考基于以上三个假设,并且她更加关注新工作。这可以从两个不同的方面解读。首先的也是最显而易见的一点是经济创新往往伴随着新产品(通常是现有产品的衍生)、现有产品新的生产方式(如技术创新),以及现有产品生产新的组织方式。创新通常从传统的工作(即雅各布斯所称的"源工作"[parent work])中产生而非随机自发形成。新工作的产生与城市,尤其是城市的规模紧密相关。越大的城市聚落,越会在更广的范围内进行劳动分工,因此传统工作更有可能成为"源工作"。此外,城市密度的增加,尤其发展较好的城市的规模扩大和城市增长引发了一系列关于居住和就业的问题,这些问题需要新工作来解决。

其次,城市中的新工作可以通过复制其他城市的创新而产生。这不仅仅是一种简单的模仿,而是需要基于不同城市环境进行适度的改变。实质上,这与提升城市劳动分工复杂性的"本土"创新有同样的即时效应,但动态效应却是不同的。通过把曾经进口的产品作为新产品生产,城市具有了引进额外产品的能力。这一重要的替代机制(有时被称作进口转移)不应该与国家的进口替代策略混淆,即:这是一个过程,而非一个政策。替代机制的运作对于"爆炸式增长"的城市有着深远的影响,持续几十年的城市经济由于劳动分工经历累积性的快速变动而导致增长陡增。这一机制在每个城市至少发生一次:当居民点首次变成城市时或大城市经历多种类似的陡增阶段时。模仿是一种比创新更加普遍的产生新工作的方式，也因此成为城市经济发展的首要机制。

不过，以上两种产生新工作的方式对于城市经济发展的推进都是很有必要的。如果城市簇群中的创新干涸，便无创新可模仿。随着剩余创新的扩散，城市会变得趋同，因此不再有任何贸易需求。城市也因此而失去活力并导致经济停滞。这种情况通常没有出现，是因为创新和进口替代连续不断地在非组织的/自发的交集处发生，这就保持了城市的持续性动力。在任何时候，都难免会有城市停滞，但只要其他城市保持经济发展，这样的停滞就会局限在某一地方直到活力再现。雅各布斯将这一过程类比为爆米花机：不是所有的玉米种子都能同时爆发，但只要有一些在爆发，就意味着机器在工作。

雅各布斯以历史的和当今的实例证明了其城市发展理论的正确性。我们将这一特征解释为城市发展过程的普适性，即由最古老的文明（有文字记录的创新簇群仅流行于美索不达米亚的城市）发展成为现代城市（过去所称的“工业城市”、创造者和工业创新接收者）（Taylor，2013）。但是却少有人意识到这一理论在非盈利工作上的广泛适用性。在城市间产生并扩散的社会、文化和政治创新，可以被视作一种思想上的贸易（而非传统的商品交易）。这些创新带来新的非经济活动的运作方式（新工作）取代了现有的活动和方式（旧工作）。这引发了我们对于经济性质的思考：大多数时候，经济起源于市场，但雅各布斯并不这样认为。正如上面讨论的一样，经济来源于工作。本书无意区分这些差异，只对此做出简单论述以说明我们所要探讨的世界城市网络是基于较为激进的理论背景。

城市权力

当提到权力的时候，我们通常会想到通过政治机构实施的控制和权威的应用，比如领导管理着一个国家。这通常指的是具有领土的主权，与国家及其土地相联系。政府将这种权力分配下放至地方政府：在城市中，市长拥有这种权威。但这种特殊的领土和地方权力并不是雅各布斯所认为的城市权力。雅各布斯并未将城市权力作为国家内领土权力，而认为城市权力体现在影响、主导甚至控制跨越世界行政边界（国家或城市的边界）的经济过程上。这一分布更加广泛而且隐形的权力部署至少与国家机器一样，对人们的生产生活带来正面或者负面的影响。

雅各布斯认为，替代城市增长机制的进口活动在创造适应城市需求的外部经济时发挥了很大的作用。这是一个需求与供给的过程，在这个过程中，特定形式的外部供给满足了城市中不断增长的经济需求与进口替代。这些影响可以是正面的也可以是负面的，而本文会从后者入手。雅各布斯称负面的结果为"经济怪诞"，这些地方经济与城市经济相反，它们是高度专门化而非多样性的，因此劳动分工很简单。这些地方在某种程度上来说是没有权力的，因为它们无法决定自己的命运，而是需要依赖于那些利用它们促进自身增长的城市决策。

雅各布斯（1984）认为，城市投射有五种力量：市场、工作、移植、技术和资本。当它们在相距遥远的区域独立运行并分别塑造五种疲软的经济时，就会带来负面的影响。

1. 城市市场创造了初级商业供给区域。这些区域为遥远的城市提供食物、能量和原材料。它们高度专业化并可以在生产中总结专业知识，但这一点并不重要，因为城市能从多个区域获得供给。这些区域既包含了富有国家中的贫穷区域，也包括这个世界贫穷的国家。这些区域中的城市最初因组织贸易而发展起来，但贸易最终难以超越仓储或者交通枢纽的职能。对于这些城市而言，解决贫困的唯一长期的经济方案就是通过进口替代让它们自身变得更加复杂，进而以此促进经济增长。

2. 城市工作创造劳动供给区域。这是一个推拉的移民过程。由于这些区域很少提供就业，年轻人喜欢移居到提供工作机会的地方。这些富有进取心的移民者的流动加剧了供给区域的疲软经济形势，并助推了他们流入城市的发展。（这些移民）汇回家乡的汇款对劳动供给区域起到短期的作用，但由于（劳动供给区域中的）那些城市在一开始就缺乏活力，因此这些汇款并不足以成为形塑当地经济的基础。

3. 城市技术通过塑造大规模移民形成了“被遗弃”的地区。在这种情况下，只有推力而没有拉力存在。在这些特殊的供给区域，新技术淘汰一切并将劳动力需求降至最低。一个典型的例子是在“低效率”的小尺度农耕区进行农业改进，大型机械化的农作生产取代了家庭农工和佃农。由此，多余的劳动在城市中分散并完结，而我们并不知道城市是否为这部分人口提供足够的就业。

4. 城市（产业）转移创造了二产（工业）和三产（服务业）的供给区域。这是生产向低工资区域转移的过程。这是一个生产周期的终点，即城市中的新工作变成了旧工作，进而常规化，使得生产过程可以出口到劳动力成本低廉且远远抵消了市场交通花费的地方。雅各布斯认为，在这个新的地点并没有新工作产生，因为这不是一个内生性的过程，而仅仅是一个外在的、对于劳动分工毫无潜在可能进行再分配的植入。

5. 城市资本创造出欠发达的区域。这是一个关于金钱力量的错误认知，并与一些区域和国家无数的贷款、资金和补贴相联系，这些国家的城市缺少活力，但却试图“购买”发展。雅各布斯将此称为“发展要素理论”(thing theory of development)，即试图通过提供资本获得富裕地区和国家所拥有的要素(thing)，并期望以此带动落后地区和国家的发展。没有进口替代却妄图进行发展的城市注定要失败。雅各布斯尤其反对在偏远地点修建水坝，从而通过新的能源生产来带动当地发展的做法。这类案例很多，却几乎没有带来所设想的发展。

这些由城市引发的权力投射催生了我们通常称之为非均衡发展的多层依赖经济地理格局。雅各布斯的贡献便是将城市嵌入这些衰落经济现象的讨论中。

城市外部力量的正面表现有两种方式。第一，在与城市邻近但并非郊外和地方腹地的地区会出现分享城市经济优势的特别区域。在这些属于“城市自己的区域”，五大力量是统一而非分开运作的。这些力量通过融汇减弱了各自可能导致的负面效果。市场力量、工作机会、技术变革、移植和资本投资之间的经济平衡给城市及其附属地区带来了经济活力。城市区域是城市权力的正面产物。

但是，与雅各布斯城市发展理论直接相关的最重要的正面结果是：城市之间的创新扩散。尽管城市与城市之间的外部关系其实是雅各布斯的核心论点，她却对此甚少直言。有例外的两点：首先，她采用“母城”的论点来描述先前缺少城市的区域中崛起的城市。此外，雅各布斯认为，“落后城市需要彼此”共同抵消之前提到的负面效应。这暗示了一个分等级的网络化的城市间关系，但她并未对具体例子进行进一步的概括和总结。雅各布斯的主要方法是一次聚焦于一个城市或者城市区域，而不是考虑多个城市之间外部关系的模式。

雅各布斯在她对于热带雨林与城市复杂性的对比之中清晰地反映了这一理论的不足。她采用了系统能量流通的生态学论点，用一个简单的投入-生产-产出模型对比这两类情景。一方面，能量进入系统并离开，在此过程中没有发生任何其他过程。这好比一个沙漠生态系统，能量从太阳进入系统到晚上离开系统，并没有带动多少生命活动。对应的聚落是一个基于单个资源或者依赖生产转移的“企业城镇”(company town)，这样的聚落系统输入生产资料(资本或劳动力)输出商品产品，但在此过程中却没有其他经济活动发生。例如，"淘金小镇"在淘金热结束时完全从地图上消失。另一方面，在热带雨林中，能量从太阳进入系统，并通过多种方式被利用和转化，从而创造了具有丰富生命形态的生态环境。对于雅各布斯来说，城市也是以如此复杂的系统形式运转着；正是进口产品的不同使用带来了有活力的经济增长。毫无疑问，这一比喻生动地阐释了城市内部关系但却忽略了外部关系，正如热带雨林之间并不会交换观点或者进行贸易！但是对于雅各布斯(2000)来说，这并不是一个比喻，她将生态与经济机制视为同等的。

为了更好地理解城市之间的关系，我们必须从雅各布斯的城市发展理论中推导出城市间的关系，而不是简单地从我们的研究角度来解读她的理论。一个基本观点是进口替代机制是建立在因创新扩散而产生的城市相互性之上的。相互性是网络的基本特征，因此，雅各布斯的理论指引我们将城市间关系视作城市网络。这与通常意义上基于中心地理论和其他相关模型的等级扩散的认识背道而驰。与相互性相反，等级意味着竞争性的城市间关系；我们将在下一章对这一点进行讨论。我们在本书中的立场是：尽管城市可能会在特别情况下产生等级，但大体上是网络化的。因此，我们会将世界城市网络视作一个"有等级倾向的网络"。这一关于城市的总体观点在其他研究中也被广泛认可(Taylor，2013)。在此，我们仅列出与这一立场相关的两个论点。

传统的领土开拓者很早就在抢占土地的过程中理解了城市的本质。他们通过围攻和封锁来切断城市的外部联系使其孤立。虽然看上去是迫使挨饿的人们就范，但切断外部联系显然有更大的影响，它会导致城市发展的停滞。这与现代用于针对单个国家的制裁形成对照。后者的效果依赖于它们对城市发展的影响。如果在国家中有足够多的城市保持城市间的发展进程，那么制裁将作为外部力量进一步支持雅各布斯对于落后城市需要彼此的观点。实际上，"脱钩"一直都是一项激进的发展战略(Amin，1990)。换言之，在雅各布斯的思路中，国家制裁实际上可能有正面的效果！

城市在等级化和网络化方面有很重要的量化差异。如果创新扩散可被看作是一个从上往下渗透的等级化过程，那么在很大程度上这是一个空间上被严控的过程，这与通过网络的扩散相比是非常缓慢的过程。比如，15 个城市被安排成四个等级(1、2、4、8)，那么只有 14 个(垂直)联系，而这 15 个城市的网络则有 105 个(水平)联系。这显著地影响了可在组织结构中扩散的创新总量。在实践中，等级化的结构因为受到指令经济的影响，难以成为适合创新扩散的好模型！雅各布斯在通过跨学科研究梳理文献并提炼观点时，无疑收集到了有关等级化扩散的研究，但是却选择忽略它们，这或许是因其效用有限。我们在认可这一观点的同时，也运用符合雅各布斯理论的网络结构填补了城市间关系研究的空白。考虑到当今世界范围内的城市联系，这一选择十分必要。

在我们进行分论之前，这里需要我们对雅各布斯理论的应用与近期的经济地理中相关研究的联系做简单的评论。与马歇尔的外部性相比(以古典经济学家阿尔弗雷德·马歇尔[Alfred Marshall]为例)，近期经济地理研究更多强调雅各布斯的外部性理论。这是一个关于城市的经济优势是由经济多样性所致(雅各布斯的复杂劳动分工)还是由城市行业专业化所致的问题。外部性是关于发生在市场之外的优势；这里我们主要关心城市网络的外部性。这些是雅各布斯所提的外部性的一种形式，但不是上面所提的那一种。换言之，公司从城市的内外优势中均能获利，而不是如新经济地理的争论中所认为的那样仅能从内部获利。因此，这些争论与我们对雅各布斯研究的运用并无太多联系，我们也不会在此之上继续展开讨论。

• 分论：城市的现代性

虽然总论部分提供了一个关于城市性质的框架，但我们需要从城市历史的多样性角度对研究所讨论的城市进行细分。我们将借助世界体系理论来进行我们的讨论。由伊曼纽尔·沃勒斯坦(Immanuel Wallerstein,2004)提出的世界体系分析识别了主要世界区域起伏的历史系统,定位了两种世界体系:世界帝国和世界经济体。前者有很多,且每个都有其特定的城市类型:罗马城市、中国城市、印加城市等。但只有一个成功的世界经济体,即在“漫长的16世纪”(大约1450年到1650年之间)出现的现代世界体系,这一体系作为欧洲大西洋经济体在19世纪(将其余的世界帝国纳入,如中华帝国)扩展至其他世界体系。在这一体系中,现代城市的独特性通常被贴上了“工业城市”的标签,但它实际上却比“工业城市”更加复杂。

现代世界体系与以往的世界帝国在再生产的逻辑上并不相同。后者是一种基于领土扩张和稳定的社会再生产的政治实体;现代世界体系是一个资本的世界经济,在这个体系中,再生产主要依靠资本的持续积累,而这一过程中虽然包含了领土扩张但却远远不止于此。这些不同的社会逻辑体现出并产生于两类体系中不同的城市性质。世界帝国中有很多城市化率一般低于10%:因为政治领土逻辑更青睐政治精英而非经济精英。在新的政治经济逻辑语境下形成的现代世界体系中,这一逻辑发生了变化,经济精英有了更多权力(Taylor,2013)。这一结果打破了10%的原则,所以当今的数据显示,世界上过半的人口都是城市居民,并且有在本世纪中叶上升至75%的趋势。现代世界体系无疑是一个城市的世界(见Brenner and Schmid,2014)。

正如世界帝国归根到底靠军队在政治上捆绑在一起,现代世界体系也将继续通过世界范围的城市联系而在经济上捆绑在一起。这些超过百年的复杂演化累积起当今世界城市的网络。与三大现代性的最初形式相联系的全球空间组织清晰地诠释了这一点。这三大现代性包括商业(16世纪和17世纪)、工业(18世纪和19世纪)和消费(20世纪和21世纪)(Taylor,1999a)。

商业现代性:商业网络的全球版图扩张

17世纪,向现代世界体系的转变产生了一系列稳定的商路,这些商路通过港口城市跨越海洋而将种植园、堡垒、矿山和驿站连接起来,这进一步创造了一个贸易和生产系统。这一空间组织的拓扑结构见图1.1。

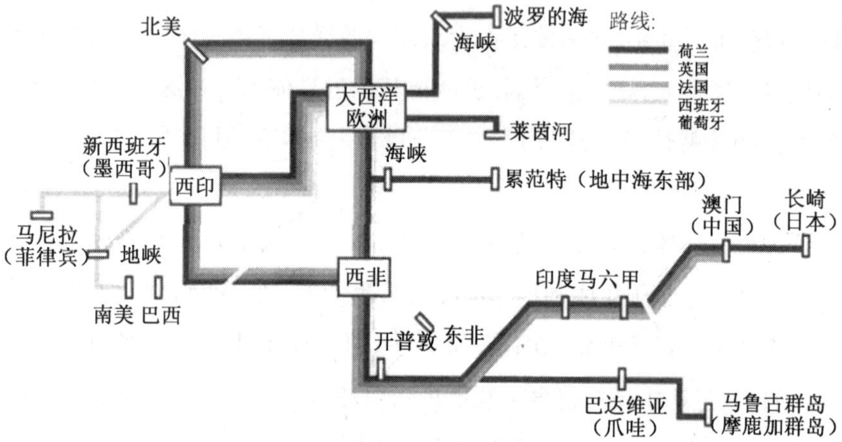

图1.1 商业现代性的地理拓扑结构
来源:泰勒(2004)

在这些路线上,有来自欧洲的五个主要参与者。最早开辟商路的西班牙和葡萄牙主要是从里斯本和塞维利亚开展贸易,法国的贸易随后主要从拉罗谢尔展开,而英国贸易主要从伦敦开始。最为重要的是荷兰商人主要从阿姆斯特丹和其他城市开展贸易。直至17世纪中叶,荷兰人一直控制着整个局势。他们的成功最初建立在欧洲:首先,低地国家长期控制波罗的海的贸易;其次,他们成功阻止了安特卫普获得出海口,从而获得联系西欧心脏莱茵地区的海/河航线。在欧洲以外,这一格局涵盖北大西洋三角贸易核心,并在东西两个方向上向受西班牙和葡萄牙影响的地区延伸。这一体系的中心是“世界转口贸易点”——阿姆斯特丹。四大舰队的归程构成了阿姆斯特丹的商业日程,即波罗的海、黎凡特、西印度群岛和东印度群岛(以色列,1989:257—258)。来自船队和欧洲其他地区的信息和商品使得阿姆斯特丹成为第一个商业信息的“全球结算所”(Smith,1984)。阿姆斯特丹是所有活动的金融中心,并在商业时代称霸全球(Lee and Pellizon,1991)。

这一简单的全球拓扑结构并不意味着欧洲的霸主地位。事实上正好相反,这些现代的欧洲人将世界视作一个聚宝盆,一个可以赢得巨额财富的场所。因此,他们并不认为世界的其他区域是劣等的。以下的事实证明了这一点:在整个具有商业现代性的社会,正如弗兰克(Frank,1998)所证明的,欧洲不是世界领先的区域。除了传统的让欧洲人惊叹的“神话般的东方”,欧洲人对于非洲城市也同样未表现出任何优越感:比如贝宁就经常被拿来和阿姆斯特丹做比较(Oliver and Fage,1988:89—90)。首个现代欧洲全球空间组织仅仅是拓扑结构意义上的,因为在大西洋之外,它只包含若干通往亚洲城市之间成熟贸易网络的支线。

工业现代性:帝国的全球化与依赖关系

西北欧城市的工业革命改变了世界区域之间的权力平衡并产生了新的全球空间组织。在生产、武器、财富方面巨大的飞跃意味着在军事和经济上欧洲人可以根据他们的需要占领并重构世界。实际上,之前所属的大西洋三角形格局明显导致了全球范围内的欧洲控制。一个标志性的事件是第一次鸦片战争(1841)中英帝国对中国的胜利,这一事件标志着传统世界等级秩序被推翻。欧洲之外的世界不再是一个神奇的聚宝盆,而是变成了一个为新的工业需求而设计的场所。

尽管这一时期世界地图的绘制大多体现各个欧洲帝国,但实际上所产生的空间组织最初反映的则是西北欧以及后来北美工业城市的经济权力。这导致商业地理在世界范围内重塑为两个相互对立却又互为补充的区域:一个工业核心与其他支撑其工业城镇需求的区域。欧洲最初的工业化发展是基于本地的煤、铁等矿产资源,除了这些基本要素之外,来自更远地区的原材料也十分重要。这需要创造三种形式的供应区域：首先是工程师所需的矿物（这些矿物不限于传统的黄金、银、铜、钻石、镍、锡、锌，还包括后来用于燃料和塑料的石油）；其次是工厂所需的经济作物（不限于烟草、棉花、黄麻、油籽、橡胶和羊毛）；第三是粮食作物（不限于糖和谷物、肉类、水果、饮料）。当然，这些发展由于很少考虑固有的聚落模式而使得大规模的移民劳动力成为常态。一个非常典型的例子是每个个体“生产的岛屿”存在于“廉价劳动力的海洋”中：来自外围的劳动力和从供应区到产业核心区的商品都是这种情况。不同的世界区域在这种方式下成为从事专门生产的“经济怪诞”，就像单一商品的地区和国家。著名的案例有：阿根廷的牛肉、澳大利亚的羊毛、巴西的咖啡、孟加拉的黄麻、锡兰的茶、马来西亚的橡胶、新西兰的羊肉、北罗得西亚（赞比亚）的铜、加纳（黄金海岸）的可可、南非的钻石、苏丹的棉花，还有后来一个非常经典的案例，即中东的石油。在这一过程中形成了充满活力的城市和城市间关系的核心区，包括各自独立但又依赖于核心区的外围区域。在美国，那些伟大的工业城市创造了它们自己的内部供给区域：玉米带、棉花带、谷物（小麦）带和矿物资源区域（Borchert，1967），但它们的劳动力供给区域既来自内部（来自“贫穷的南方”），亦来自更贫穷的欧洲地带（如爱尔兰、意大利和波兰），以及近来的拉美。伦敦正是处于这一重塑世界格局的金融中心，作为第二代霸权城市（Lee and Pelizzon，1991），伦敦在法国大革命和拿破仑战争中取代了阿姆斯特丹的地位。

“拼图”全球化中的消费现代性

19 世纪，城市和国家在经济优先和政治优先之间的矛盾不断增长。一方面有由“曼彻斯特自由主义”所推动的国家间的自由贸易；另一方面是自 20 世纪上半叶以来，也存在着崇尚贸易保护主义国家之间的竞争。在这一趋势下，城市被迫更多关注国家市场，而两次世界大战（1914—1918 年和 1939—1945 年）以及基于国家战争需求和民族仇恨而重新组织的生产过程则进一步促进了这一进程。正是在第一次世界大战期间，纽约取代伦敦成为了世界金融中心，成为第三代霸主城市（Lee and Pelizzon，1991）。但这一新的由受保护的国家市场组成的世界拼图（这里使用拼图这一比喻是为了强调国家之间有形和无形边界对于世界经济的重要影响）在 20 世纪 30 年代经历了世界范围的大萧条。直到二战结束之前，美国与纽约都未能成为世界经济霸主。

1945 年（二战结束）后，立即有政治动作以期扭转保护主义的倾向。特别是美国商业在战争影响下有了极大的扩张，这些商品需要销往美国以外的地方以保持其增长势头。这导致了 1948 年的关税贸易协定（GATT）。这并不是一个自由贸易宪章，而是一个有利于逐步减少关税的渐进机制。虽然拼图一般的国家市场依然存在，美国企业利用它在高度保护主义时代创造的方式扩张：通过在国外开办工厂的方式打破关税壁垒。因此，美国企业变成了具有世界品牌的“跨国公司”，但它们仍需在每个国家内根据各自的规则进行运营。这类在欧洲的“美国式入侵”成为西欧战后复兴的关键；这类城市内的快速经济增长持续到了 20 世纪 70 年代。在这一时期，经济和文化的美国化创造了新的消费现代性，这种消费现代性建立在“富裕/充足的社会”与国家市场之上（Taylor，1999a）。

此外，1945 年之后，去殖民化运动（创造了更多独立国家）使得这一拼图式的空间组织走向了全球。当然，政治独立并没有消除既有的向心力模式，这一模式依赖于既有的“不发达”地区概念、“第三世界”或仅仅是“全球南方”。但是拼图式的空间组织所反映的政治主权却直接给国家带来了一些平等的含义，这也体现在标榜“为所有人而发展”的国际平等主义中（Taylor，1996：136—140）。在早期向心式的工业生产组织中，仅仅是中心在经历着增长；所有其他文明注定要“停滞”。在美国霸权主义的影响下，“进步”的概念被“发展”所取代，而后者针对的是国家而不是文明。因此，美国化的愿景是：美国梦被提升为任何国家只要采用了正确发展政策就能够拥有的一个世界梦，这点尤其以罗斯托（Rostow，1960）提出的以“高度的大众消费”为最终阶段的“经济增长阶段”理论最为有名。这实际包含了一种“发展要素理论”的观点：“钢铁主宰一切”，因此“不发达国家”试图重复19世纪欧洲的工业发展。这种关注国家而非城市来发展经济的观点是错误的。“发展”没有来到“南半球”，却来到了“远东”。因此，国家发展规划与非洲“失去的数十年”以及拉美独裁政体相联系，而在同一时期，亚太城市正开始对世界经济进行重新定向（Frank，1998）。

公司全球化：网络社会中的城市

消费现代性自二战后发展迅速，并在20世纪70年代开始在空间组织上发生变化。一项重要的技术变革使得一种不同于拼图式全球化的空间组织得以产生。计算机和通信两大产业的结合彻底改变了公司的远程管理。在跨国公司内部，各个国家内的分支曾经有足够的自主权，因为指导、监控和应对众多的国家市场显然是非常困难的。但新的科技使得诸如通用和福特这样的大公司可以通过它们在底特律的总部对其所有运营进行监控。这些大公司现在由于可以设定全球战略，所以也被称为“跨国”而非“多国”公司；它们中规模最大的则被称为“全球公司”。

随着1989—1991年冷战的结束，曾经的共产主义国家向消费现代性社会转型，这一新的过程（公司全球化）开始在世界经济中占据主导地位。这一趋势通常被认为是新自由主义的全面胜利，而在本书中，我们更愿意称其为“公司全球化”。由于所谓的“发展中国家”在20世纪70年代和80年代的失败，在新自由主义经济理念的指引下，它们的金融困境被用于打开它们的国内市场。由于这些理念在冷战后被全球化，公司更可以巩固它们的全球力量。GATT被世界贸易组织所取代，世界贸易组织成立于1994年，它完全致力于实现全球自由贸易体系。由此采取的一个手段就是在国际法中（传统意义上是针对国家的法律）提升公司的地位，使其能够挑战任何一个（世贸组织）成员国的国内经济政策。对于全球化性质来说，这是一个巨大的改变：二战之后，法律框架的发展给予了大众挑战凌驾于人权之上的国家权力的可能；冷战后，法律框架发展到可以给予企业挑战凌驾于公司权力之上的国家权力的可能。在最近的一个经典案例中，香港新的法律手段使得烟草行业可以挑战澳大利亚国内的反吸烟健康政策。

为什么是香港？特殊的政治安排赋予了这个中国城市贸易自主能力，并且这个城市有诸多公司管理职能，包括全球烟草公司。这些职能代表了这一新企业界的全球空间组织。随着制造业和服务业在空间上的分散，产生了管理跨境战略的新需求。这些功能在全球的主要城市聚集，而这些城市被弗里德曼（Friedmann，1986；Friedmann and Wolff，1982）称为“世界城市”。在诠释这些理念的基础上，萨斯基娅·萨森（1991）撰写了她自己的经典著作《全球城市》（*The Global City*），将纽约、伦敦和东京作为一类新型城市的小圈子。曼纽尔·卡斯特尔（Manuel Castells，1996）将萨森的全球城市作为他“网络社会”的主要实例。这本书以公司全球化的城市组织维度为主题，即我们所称的世界城市网络。本段所提到的三个关键作者的著作是用来发展我们方法的基石，我们将在下一章中对此展开批判性讨论。

第二章　城市外部关系研究Ⅰ：从国家城市体系到世界/全球城市

- **“拼图”的遗产：国家城市体系**
  - 国家城市体系分析
  - 艾伦·布莱德的实证洞见
  - 超越国家之上的思考
- **关于全球化城市的基础研究**
  - 约翰·弗里德曼的世界城市等级
  - 萨斯基娅·萨森的全球城市
  - 曼纽尔·卡斯特尔的全球流动空间
  - 多样化的路径

没有理解城市与其他地域的联系，就不能完整地讲述一个城市的故事。城市本质上是一个开放的体系，它们是会见的地点，是社会关系的地理结构中的焦点。

(Massey et al, 1999: 2)

传统上对于城市外部联系的研究都局限于对城市腹地的勾勒、描绘或理论化。很多研究都是关注地方的简单实证，直到 20 世纪 50 年代后期人文地理学的中心地理论兴起才逐渐改变了这一现象(Bunge,1966)。在这一新的量化研究学派中，城市由其外部关系所定义。一个颇具影响力的理论介绍(Berry and Pred,1961:3)将这一理论的第一特征描述为："城市基本的功能是作为为周边附属地提供物资和服务的中心地。"读者立刻会发现，这一声明与上一章我们对关于城市发展理论的描述完全相反；实际上，我们的论述始于对简·雅各布斯(1969:35)的关键引述，即"城市仅仅与农业腹地进行贸易是无法增长的"。本章与下一章将会探究这一矛盾的起源，以揭示外部城市关系的研究转向了雅各布斯的立场。接下来，我们将聚焦于从民族国家的城市到全球化城市的尺度变化；第三章将会揭示我们的全球化研究以及全球化与世界城市(GaWC)的研究网络如何遵循这一原则来展开。这两个章节将为本书第二部分的实证建模分析提供知识背景。

中心地理论在 20 世纪 60 年代的"新地理学"中演化为"国家城市体系"的研究，这在很大程度上要归功于布莱恩·贝里的领导；我们在本章第一节中讨论了这一研究学派。我们强调了艾伦·布莱德(Allen Pred)的创造性工作是我们研究方法的先驱。在我们所意识到的这一学派的诸多局限中，有一点值得注意：在全球语境中，中心地理论的"国家化"创造了一个由各个国家的城市系统所组成的"拼图"般的地理格局；本书的余下部分将以这一世界范围的空间结构开始。我们确定了与我们将要进行的研究相关的三位知名学者：约翰·弗里德曼、萨斯基娅·萨森和曼纽尔·卡斯特尔。他们各自先导性的对于世界城市等级和全球城市过程以及网络社会中流动空间的研究是我们世界城市研究的基础。

• "拼图"的遗产：国家城市体系

自 20 世纪 50 年代后期至 80 年代早期，关于国家城市体系的研究一直是社会科学中最受关注的研究城市之间关系的方向,下文将更进一步阐述这类研究的主题。尽管我们试图提出与城市体系研究不同的论点,但城市体系研究的很多想法还是潜移默化地渗透进了世界城市研究中,因为世界城市研究的先驱很多都曾受教于城市体系研究学派,其中不少还做出过重要贡献。

国家城市体系分析

在日渐兴起的现代消费时代,城市研究者将城市间的关系概念化为:城市形成"体系"。从布莱恩·贝里(1964)象征性的"城市体系中的城市体系"以及他与弗兰克·霍顿(Frank Horton,1970)合著的强调"整体性解读"的《地理视角下的城市体系》(*Geographic Perspectives on Urban Systems*)、拉里·伯恩(Larry Bourne,1975)比较视角下的《城市体系》(*Urban Systems*)、艾伦·布莱德(1977)的《发达经济体中的城市体系》(*City Systems in Advanced Economies*)以及《城市体系》(*Systems of Cities*)读本(Bourne and Simmons,1978),到更具特定地理特征的由彼得·霍尔(Peter Hall)和丹尼斯·海(Dennis Hay,1980)所著的《欧洲城市体系的增长中心》(*Growth Centres in the European Urban System*)、斯坦·布鲁恩(Stan Brunn)和詹姆斯·惠勒(James Wheeler,1980)的《美国大都市体系》(*American Metropolitan System*),以及约翰斯顿(Ron Johnston,1982)的《美国城市体系》(*American Urban System*)等,这些研究清晰地表明理解城市间关系的核心是秉持"体系思维"。选择这一包罗万象的框架十分重要,因为体系思维带来了新的思路。

伯恩和西蒙(Bourne and Simmons,1978)详细讨论了城市体系的本质。他们认为:从"一系列相互依赖的城市组成区域或国家"的基本定义出发,仅关注一个特别的城市很难理解普适性的城市发展规律,即如何增长、停滞进而衰落。因此需要从更大的体系中去观察城市。比如,19世纪后期快速增长的芝加哥必须在美国城市体系向西扩张的背景下进行理解。但这是一个怎样的体系？伯恩和西蒙认为，这是一个十分复杂的体系，其中城市间强有力的相互作用创造了“调控增长和变化的反馈效应”(p.11)。然而，这一“复杂体系”现在却被相对简单化地建模为城市的层级顺序，即“国家体系由大都会中心所主导，并且具有阶梯式的层级结构”(Bourne，1975：13)。

学者们通过研究国家中的城市人口分布来找寻体系层级化特征中的规律，这是验证国家城市“体系性”的主要手段。有一个特殊的城市规模分布模型往往被用来检验这种体系性，即位序规模法则。在这一模型中，国家中的城市人口分布随规模大小规则递减；尤其是当把城市位序与城市人口(作为坐标)在双对数坐标系图纸上画出来时，会发现这些城市形成了一条倾斜的直线。这与“首位城市”分布形成对比，因为国家中的首位城市比余下的其他城市都要大很多，所以不存在位序规模梯度。体系思维为这一现象提供了解释。位序规模法则可以被解释为反映了城市系统中熵的状态(Berry and Garrison，1958)。当众多错综复杂的影响因素作用于一个国家内的城市时便形成了这一状态。影响因素如此之多，以致它们对城市增长的作用可以被看作是随机的，而最终增长的速率则与城市的规模相对应。在过去的几十年，空间经济学家不断完善位序规模法则，使其成为符合吉布拉定律的统计分布(见 Favaro and Pumain，2011；Berry and Okulicz-Kozaryn，2012；Batty，2013)，这使得这一模型可以被解释为通过异常复杂的国家经济所致的地理结果(比如美国)。首位分布则往往存在于相对简单的国家经济体系中(例如很多第三世界国家)，在这些国家中往往会有少量的仅利用首位城市增长的影响因素。贝里(1961)在一篇著名的论文中通过假定一个城市规模分布的发展模型超越了这一二元性，该模型随着经济的发展将由首位分布转变为位序规模分布。正如传统的发展研究所述，这一模式假设所有国家都有成长为完全成熟的国家城市系统的潜力(Taaffe et al，1963)。对于我们的研究而言，我们认为这一特定的层级形式(位序规模法则)理论的潜在含义是：既然位序规模法则是系统中的熵所导致的，那么现代的工业化经济中的城市则构成了国家城市体系。

我们对通过城市系统视角来理解城市之间关系的研究主要有三点批评。首先，尽管位序规模法则可以通过复杂系统得到解释，但这里提到的复杂性实际上与雅各布斯提出的增加复杂性的经济发展模型相距甚远。在城市系统的实证分析中，通常我们仅有单一变量——城市人口，这一变量可以通过两种方法测量：一种是统计初始比例水平（根据普查统计），另一种是位序水平（通过排序得到）。通过将一个变量两种形式的测量分别以横纵坐标画出，单变量数据就变成了（仍然简单的）双变量分析；在此基础上定义的复杂性似乎在经验上并不可信。将位序规模的模式解释为一种理论中内含的（国家的）拼图特性似乎更为合理。国家规模存在巨大差异：小型的国家可能只有一个主要的城市（首位模式），而大型的国家则可能包括多个城市经济体，它们可能表现出位序规模分布。这解释了贝里关于发展的论述中很多异常的现象，如小的呈首位分布的"发达"国家（如丹麦的哥本哈根、葡萄牙的里斯本），而大的则是遵循位序规模分布的"发展中"国家（如巴西和印度）。更进一步分析，位序规模法则的平滑梯度使其忽略了中心地理论中将城市在等级中分组的分层性质。其次，正如勒克曼（Lukermann，1966）多年前所言，在任何情况下都不能简单地根据城市排名推断等级；城市之间需要有某种形式的权力关系才能将它们分类为等级。这引出了第三个更为广泛的批评：虽然这一系统论方法关注城市外部关系，但却甚少有实证尝试对城市外部关系进行评估。

在系统框架中进行的研究反思或许承认了这些批评。虽然城市系统分析包含了大量丰富的研究，例如两个读本系列（Berry and Horton，1970；Bourne and Simmons，1978）包含了近 100 篇相关论文，但关于体系自身如何运作的研究却少之又少。这些研究主要涵盖了三大领域：首先，某一特定国家城市体系的演化被描绘为一种系统变化，约翰·博尔彻(John Borchert,1967)对于美国大都市演化的研究便是一个经典的例子;这一体系通过阶段进行演化,而演化的阶段则被新交通技术产生的外部系统效应所定义:如由帆船与大篷车、铁路与“汽车和飞机”所定义的时代。其次是通过城市体系对创新的扩散进行研究。这在很大程度上是一个等级化的扩散模式,其中新的行为首先出现在大城市中,再从大城市传递到规模较小的城市。这些研究将创新与增长潜力相联系,说明“主要的城市中心获得或者再次分配了城市增长”(Bourne,1975: 23)。这引出了本次研究的第三个领域:政策导向的国家城市体系管控研究。这也是贝里关于美国城市体系研究的目标:“一个统一的和一致的国家城市政策显然很有必要。”(Berry and Meltzer,1967: 9)然而,这样的研究却在其他更为接受国家体系规划和大都市规划的国家中发展起来了;伯恩(1975)对英国、瑞典、澳大利亚和加拿大城市体系管控政策的比较就是这种研究方法的最佳代表。

虽然伯恩与西蒙(1978)的论文集在国家城市体系占研究主导地位的最后阶段发表,但编者按中却包含着对这一研究弱点的评价以及改进方向的讨论。尽管这些改进完全没有出现,但编辑关于城市间实际关系关键问题的评价却显得十分有趣。在他们向关注城市间联系、扩散和冲突的读者进行介绍时,伯恩与西蒙(1978: 260)抱怨“数据缺乏、概念模糊和分析困难使得研究者仅能做出碎片化的描述,对城市间的相互作用也只能做出有限的解释”。这导致阐述城市间关系的章节成了论文集七个章节中内容最少的:或许大家会认为对关注城市体系的读者而言这是最重要的章节,但编辑在这一话题上仅从 39 篇文章中挑选了四篇文章录入本书。这四篇文章中使用了什么数据?这里有三类主要的数据,也基本代表了当时文献中所使用的数据:一是城市间的基础设施地图,二是展示一种创新在不同城市是何时加以运用的扩散地图,三是与城市体系相联系的组织空间结构地图。后者与我们的工作紧密相关:艾伦·布莱德(1978)展示了被选中的多区位的公司是如何在美国城市中分布的。

他的研究发现可以用其论文标题中的一个短语进行总结，即“大都市相互依存关系的复杂性。”布莱德(1978)在这一领域的研究对于批判国家城市体系研究以及在之后的章节中介绍我们的研究均很关键，因此需要进一步审视他的研究。

艾伦·布莱德的实证洞见

布莱德(1978:292)的研究始于这样一个假设，即“在经济发达的城市体系中，大型的多区位组织是跨地区和城市间相互依存关系的重要来源”。因此，它们构成了“在尝试理解处于后工业经济城市体系的城市间增长传递结构时最适合的关注对象”(Pred,1977:104)。这使得他的研究关注“组织内的联系”，通过行政和生产设施的区位分布来研究企业的地理格局。正是通过这一“基于组织内的城市体系相互关系”使“行政服务、控制、协调和信息流”得以传递。因此，这些组织联系可以用于解决研究城市流时出现的“数据匮乏”问题(p.126)。然而，它们仍然只是一种“粗糙的有根据的猜测”(p. 127)，是对实际流量的一种替代测量。

从结果来看，他的方法使他能对是什么控制了特定城市中的工作进行判断；更加具体地表明现有的有工厂的城市中哪些城市有公司总部？他的关键论点是这个多等级的结构存在于企业而非城市中(Pred,1978:297—298)。这是他通常担心的城市体系文献“过分将重点……放在相互依赖的等级结构上面”的内容之一(Pred,1977: 17)。总体而言，他的基本发现是认为城市间关系比通常所认为的要复杂得多(p. 162)。与简单的城市等级结构不同，他给我们展示的是一个“意想不到”(Pred,1978: 307)的覆盖全美城市等级的交错模式。

布莱德的研究影响深远：基于国家城市体系模型的城市间关系等级表现出来的主导性似乎具有误导性。他指出，当这一假设受制于大规模实证研究使用的关系数据时，体系中的等级性似乎变得有问题。这是一个与“复杂系统”的理论概念以及将该系统化简为位序规模法则不同的复杂性。布莱德的结论展示了一个混乱的实证复杂性，因而很有必要对城市间关系的概念化进行重大修改。

我们会在后文用到布莱德研究的两个元素。一个是我们将会沿着布莱德率先提出的针对城市间数据不足问题的解决思路：我们同样使用跨城市分布的企业活动信息。尽管布莱德在城市体系下搜集数据，他提到这一实证方法与上一章节中提到的网络方法完全契合。更特别的一点是，布莱德对传统的城市间关系的认识提出挑战，传统认识将城市间关系定义成一个简单的等级秩序。他表明传统城市等级是一个充满问题的结构；在下文中，我们不会将这一观点（城市等级）作为当前城市间研究的前提。

超越国家之上的思考

在位序等级规模法则之外，我们还有一个疑问：国家城市在什么意义上真正地形成了“体系”？人们并不会经常思考这一问题。比如，伯恩（1975：14）就直接声称“国家城市体系可以比较容易地识别出来”。在体系思维中，最近的研究人员在讨论城市体系的开放性时对国家城市体系的存在产生了质疑。在排除这些系统是完全封闭的可能性后，开放程度的问题显得更加重要。然而，“在研究城市体系时，一个被忽视的方面是来自国外的影响”（Bourne and Simmons，1978：19）。伯恩（1975：16）的研究是一个例外，他将“国际城市经济”视为系统外的影响。然而，这一观点从未被清晰地概念化过，在他后来的讨论中又以“全球（城市经济）环境”（p.205）和“国际城市/经济体系”（p.206）的形式出现。当西蒙（1978：62）直接提出这个问题时，他只是想到了小国家的国家城市体系会更加开放（因此更加不可预测）。简而言之，即使承认开放性的问题，也没有引发人们对国家体系思想有效性的质疑（可参见巴蒂［Batty 2013：25］得出不同结论的类似批评）。

回想起来，这些“拼图”的、完全基于领土的研究方法似乎有些奇怪。

是否真的存在一百多个相对独立的国家城市体系、并且每一个都在其领土界线内相对独立地运作？19世纪后半叶芝加哥的井喷式增长常被作为国家城市体系扩张的范例，但这并不是全部。作为一个腹地中心，芝加哥为欧洲和美国东部提供商品。它的快速增长是否基于超越国家的贸易模式并包括了跨越大西洋的城市网络？这也引发了关于纽约的讨论：这个在全美位序规模法则中首屈一指的大都市，难道它的重要性不是来自其作为美国与世界其他地区传统门户的地位？如果是这样，仅仅意识到美国国家城市体系的开放性则远远不够。美国的主导城市依赖于"体系"之外的联系，因此也对国内体系的真实性问题构成了挑战。纽约本身曾经且现在仍然属于一个包括其自身在内的超越国家领土的城市网络。同样的情况也适用于所有其他的主要城市，它们相互间的关系从未受到过地理边界的束缚。20世纪的伦敦因其与帝国和后帝国时代的联系，以及与美国和欧洲的众多联系，所以不能将它简单地看作大不列颠最大的城市。这一规律同样适用于所有首位城市：它们被认为处于首位仅仅是因为在政治边界内考量它们时的一种未经验证的研究选择。它们的特性与"第三世界"国家独立后新边界的出现无关，相反，首位度与"外部"联系紧密相关。这些外部关系是帝国和后帝国时代的依赖关系，由冈德·弗兰克(Gunder Frank，1969：6)首次提出，并由雅各布斯(1984)通过对城市的论述进一步系统化，我们在上一章节已经有过描述。

国家城市体系的文献在很多方面像一种拼图范式，它摒弃了关于主要城市在跨国网络中运作的思路。很少有关于"国际"尺度重要性的例子，比较出名的恐怕要数博尔丁(Boulding，1978：155)对"城市未来属于国际体系"的预测了。他甚至假设出一个"新的汉萨同盟"，但也承认这仅是一个"白日梦"(p. 155—156)。其他关于未来的研究似乎完全没有考虑到随后出现的"城市全球化"。之前提到的布鲁恩和惠勒(Brunn and Wheeler，1980)所编的论文集就是一个例子。比如，当菲利普(Phillips)和布鲁恩(1980)在改进博彻特(Borchert,1967)关于美国城市体系演化模型的技术步骤时,他们并没有用当今关于通信技术进步的文献去推测下一步是否会产生城市间超越国家尺度的关系。相反,他们改变了识别变化的基础,并在反映美国当时经济状态的情况下提出了"缓慢增长时代"这一名称(pp.2—3)。这反映了当时对于美国城市未来的悲观看法,这一点甚至更明确地反映在伯索尔(Birdsall,1980)关于美国城市未来可选择的前景的讨论中。尽管该卷中包含与科学技术(Malecki,1980)、通信科技(Brooker-Gross,1980)以及与企业控制(Stephens and Holly,1980)相关的城市增长的诸多文章(这些话题均成为后来世界城市文献的核心话题),但却鲜有涉及美国城市在这些过程中是如何与国家之外发生联系的。国家城市体系研究似乎是一个超越国家思考的绝缘体。

在我们思考当代世界城市之前,必须提及一个关于城市体系的概念,即大都市带(megalopolis)。这一概念由吉恩·戈特曼(Jean Gottmann,1961)在描述美国东部沿海(即波士顿-纽约-费城-巴尔的摩-华盛顿)城市化模式时提出。由于与国家城市体系模型很难契合,大都市带概念在城市系统的文献中被一笔带过(Berry and Horton 1970; Johnston,1982: 126—127)。不得不说这是一个遗憾,因为戈特曼(1961)的研究在很大程度上涉及城市间关系,而且他确实考虑到了作为连接美国经济和世界枢纽的大都市带的跨国联系。戈特曼后来有一个关于大都市带的描述(1987:2):"大都市带是国家和国际相交的连接点,它的命运取决于整个世界广阔而多重的联系网络。"

将戈特曼对于城市间关系的贡献描述为在国家城市体系研究和世界城市文献之间的桥梁看似贴切,但这将是一种误导。尽管戈特曼生前对后者有很多贡献(Gottmann,1989),但他独特的相关性方法却被认为"缺乏精确性和普遍性"(Berry and Horton,1970: 54),并且他从未被认真地当作国家城市体系学派的一部分。但是,就像全球城市区域、巨型城市区域和巨型区域一样，他的研究后来也成为这个时代全球化研究领域中的一种研究方向（Scott 2000；Hall and Pain，2006；Harrison and Hoyler，2014）。

• 关于全球化城市的基础研究

在第一章中，我们运用了李和佩利宗（Lee and Pelizzon，1991）提出的在现代性不同阶段的霸权城市概念；对于这些城市的识别实际上来源于费尔南德·布鲁代尔（Fernand Braudel，1984）的研究工作，并且他在工作中运用了“世界-城市”这一术语。布鲁代尔使用连字符将他提出的历史概念与当代城市所使用的术语区分开来。没有这一连字符，这一术语则描述本书余下章节关注的主要当代城市。事实上，与其他对于世界城市的描绘相比，布鲁代尔提出的概念相对狭隘。这主要体现在两方面：一方面，他将自己对于某一城市的识别限制在一定时期内，如前所示，它们形成了一定的序列；另一方面，城市在世界经济中的实力仅被限定在金融控制上，而这可能仅涉及城市中一些金融财政人士的小团体。尽管阿瑞吉（Arrighi，1994）认为布鲁代尔的模型对于理解“漫长的20世纪”的经济周期颇为有用，但这些关于城市过程较为局限的观点对理解当代世界城市的作用却微乎其微。

戈特曼（1989：62）将世界城市（*Weltstadt*）这一常用术语追溯到歌德。18世纪至19世纪之交，歌德认为罗马和巴黎两大文化中心便是当时的世界城市。然而，大多数情况下，世界城市这一术语的起源被认为出自规划先锋和博学者帕特里克·盖迪斯（Patrick Geddes）。自从盖迪斯（1924）对德国成立城市世界联盟（*Welt-Stadtebund*）的提议做出评论以来，世界城市的概念也与德国产生了联系。此处的这一概念作为规划师的整体主题，代表了对城市更宽泛的思考。彼得·霍尔（1966）的著作《世界城市》（*The World Cities*）便是从盖迪斯处获取的灵感，他描绘了六个这样的中心：伦敦、巴黎、兰斯塔德、莱茵-鲁尔、莫斯科、纽约和东京。霍尔对于这些领先城市的综合性研究涵盖了文化、政治、贸易、通信基础设施、金融、技术和高校等各个领域。在这些领域中，霍尔(1966)强调了经济功能在世界城市中的关键作用，并成为后来关于这一主题写作的预示。这一著作写于国家城市体系分析的时代，其研究提出了对于狭隘国家思想的反思，虽然广受好评，但它并没有促成一个“世界”城市研究议程(Taylor，2014)。世界城市的文献作为一种积累和集体智慧的集合，仅在世界经济重组导致独立城市体系的思想不再适用时才开始出现。

20世纪70年代世界经济的低迷导致经济在超越个体国家之上进行重组。跨国公司被视作可与国家相提并论的世界场景中的主要参与者。用那一时期两本有影响力的著作标题来说，这些公司显示出全球性覆盖(*Global Reach*；Barnet and Muller，1974)，并且有运行于无边界世界中(*World without Borders*；Brown，1973)的特征。最初为了诠释重构的框架而发展起来的词语是“新的国际分工”，而不是全球化这一术语(Frobel et al，1979)。跨国公司在全球范围内利用第三世界的成本优势对其生产功能进行再组织，计算机和通信技术的发展使得全球生产组织更加便于管理。“国家城市体系”在这个不断变化的世界中将走向何处？似乎只有在美国，这个拥有迄今为止全球最大国家经济体的国家，其城市才仍然可以被认为是一个国家体系(正如从上一章节开始的书单中所记录的，最后两本[Brunn and Wheeler，1980；Johnston，1982]只涉及美国)。海默(Hymer，1972)率先提出了有关城市的新思考是必要的，但直到20世纪80年代才开始出现世界城市的文献，且直到20世纪90年代才成为全球化的重要主题。

我们采用了淘金式(nugget)的方法来回顾这一文献(有关这一文献中的其他诸多方向，可以参见 Brenner and Keil，2006；Acuto and Steele，2013)。经历了大约30年的发展后，世界城市研究领域产生了大量的涵盖广泛主题和问题的文献。在这一新的研究领域中，我们聚焦于三个关键的贡献。我们认为这三大贡献是通向世界城市网络的重要路标。我们会简要提及其他研究，但不会在此做全面的回顾。事实上，我们在处理文本时有很大的选择性：我们仅关注它们对理解城市间关系的贡献。我们选取的三本著作——约翰·弗里德曼（1986）的《世界城市等级》（*World City Hierarchy*）、萨斯基娅·萨森（1991）的《全球城市》，以及曼纽尔·卡斯特尔（1996）（网络社会中的）《流动空间》（*Space of Flows*）——对于那些熟悉文献的阅读者来说都再熟悉不过了。每一本著作对于世界城市文献的发展都有开创性的贡献。三位作者都在之后的研究中做出了进一步的思考与反思（Friedmann，1995；Sassen，2000；Castells，2001）。

约翰·弗里德曼的世界城市等级

第一篇将城市与新国际劳动分工相联系的重要文章是科恩（Cohen，1981）所著，弗里德曼和沃尔夫（Friedmann and Wolff，1982）在此基础上继续研究。1986 年，弗里德曼发表的《世界城市假说》（*The World City Hypothesis*）成为这一领域影响最为深远的著作。这一自称简洁的“研究框架”（p. 69）成为这一学派最初的基准，并持续 20 多年被用作空间框架，我们将在下一章节对此进行详述。

对于弗里德曼（1986：69）来说，世界城市假说的本质是关于“新国际劳动分工的空间组织”。这是由七个将“城市化过程与全球经济力量相联系”的“论点”所组成的（p.69）。我们在此仅关注前三个论点，它们涉及讨论的基础假设，以及它对城市间和城市内关系的重要影响。

功能性的论点为弗里德曼的基本假设提供了前提。城市的结构性变化取决于城市对世界经济的融入度以及由此而“分配给城市的功能”（p.70）。三大主要功能包括：总部功能、金融中心功能和将世界经济与国家或区域经济相联系的“连接器”城市功能。最重要的城市将包含所有这三大功能。因此，世界城市是因为“适应外部变化”而形成的(p.70)。与个别城市相关的内生性条件，比如南非的种族隔离，可以改变这一过程，但总体的模式则是对新国际劳动分工的回应。

在弗里德曼的观点中，城市间的关系是分等级的。文章认为，城市是资本的“据点”，而其相互的联系则创建了“复杂的空间等级”(p.71)。城市是企业组织生产和规划市场战略之地。多种城市特征形成了城市的等级，这些特征包括城市作为金融中心、企业总部、国际机构、商业服务、制造业、交通和人口规模等的重要性。弗里德曼(1986) 从这些信息中找到两级层次结构，他称之为主要(如伦敦)和次要(如米兰)层级。这些层次表现为两种地理形式。首先，(南北)“水平”分割定义了核心和半边缘城市，前者包括九个主要的核心城市，而后者仅包括两个核心城市(圣保罗和新加坡)。其次，(东西)“垂直”分割定义了三大大陆板块：亚洲、美洲和西欧。所得到的“世界城市等级”的示意图或许是最有效的讲授和研究世界城市的工具(图 2.1)。

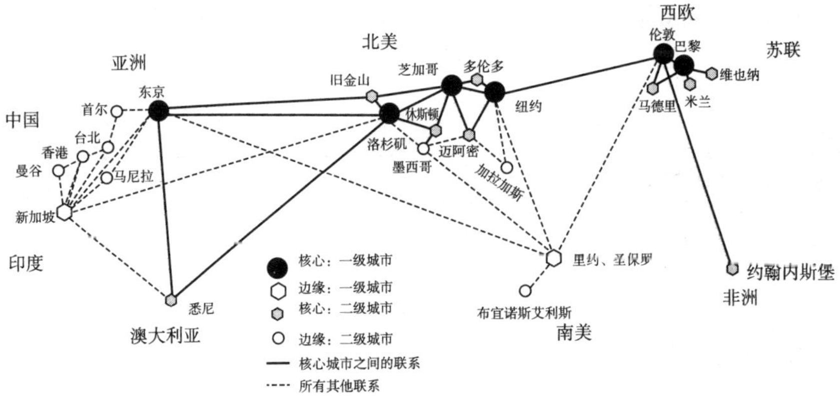

图 2.1　弗里德曼(1986)的世界城市等级

弗里德曼用全球-地方这一说法描述城市内部的关系。他认为，城市在世界经济中的角色直接反映在地方经济结构和变化中。城市的控制功能意味着它们被若干不断扩张的与管理、金融、企业服务和媒体相关的经济行业所主导。结果导致高收入经济精英(即企业经理和专业人员)大量增长,这些精英为“广大的低技能工人”提供了地方市场(p.74),以服务于城市新贵,因此导致了高度二元化的市场出现。世界城市发展的结果是社会结构的高度两极化。

因此,世界城市牢牢嵌入世界经济体系中。在弗里德曼随后的论著中,他肯定了这一观点,不过强调的重点有所不同(Friedmann,1995)。空间连接得到了强调。城市成为“现金流、劳动力、信息流和商品流”的中心,并因此将它们“周围的‘领域’或区域”通过“经济联系”整合进全球经济(p.22)。因此,在修改世界城市等级的过程中,城市空间连接的尺度决定了城市秩序(p.24)(表2.1):全球性的(比如纽约)、跨国性的(比如迈阿密)、国家性的(比如墨西哥城)和区域性的(比如旧金山)。但也可以说,他再次重申了世界城市的等级性。

表 2.1　弗里德曼更新后的世界城市等级结构

全球连接
伦敦(也是国家层面的) 纽约 东京(也是多国家的)
跨国连接
迈阿密(加勒比海、拉丁美洲) 洛杉矶(环太平洋) 法兰克福(西欧) 阿姆斯特丹/兰斯塔德(西欧) 新加坡(东南亚)
重要的国家连接
巴黎 苏黎世 马德里 墨西哥城 圣保罗 首尔 悉尼

续表

次国家/区域连接
大阪神户/关西地区
旧金山
西雅图
休斯顿
芝加哥
波士顿
温哥华
多伦多
香港/珠三角
米兰
里昂
巴塞罗那
慕尼黑
杜塞尔多夫-科隆-埃森-多特蒙德/莱茵-鲁尔

关于城市间的关系，我们能从弗里德曼开创性的工作中学到什么呢？毫无疑问的是，他将世界城市和它们之间的关系提上了城市研究的议程。尤其是他提出了一个新的城市间关系的全球性视野，通过这一方式来窥见城市间超越国家边界的联系。简而言之，他提出的关于世界城市等级的图表(图 2.1)被"镌刻"进有关世界城市的想象中。在他的第二篇论著中，弗里德曼(1995：26)更清晰地阐述了这些城市间的关系是"历史上前所未有的现象"，并因此将这一模型与他曾经贡献良多的国家城市体系研究学派区分开来(例如 Friedmann，1978)。显然，城市间关系的跨国属性成为超越过去国家城市系统学派的主要突破，但值得注意的是，城市间关系的结构仍然一脉相承，即是等级化的。实际上，弗里德曼提出的三大大陆板块体系(Friedmann，1986：71)与关注纽约、伦敦和东京的国家城市等级有诸多相似之处。这一点在其后全球尺度城市的"连接器模型"中通过只突出这三个城市而得到了强化(Friedmann 1995：24)：每个城市都使用金融实力将其"次级系统"整合进世界经济体系。因此，我们可以得出结论，弗里德曼所说的"前所未有的现象"主要指的是当前城市间关系的尺度而不是其结构特征。

萨斯基娅·萨森的全球城市

20世纪80年代，看待世界城市的概念背景发生了改变。新的国际劳动分工被更加包容的“全球”话语所取代。这一改变可以在上文中弗里德曼的两篇著作中找到。尽管费金和史密斯(Feagin and Smith, 1987)在弗里德曼(1986)之后从新国际劳动分工的视角回顾了世界城市的发展，“全球资本主义城市”的想法早在有关洛杉矶的描述中就有出现(Soja et al, 1983)。等到20世纪80年代末，使用全球话语的文献已经占据主导地位：奈特和加珀特(Knight and Gappert, 1989)所著的《全球社会中的城市》(*Cities in a Global Society*)一书出版不久，金(King, 1990)便出版了《全球城市》(*Global Cities*)一书。后者认同有关新世界城市的文献是“城市研究领域的一个重要范式转变”并导致“全球范式”(p. 3)这一观点，然而却是奈特和加珀特在论文集中着重强调了全球框架。在“国有化浪潮”后，编辑认为“城市现在能够在全球社会中给自己定位”(Knight and Gappert, 1989：15, 19)。当我们超越“正在兴起的全球环境中”的经济关系进行审视时(Knight, 1989a：40)，会在“发展是由全球化而非国家化驱动”的环境中发现“全球城市”(Knight, 1989b：326, 327)。萨森(1991)在她有关纽约、伦敦和东京的深入研究中对这一思想进行了概述。

萨森的论著基于当今依托新通信和信息技术的全球化。这些创新技术的使用造就了两种不同但又互补的空间趋势，即经济活动在空间的分散化和集聚化同时发生。这一“空间分散和全球一体化”是萨森的“出发点”，因为它“为主要的城市创造了一种新的战略角色”。也就是说，分散创造了一种城市中新的控制和组织功能的需求。正如萨森所言，其结果是形成了一种“与传统银行贸易中心具有本质区别的新城市类型”。萨森明确了一点，即全球城市与“汉萨同盟”的城市完全不一样(p. 4)。全球城市在四个方面的职能形成了专属于全球化的“虚拟经济循环”

(pp. 12—13)：(i)对控制的需求将城市塑造为“指挥点”；(ii)这一并创造了金融和商业服务需求，城市也因此成为这些领先经济行业的“关键地点”；(iii)城市因此成为这些领先的服务行业生产和创新的地点；(iv)城市形成了这些领先的服务行业产品的市场。萨森将纽约、伦敦和东京定义为全球城市的范例，并指出：尽管它们的起源不同，但在世界经济全球化的背景下，每个城市都经历了同样的经济过程以及随之而来的社会变革(比如社会极化)。

通过这种方式，萨森(1991)沿袭了早期对于世界城市的定义(比如弗里德曼的定义)，但更加强调金融和服务产品的生产(p. 5)。尽管城市作为国际金融中心早已是研究的焦点(Reed，1981；Thrift，1987)，并且金融业通常被认为是识别世界城市的关键，但萨森对于服务业的重新关注却非常关键，因为她将对后者的研究(Stanbeck and Noyelle，1982；Daniels，1985； Wood，1987)融入到了对于全球城市的理解当中。萨森的目的并不只是“寻求将关注的焦点从熟悉的大公司的权力上移开”(p. 6)。全球城市不仅仅是一个简单的“指挥中心”，更是城市历史中首批“全球服务中心”。

我们能从萨森的城市间关系的研究中学到什么？初看，在三个城市的比较研究中，关于城市之间实际关系的明确讨论相对较少，读者或许认为这里我们能用到的不多。实际上，她对于高级生产者服务业的强调是下文世界城市网络设定的核心。她对于服务企业“庞大的跨国网络”以及它们“附属公司的全球整合”的简要提及将会是我们的起点。然而，在她的大多数论述中仍然隐含着城市之间关联的等级结构。这样分等级的城市观点存在于关于全球城市如何与它们各自国内其他城市相关联的论述中(第六章)：扩张的后工业化城市(纽约、伦敦和东京)与衰落中的工业生产城市(底特律、曼彻斯特和大阪)的比较说明，全球化正在加剧“国家城市等级”。萨森收集的大部分关于金融和服务的实证数据都被用于创造城市排名，并以此说明她所选择的三大城市实际上是在

“全球城市等级”中的最顶端(第七章),尽管后面一个概念仍存在很多问题(p. 169)。但这一点非常重要,在指出这三个城市在金融活动之间的区别后,她继续追问是否“纽约、伦敦和东京城市间的互动……表明它们有可能构成一个系统”(p. 168):“关于这些城市的金融和服务市场多元性的分析表明了系统连接而不是竞争的可能性——一个具有全球基础的城市体系。”(p. 169)

这一“系统”在书中也被描述为“全球城市的网络”(p. 9),但是这一提法并不成熟:萨森的关注点仍在城市排序上,并以此阐述她所选择的三个位于全球等级顶端的城市。

有趣的是,在《全球城市》第二版中,萨森(2001)将“正在浮现的跨国城市体系”所代表的城市间关系作为三个彻底被修正的话题之一(p. xvii)。在对弗里德曼(1986)的回顾中,萨森对她的“全球城市模型”进行了重组(p. xix),形成了七个假设,其中一个说道:

> 这些专业化的服务企业需要提供全球服务,这意味着需要形成一个由分支机构组成的全球网络或其他形式的伙伴关系。我们由此看到了跨边界的城市间交易和网络的强化。这也许可以被视作是跨国城市体系形成的开始。
>
> (Sassen, 2001:xxi)

直接将上段文字中的“体系”移除并以“网络”代之,是本书的基本立足点。萨森书中被全面修订的第七章的标题从“全球等级元素”转变为“全球城市体系的元素:网络和等级”。然而,尽管以“迈向网络化的体系”这一章节标题为起始,但等级化的关系将继续在讨论中居于主导地位。

曼纽尔·卡斯特尔的全球流动空间

尽管卡斯特尔以城市研究而闻名,《网络社会的崛起》(*The Rise of*

the Network Society)(Castells,1996)一书却并非为世界城市文献而写，而是在全球化时代尝试重构社会研究的三部曲之一。卡斯特尔认为，在“信息时代”，“网络构成了我们社会新的社会形态”(p. 469)。“信息时代”已经取代了“工业时代”——传统的社会研究所形成的语境。然而，随着新的使能通信和信息技术的发明，网络化的新尺度、范围和强度开始出现并“重塑社会的物质基础”(p. 1)。卡斯特尔确定“信息城市”的存在(Castells,1989)之后，在第二部曲中接受了萨森的全球城市模型并将其用于阐述新的网络社会中“社会空间理论”的关键维度(p. 378)。在我们开始这一话题之前，需要说明一点：卡斯特尔空间论点的关键元素在过去十年相对保持不变，其中的描述(1996：378)仍然来源于其早期的作品(Castells,1989)，在后来的修订本中没有修正这一描述(Castells,2001)。

遵循哈维(Harvey,1989)的研究，卡斯特尔(1996:411)根据社会实践对空间进行定义。这意味着采用“社会”空间的形式并不普遍，而是具有历史特殊性。对于卡斯特尔来说，空间促进了需要交互作用的社会实践，这样的交互需要至少双方同时联合行动。比如，作为集市场所的空间是通过在“集市日”聚集买卖双方进行交易的社会实践。这个例子说明这种空间的传统构成是由邻接性定义的，物理把相互作用的个体聚集到一起。但正是这种物理要求被通信和信息技术所战胜：在信息化时代，时间同时性可以与空间的邻接性相分离。因此，在网络社会，空间的主导形式不再是地方空间(space of places)，而是流动空间(space of flows)(p. 412)。在这种形式的空间中，地方并未消失，只不过通过其在流中的位置而定义。

流动空间组成的网络社会被定义为针对主导性社会实践而提供的多层物质支撑的组合。有三个重要的层次被识别出来，尽管讨论聚焦于提示“三明治”结构的第二个层面。第一个层面包括为社会实践提供技术设施支持，使得非连续同时性的流成为可能。卡斯特尔(1996:412—

413)将该层面定义为基于通信和信息设备的“电子脉冲环路”。相关的基于这些技术的基础设施还包括全球互联网和全球航空网络等。第三个层面由经济精英的空间组织构成(pp. 415—416)。这些流代表着“技术-金融-管理精英”的利益和实践(p. 415)。示例包括以高级餐厅和国际化休憩综合体为基础的网络以及隔离住宅和度假地点。

第二个层面类似三明治的夹心层,即用于定义社会的社会实践空间。该层面由使用基础设施网络的主体组成,它们把特定的地方联系起来,行使“定义明确”的经济、文化和政治功能(Castells, 1996: 413—415)。运营地点被称之为节点和枢纽。节点是具有重要战略功能的地点,它们将地方与整个网络相连接。通信枢纽是协调网络内相互作用的地方。网络的功能定义了成为“优势节点”(privileged nodes)的地点(p. 414)。比如,医疗研究网络将著名医院(例如 Rochester[NY]和 Paris)作为节点,并由专业医疗讨论会作为枢纽进行协调。其他这样全球流动的例子包括从研发中心到流水线等具有多种内部联系的高科技制造业,以及具有从种植到洗钱银行等多种涉及贩毒集团的毒品的生产和分配。所有这些网络都具有多层级的性质(p. 415)。全球城市组成的正是这种第二层次的网络。

对于卡斯特尔(1996: 415)来说,“全球城市的分析对流动空间的节点和枢纽提供了最为直接的阐述”。他所指的是萨森(1991)的“经典研究”,并且他引用了萨森关于四个定义全球城市新功能的独特性的论点(p. 384)。但他将萨森的论点加以延伸,运用在更多城市,并由此组成了一个网络。萨森(1991)并非将纽约 、伦敦和东京视作仅有的全球城市,但是她确实认为这些“特别的地方”(p. 4)很少。然而,基于卡皮林(Cappelin, 1991)对欧洲中等城市相互依赖关系的研究,卡斯特尔认为“全球城市现象不能简化为只是层级顶端的少数城市中心”(p. 380)。卡斯特尔提出了一个具有不同强度和不同规模的连接各中心的“全球网络”,使得国家内的区域和地方中心在全球层面变得一体化了(p. 380)。在对萨森的第二个关键突破中，卡斯特尔认为，这一“先进服务业活动的空间体系”(p. 385)定义了全球城市是“一个过程而非地点”(p. 386)。在此他将全球城市定义为网络化的现象：无论特定城市的具体地位和作用如何（而这正是萨森所关注的），真正“重要”的特征是网络自身(pp. 385—386)。

我们能从卡斯特尔城市间关系的研究中学到什么？尽管很多想法来源于萨森，但卡斯特尔提供了一个审视世界城市的新背景：城市是流动空间的一部分，同时也是新的网络社会的表征。本书接下来的重点是作为高端服务中心的全球城市向全球城市网络的转变。

多样化的路径

通过回顾文献来了解一个主题的缺点是：可能给人留下这样一种印象，即逻辑是向着某个给定的结局发展的。我们的研究仅仅是诸多可能性中的一个发展方向，尽管我们相信这一方向会有丰硕的成果。

尽管中心地的研究——包括国家城市体系分析——仍然比较少见，但对全球化中的城市进行的后续研究却并不如此：世界/全球城市的文献急剧增长，这些文献主要关注全球化对城市内部的影响，如弗里德曼和萨森都推测出城市经济极化的加剧。有一些围绕经济极化产生的批判性争论，它们形成了各种关注极化是否存在并以何种形式存在的城市研究文献（例如 Hamnett, 1994；Van der Waal and Burgers, 2009；Wills et al, 2010)。相比之下，我们在本书中提到的关于全球化与世界城市研究网络的研究则更多关注城市间的关系。这里的研究将弗里德曼的全球视野与萨森的全球城市机制在卡斯特尔提及的更广泛的框架下相结合。下一章探讨的重点是这一切是如何实现的。

最后需要注意的一点是，我们在回顾作为我们研究背景的文献时所采用的“淘金式”的方法忽视了很多其他重要研究者专注于世界或全球城市的显著贡献。当然，我们所选取的三大贡献的作者，以及更早的诸如布莱德和霍尔等先驱，并没有停留在我们所讨论的这些文献上。这些作者的各种思考都超出了他们对现代城市研究的开创性工作。我们从每个研究者中选取一个例子，艾伦·布莱德(1990)将其视角拓展到有关现代性人文主义的阐释，彼特·霍尔则开创性地对城市和区域规划作出了贡献(见 Phelps and Tewdwr-Jones，2014)，约翰·弗里德曼(2002)则对民主社会和公民权提出了他的思考，萨森(2008)帮助我们理解了国家政府是如何使得今天的全球时代成为可能，曼纽尔·卡斯特尔(2012)则成为了传播研究领域的重要学者。在全球化与世界城市研究网络中，我们通过聚焦于世界城市网络的设定、测量和分析，从而形成了对他们主要思想的扩展。接下来，我们将阐述这一切发生的形式及原因。

第三章　城市外部关系研究 II：全球化与世界城市的扩展

- **数据问题**

  数据，什么数据？

  基础设施与企业层级：直接测量方案

  过程：一种间接测量方案

- **全球化与世界城市研究的主要批判**

  不在地图上？罗宾逊的批判

  凌驾于国家之上？瑟伯恩的批判

- **中心流动理论**

过去仅有少数特别的城市依赖于网络而非周边区域或更广阔的腹地服务而存在，但现在这却成为大多数城市的普遍规则。

(Gottmann，1989：62)

全球化与世界城市研究网络始于 1998 年，它最初是作为来自拉夫堡大学研究人员对全世界城市研究学者的一项邀请，这一邀请旨在帮助理解当今全球化背景下世界城市的转变。这些变化如此动态化，如此不平常，又如此广泛，以至于这项研究超越了任何一组刚开始接触这个新领域的研究人员的视野。解决这一困难的方法是设计一个新的网站——www.lboro.ac.uk/gawc——作为世界城市研究的一种电子清算所，通过展示论文、提供数据并引入新的项目，从而共同向我们宏伟的研究目标推进。

从它所产生和激发出的研究数量来看，这一研究网络是成功的。有两个显示这些研究广度和深度的出版物值得注意：《全球化与世界城市国际手册》（*International Handbook of Globalization and World Cities*）(Derudder et al, 2012)包括 50 个章节 63 位重要作者提供的最先进的概述，以及《全球城市分析：一项全球化城市的调查》(*Global Urban Analysis: a Survey of Cities in Globalization*)（Taylor et al, 2010b），在 36 个章节中，由 38 位作者提供了一种详细而综合的实证研究。两本书的作者遍布各个大陆。总的来说，这些研究秉承着批判现实主义的态度，这意味着我们将大量的定量研究与深入的定性研究相结合。后者大体上采用萨森(1991)研究中的比较方式，如采用访谈形式来研究具体的城市间关系。比如，我们研究了在欧元发行前后伦敦和法兰克福的关系(Beaverstock et al, 2001)，而另一项有关纽约、洛杉矶和底特律关系的研究，则对不断转变的广告行业实践进行了探索（Faulconbridge et al, 2011)。本书的第一版（Taylor, 2004）对一个世界城市网络中城市之间关系的研究代表着我们研究中定量的一面。在本章和本书余下章节我们则关注全球化与世界城市研究网络中的定量分析。

在上一章节，我们对世界城市文献的起源进行了简单的、选择性的回顾。实际上，这些文献在几个方面都有很大争议，比如，苏贾（Soja, 2000：Chapter 7）和史密斯(2001：Chapter 3)的批判性讨论，凯文·考克斯(Kevin Cox, 1997：1)甚至指向“所谓的‘世界城市’”。这些怀疑论有很大的市场：由于缺乏支持其命题的证据，世界城市研究很容易受到批评。实际上，在最初发表的文章中就体现了关于弗里德曼“世界城市假设”缺乏论据的担忧(Korff，1987)。世界城市网络研究的起始点便是这一数据的缺陷问题(Taylor，1997)，下文对这点进行了阐述。我们找到两个涉及直接和间接测量城市间关系的潜在“解决方案”。本书第二部分的多重分析则基于后者，即对潜在的流动可能的估计。在本章第二节，我们简要思考了针对这一方法的一些具体的批判。本章以中心地理论作为结尾，并展示了我们一般概念化为“中心流动理论”的想法与早期外部城市关系这一主导理论的互补性。

- 数据问题

将具有吸引力的理论观念变成理所当然的概念这一现象存在潜在的风险，而早期的世界城市文献对此进行了善意的提醒。约翰·肖特等(John Short et al，1996)将这一点视作世界城市研究中“肮脏的小秘密”；其他地方则将其称为文献的阿喀琉斯之踵(Beaverstock et al，2000)。这一问题与全球范围的数据变得“国际化”具有多重的联系，这意味着这些数据是以国家为单位收集与汇报的(Taylor，1999b)，比如，至关重要的贸易和对外直接投资数据(见 Sassen，1991，Chapter 2)。因此，城市间关系的数据并不容易获取。这也解释了为什么大多数初始的世界城市研究对于单个城市甚少涉及其外部关系，或者在包含多个城市时，选择的方法却是忽视城市间关系的比较研究。比如，萨森(1991)对于纽约、伦敦和东京作为不同时区的全球城市的比较研究方法在以纽约、芝加哥和洛杉矶作为美国的全球城市研究中得到了复制(Abu-Lughod，1999)。

当然，比较研究和个案研究对于理解全球化中的城市都是极为重要的(Knox，1996；Nijman，2007)，但它们不能成为研究世界城市如何以及为何相互关联的替代品。城市间研究相对比较少。最初的研究只涵盖了卡斯特尔(1996)流动空间的第一层次：基础设施的格局(Sassen，2002;Malecki，2002)。这里的基础设施包含有形的(比如航空网络：Smith and Timberlake，2001;Matsumoto，2004)和虚拟的(比如互联网骨干网络：Zook 2001;Townsend，2001)。我们接下来将简要回顾这些研究及其后续研究。尽管这些研究为城市如何与全球网络联系提供了独到的见解，但它们并没有估量创造世界城市网络的城市间社会实践(比如卡斯特尔的第二层次)。简而言之，要在这些文献中寻找任何对城际关系的一般实证理解都是徒劳的。这是这一文献中一个很大的悖论：有关世界城市间联系的研究缺乏，而世界城市的"世界性"或"全球性"又在很大程度上取决于这些尚未被认真研究的联系上。

数据，什么数据？

在一篇回顾六本有关世界城市重要书籍的文章中阐述了数据问题的严峻性，这些出版物分别在 1991 年至 1998 年间发表(Sassen，1991;Sassen，1994;Knox and Taylor，1995;Brotchie et al，1995;Graham and Marvin，1996;Lo and Yeung，1998)。通过在选定的文献中调查用于绘制图表和表格的数据，426 份实证证据被记录在案，其中只有 51 份(12%)在本质上是关系型的(Taylor，1999b)。换句话说，世界城市大部分是由基于地点的属性数据而非地点间的关系数据来描述的。这种情况的影响是：当世界城市研究在本质上是显式关注(城市之间的)关系时，其实证基础是有问题的。早期世界城市研究的象征图表就是这种情况，比如弗里德曼(1986)的世界城市等级(图 2.1)。根据阿布·路哥德(Abu-Lughod，1989:32)所说，这一制图最初是基于"日本航空提供的底图"。毫无疑问，这解释了为何图 2.1 中三个具有最强联系的城市位于环太平洋地区(东京、新加坡和洛杉矶)而不是北大西洋地区(比如纽约和伦敦)。随后，在有关空间关系等级更为复杂的讨论中，弗里德曼(1995:23)感到"缺乏将特定城市分配到全球体系中特定位置的明确标准"，以至于想“一劳永逸地建立这样一个等级”可能是一件徒劳无功的事情。弗里德曼接着强调:因为世界经济的波动性,可能我们仅仅需要的是“没有更为具体设定的”“粗略的”等级划分。这对我们来说似乎是对亟需的实证研究的逃避。我们认为最好能在特定时间框架下提供城际关系的具体设定,这可以使世界城市的标准不再那么“模糊”。只有以这种方式,弗里德曼推测的全球城市波动才能得到验证,实际的变化也才能得到测量。

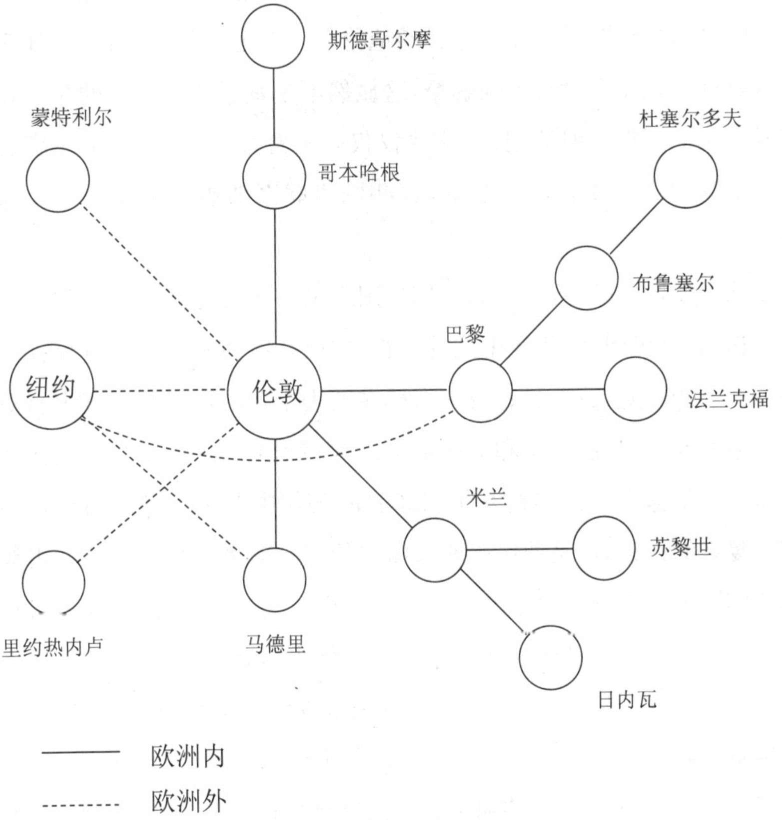

图 3.1　迪肯(1998)关于西欧“全球城市”的联系

弗里德曼的世界城市等级的问题基础十分重要,不仅仅是因为这张图表影响了当今全球化进程中人们对城市的看法。彼得·迪肯(Peter

Dicken，1998 [3rd edn])的《全球性转变》(*Global Shift*)是一本颇有影响的关于全球化地理的书籍。这本教材最重要的价值是汇集了大量证据来描述世界经济的转型，包括一个"旨在给出一个城市连接网络印象"的图表(p.209)，因为"所示的链接只是示意性的"。他将他的图表建立在弗里德曼(1986)的"世界城市等级"上，但同时涉及美国和西欧的一些"子区域"(这些区域其实是在20世纪80年代中期日本航空较少航班的地区)。在图3.1中，我们选出这一网络的新欧洲部分以展示迪肯所示的一些非常奇怪的联系。比如，从杜塞尔多夫到伦敦的线路首先经过布鲁塞尔，然后经过巴黎，最后才到达目的地伦敦。在电子信息时代，为什么会形成这样的线路并没有得到解释，这显然不是基于任何实际的显示这种流动发生的证据。但请记住，这些仅仅是示意性的，对于一本充满其他全球话题的令人印象深刻的书，这些图表联系似乎并不那么令人印象深刻。

除了实证上的不可靠，弗里德曼图表另一个关键特征是其创立的时间。作为20世纪80年代中期的产物，这也是冷战地缘政治世界秩序的一个产物。因此，莫斯科并没有出现在图表中，并且，尽管图表本身对亚洲城市表现较多，但北京和上海也未出现在图上。这使得该图表无法具备持久的生命力。比如在艾伦(1999)的著作中有关于世界城市权力透彻而复杂的讨论，但是他仅用两张简单的基于弗里德曼(1986)城市等级观念的图表来支持他的论点(p.193；p.201)。这使得艾伦的权力讨论很奇怪地没有包含20世纪90年代全球化最快的城市——莫斯科、北京和上海——而这只是因为使用了"世界城市等级"(据称)描述冷战结束前的情景。同样，在另一个涉及发展前景背景下的权力研究中，波特等(Potter et al，2004：157)将弗里德曼的等级再现为"当代世界城市体系"，包括马尼拉、曼谷和台北，而忽略掉的不仅仅是前共产主义的城市，还有重要的欧洲城市如布鲁塞尔、法兰克福和阿姆斯特丹，而这似乎同样是因为日本航空在20世纪80年代还没有开通到这些城市的航线。

证据危机的第一个影响便是未能就哪些城市是世界的或全球性的、哪些城市不符合这一资格达成一致。表 3.1 展示了 20 世纪过去 20 年 15 个知名出版物中的城市。这些资料使用各种标准来定义它们所认定的世界城市、全球城市和国际金融中心，只有四个城市在所有资料中得到了一致认同：伦敦、纽约、巴黎和东京。表格中另外的 75 个城市并未出现在所有的资料中。有趣的是，我们之前讨论过的三个亚洲城市——曼谷、马尼拉和台北——分别只出现了四次，这表明尽管这几个城市出现在了弗里德曼的等级图表中，它们并不经常被视作世界城市。总之，这反映了世界城市文献未能提供关键概念的具体实证设定。因此，没有一个统一的“标准”可以识别哪一个城市不能被包含进来。在最初的文献中这一问题就已经浮现，弗里德曼(1986：表 1)声称：“原则上可以在全球等级中添加其他第三甚至第四等级的城市。”哪些是所提的“其他”世界城市？同样，尽管萨森(1991)很明确地认为纽约、伦敦和东京无法代表全部全球城市，她的著作仅随意地提及了其他案例，但并未提及这类新型的世界城市到底有哪些。但是，在任何情况下，给定一个世界或全球城市名单的想法是好的吗？

表 3.1　各个城市在全球和世界城市研究中出现的次数

排序	城　　市
15	伦敦、纽约、巴黎、东京
14	法兰克福、苏黎世
13	芝加哥、洛杉矶
12	香港、悉尼
11	阿姆斯特丹、圣保罗、多伦多
10	米兰、旧金山
9	布鲁塞尔
8	杜塞尔多夫、马德里、迈阿密、大阪
7	墨西哥城、蒙特利尔、首尔

续 表

排序	城市
6	休斯顿、约翰内斯堡
5	布宜诺斯艾利斯、慕尼黑、罗马
4	曼谷、汉堡、马尼拉、里约热内卢、斯德哥尔摩、台北、维也纳
3	亚特兰大、巴塞罗那、北京、波士顿、加拉加斯、科隆、哥本哈根、达拉斯、日内瓦、吉隆坡、墨尔本、莫斯科、孟买、鹿特丹、温哥华
2	柏林、伊斯坦布尔、雅加达、里昂、明尼阿波利斯、费城、圣地亚哥、西雅图、上海、斯图加特、华盛顿
1	巴林、巴塞尔、波恩、布达珀斯、开罗、开普敦、夏洛特、底特律、海牙、哈特福德、檀香山、神户、里斯本、卢森堡、名古屋、巴拿马城、波特兰、布拉格、特拉维夫、华沙

来源：Beaverstock 等（1999，表 2）、Cohen(1981：308)、Finnie(1998，改编自 Graham，1999，图 1)、Friedmann(1986，表 1)、Friedmann(1995，表 2.1)、Keeling(1995，表 7.1)、Knox(1995，图 1.1)、Knox 和 Agnew(1989，图 2.18)、伦敦规划咨询委员会(1991，图 1.2)、Nomura (in Rimmer，1991，图 4.1)、Petrella(1995，21)、Reed(1981：59—60)、Sassen(1994：来自第一、二章)、Short 和 Kim(1999，表 3.10)、Thrift(1999：70)

正如我们在上一章简要描述的那样，电子通信革命使得当今全球化成为可能。基于这一变化的连接和关联结果，认可了网络不必以弗里德曼的等级体系所提出的“树”状结构方式来实现。比如，一个在曼彻斯特的商业计划或许涉及布里斯班的合作者，而这并不需要构建以伦敦作为一端而悉尼作为另一端的城际连接线路。涉及信息、知识、战略、规划、指导等的消息可以直接在两个城市之间传递商业运作情况。另一方面，这一项目中曼彻斯特的参与者可能会考虑加快事务进度，而他们需要的某些法律专业技能只能在伦敦找到。在这种情形下，所有在曼彻斯特与布里斯班之间跨行政区的合同谈判都会通过伦敦传递。关键在于，通过 IT 等技术可以使旧的城市等级结构既可以被跳过也可以被加强。这是一个产生网络但同时存在等级倾向过程的明确示例。在新的全球流动空间中，一些城市间关系可能存在等级倾向，但对于其他城市，不论其相对排名如何，城市之间将存在许多直接联系。罗西等(Rossi et al，2007)

描述的正是这样一种情形，一方面研究确认了圣保罗作为巴西“门户”的地位，另一方面研究也发现了不少跨门户连接的新证据。一般来说，研究许多世界城市可能会发现非常复杂的模式。其实这一论点沿袭了前一章中布莱德(1975；1977)对“国家城市体系”中空间组织复杂性的识别。另一种更好的说法是奈杰尔·思里夫特(Nigel Thrift，1999：272)所提出的创造了当今世界经济“难以想象的复杂性”的“风暴般的交易”(p. 274)。

基础设施与企业层级：直接测量方案

对于因城市流动而导致的数据缺乏问题，我们在两组不同但又容易获得的数据中找到了直接测量的解决方案。首先，从直接的角度，运输和通讯服务公司提供了包括实际的和虚拟的关于城市间供给和执行移动的信息(有关城市之间交汇和物流概念的讨论可见 Hesse 2010，2013；类似的有关城市之间的交汇和非物质流动的讨论，见 Bentlage et al，2013)；其次，从间接的角度，有关于企业指令结构的信息——尤其是总部-分支关系——以布莱德式的方式阐述了城市间指令的流动。前者的解决方案描述了网络，而后者主要涉及网络等级，不过两者都构成了基本的促使全球城市间关系得以发展的基础设施；因此，对这些基础设施进行全面分析并绘制全球化城市的联系是很合理的。

表 3.2 列举了使用这些数据的研究，在这里我们进一步区分了航空网络和其他类型的基础设施网络。总之，这些研究提供了一个当代世界城市文献实证研究的概览，但需要注意的是，这一列表并不包含所有的研究。除了未在这里列出的众多研究之外，还有不完全适合表 3.2 结构的分析，包括结合不同数据源的一系列研究(Choi et al，2006；O'Connor，2010)，也有诸如马修森和施瓦茨(Matthiessen and Schwarz，2010)用其他数据源所做的关于跨国城市间大学科研合作的研究。同时，一些研究并没有直接参考世界城市文献，但潜在地涉及了一些，如吉米拉等(Guimera et al,2005)关于航空网络中城市的全球角色的文章。表格的大小表明,跨国城际关系的实证研究已经在城市研究中得到很大的关注,连最近的对有关文献中实证方法的回顾(Derudder,2008)都已经有些过时了。

讨论并对比不同分析的结果不是一件简单的事情,因为除了专注于不同的网络流动的促进和产生因素之外,还有具体的测量框架和方法也存在根本的差异,因此要获得详细的比较和评估结果十分困难(Taylor,2006),于是我们仅就表 3.2 中抽取各种方法所得结果中的一组进行讨论;各项研究中连通性最高的 10 个世界城市的简单排列如表 3.2 所示。前两项来自崔等人(Choi et al,2006),他们使用不同中心性测量法进行测量,并比较了 2002 年在航空客运和互联网骨干网络中城市的中心性。其研究的一项排名中,他们使用了波纳西茨(Bonacich)的权力指数来评估基础设施网络中具有最高"中心性"的城市。第三项来自奥尔德森等人(Alderson et al,2010),他们通过分析跨国企业总部及其分支机构之间的关系来测量跨国城际关系中城市的中心性。他们的数据由 2007 年世界最大的 500 家跨国企业的总部和分支机构的位置信息组成。他们使用不同的测量方法来评估这些公司网络中城市的位置,但这种情况下最为相关的是他们通过计算外向度中心性(或点出度)对城市"权力指数"的测量,即一个城市从公司总部所在地到其他城市分支机构所在地的对外联系。

表 3.2 城市间关联的直接测量

出行和通讯网络-航空网络	出行和通讯网络-其他设施网络	公司层级
O'Connor and Fuellhart (2012)	Tranos et al.(2014)	Martinus et al.(2015)
Otiso et al.(2011)	Ducruet and Lugo(2013)	Krätke(2014b)
Mahutga et al.(2010)	Ducruet et al.(2011)	Goerzen et al.(2013)

续 表

出行和通讯网络-航空网络	出行和通讯网络-其他设施网络	公司层级
Pirie(2010)	Tranos and Gillespie(2011)	Rozenblat(2012)
Taylor et al.(2008a)	Jacobs et al.(2010)	Toly et al.(2012)
Zook and Brunn(2006)	Malecki and Wei(2009)	Alderson et al.(2010)
Matsumoto(2004)	Devriendt et al.(2008)	Wall and van der Knaap (2011)
Smith and Timberlake (2001,2002)	Malecki(2004)	Rozenblat and Pumain (2006)
Shin and Timberlake(2000)	Rutherford et al.(2004)	Alderson and Beckfield (2004)

表 3.3 中的城市排序显示了一些有趣的差异,这些差异是连接的性质导致的,另一些则与数据的具体性质有关。以航空交通为例,大多数列出的城市都是主要的航空枢纽,而芝加哥和亚特兰大却未能上榜。这是因为研究者使用了国际乘客网络,因此忽略了部分美国国内出行,而这些国内出行也是全球化的重要部分。比如,芝加哥到纽约并非国际航线,但却是当代全球化中重要的"城市对"。更普遍的是,航空旅行数据偏向度假地点,比如表 3.3 中的曼谷、帕尔马(西班牙马洛卡群岛)和拉斯维加斯分别对应欧洲和美国的排位(Kunzmann, 1998; Taylor et al, 2007)。在互联网骨架方面,卢瑟福等(Rutherford et al, 2004: 17)注意到一些欧洲城市中心非常重要,因为它们可以被视作高带宽联系的"门户城市",这些城市联系了欧洲的核心区域和更加外围的地区。哥本哈根在泛欧网络中即承担这一角色,它把德国与斯堪的纳维亚联系起来,从而人为地提升了这个城市的连通性。公司权力联系是世界大型公司的特征,因为汽车和科技公司在这些名单中非常重要,所以德国城市和旧金山的排名被推高。这在克莱特科(Krätke, 2014b)的论述中显而易见,克莱特科精确聚焦于这些行业,并提出大型企业主导的特定行业对这些结果有影响。更进一步说,企业总部反映了企业的历史,因此或许

会存在于培育大型企业的小型城市中——这和布莱德早期的案例十分吻合。

这样简短的讨论没有充分论证表3.2概括的原始方法和结论的多样性。但这里的关键在于这项研究加深了我们对克莱特科(2014b)提出的城市“多重全球化”的理解。不过,在这本书中,我们采取了不同的视角。我们相信这些直接测量对于研究城际关系有局限性的原因是他们的实证分析从理论角度来看可以被视作经验主义者。关于这一论点可见泰勒(Taylor,2006)的研究。很简单,这些研究本身并不包括那些如在第一章中所述的雅各布斯定义的城市过程:它们测量了城市相关的流动却没有关注实际的城市形成。因此,小型的城市地点可以既是全球总部中心,也是全球知名大学所在地(Taylor et al,2008b)。所以,我们认为,为了形成值得信赖的与总体城市发展相融合的城际关系测量方法,应该采取间接的但又注重过程的方法。

表3.3 基于基础设施网络和公司网络联系最紧密的10个城市

排名	航空客运中心*	互联网骨干中心**	公司权力***
1	伦敦	伦敦	纽约
2	巴黎	纽约	巴黎
3	东京	法兰克福	东京
4	法兰克福	巴黎	伦敦
5	香港	阿姆斯特丹	慕尼黑
6	纽约	芝加哥	阿姆斯特丹
7	新加坡	华盛顿	旧金山
8	阿姆斯特丹	旧金山	苏黎世
9	曼谷	哥本哈根	杜塞尔多夫
10	首尔	斯德哥尔摩	多伦多

* 基于2002年航空客运网络的波纳西茨权力指数排名前10的城市(Choi et al,2006)

** 基于2002年互联网骨干中心的波纳西茨权力指数排名前10的城市(Choi et al,2006)

*** 2007年全球财富500强企业总部与子公司关系城市的优势中心(Alderson et al,2010)

过程：一种间接测量方案

我们需要运用间接测量的策略，因为要在我们研究的全球城际关系中测量实际商业流是根本不可能的。很明显，企业在这一方面搜集任何形式的数据时都会考虑保密性。在涉及大量城市的全球性研究中，为了搜集这些直接商业流数据所需的研究投入需要有财物上的可行性。幸运的是，这并不意味着无法进行可靠的研究。

在任何一个无法直接测量过程的科学研究项目中，研究者最终都会采用间接测量法。这些都是基于某种过程的理论，这种理论可以被建模，并且可以搜集到有用的数据，从而对过程本身进行估量。在我们的研究中，这样的理论来自于将城市视作全球服务中心的基础研究。我们无法掌握城市间由从事这一行业的企业所产生的所有信息和知识流，但我们可以较为容易地找出它们在全球范围内的哪些地方有办公室。将这些数据与企业办公室之间的日常工作相结合——我们称其为连锁的城市网络模型——这为我们所关注的城市间关系的数据问题提供了一种解决方案。其结果并非实际的流，而是如网络分析中常见的潜在的流，但它们却为城市关系研究提供了理论化的实证基础，这一实证方法也能对由萨森所提出的比较方法进行补充。

下一章将会详细阐述这一模型及其关联的数据搜集方法。正是这种对城市间潜在的工作联系的间接测量方法使我们能够开展世界城市网络的全球城市分析。

• 全球化与世界城市研究的主要批判

有很多批判我们的世界城市网络研究的声音，往往是与弗里德曼的世界城市等级和萨森的全球城市一同被批判。这些批判对于保证我们方法的活力很重要。这些批判大致可以分为两类：一种是找到了我们工作初始发展中的短处并给出提升建议，另一种则是对我们研究的方向性以及对城市理论与实践的影响提出基本质疑（Derudder and Parnreiter，2014：378—381；Van Meeteren et al，2015）。关于前者的讨论将会融入下一章，而这类批判确实是激励我们再版此书的原因之一。这里我们关注后一种批判的声音；它们非常重要，因为这迫使我们重新思考我们的研究到底是什么；这也是雅各布斯在第一章中成为关键人物的原因（Taylor，2014：391）。

我们在此引入两个重要的论点，即詹尼弗·罗宾逊（Jennifer Robinson）颇有影响力的后殖民批判和戈兰·瑟伯恩（Goran Therbörn）对忽略国家的控诉。同时我们的同仁理查德·史密斯（Richard Smith）（2003a，2003b，2014；Smith and Doel，2011）也提出了一种长期使用的后结构主义批判，但这一批判却很难在此讨论，因为它基于完全不同的本体论和认识论。本质上，他的批判反映了对于社会科学本质的争论，这是一个超越本书讨论范围的宏大话题。为准确起见，我们坚持用批判现实主义的方法去发展社会科学知识，尽管我们更侧重（定量的）大范围研究。

不在地图上？罗宾逊的批判

这一较早的对于全球和世界城市研究的批判来自于詹尼弗·罗宾逊（2002，2005）的两篇文章。她论点的核心是两个互相关联的批判。首先，她关注全球或世界城市识别的选择性，正如她所言，这使得其他城市“不在（研究者的）地图上”。在这里，一种基于并针对西方城市发展的理论被尝试应用到其他地方的城市，由此来发现它们的需求。其次，她随之强调了定义全球或世界城市标准的选择性，这一选择性指的是在研究中所使用的实证证据（局限在企业）并没有全面体现城市的性质。在这种情况下，她号召“唤回城市”来克服只对企业小圈子的关注。这些观点之所以重要，其原因是政治和规划权威似乎将世界/全球城市的概念运用到了一些城市中，而这些城市却因无视全市居民更广泛的需求有可能产生弊大于利的影响。

第一个批判源自萨森(1991)把全球城市视作一小群经济上相对重要的城市。这导致了"非全球城市"概念的出现，如果全球化被视作世界范围内普遍存在的过程，那么这一概念就没什么意义。弗里德曼的世界城市等级和我们的世界城市网络都没有这样的门槛限制；本书第二部分使用的数据中有526个城市。但问题是这些结果仍然具有明显的西方城市导向特点。这意味着什么？实际上取决于如何解释我们的分析；我们现在正在尝试展示什么？一个可能的答案是我们在寻找不同城市推动全球资本主义再生产的程度(见 Parnreiter，2014)。因此我们的贡献在于经济地理领域，它描述了资本主义世界经济不均衡发展的最新阶段。鉴于后者的历史，这一研究的结果主要偏向于西方城市。

第二个批判基于将城市视作不同类型的地点，而不只是将它们视为金融和专业服务中心。萨森(2001)将她的概念设定为一种新的城市类型，但我们已经从卡斯特尔的网络化发展出了世界城市网络，而卡斯特尔的基础是萨森的全球城市。与雅各布斯(1969)类似，卡斯特尔(1996)将城市视作一种过程；我们假设每个城市都是无数过程丰富的混合。我们还进一步关注到一个具体的进程；高级生产服务企业的网络化进程使得经济全球化生产和再生产成为可能。选择关注这一进程的原因是一个研究决定：想要探索全球化中城市的角色。当然其他进程也在帮助加深这一理解，包括促进当代城市其他方面再生产的进一步进程。我们研究的进程与其他塑造城市进程之间的联系存在很大的差异，并且这也与上面讨论的对全球资本主义再生产的贡献相关(见 Krätke，2014a)。显然，这些其他的进程和我们特别的关注点需要进一步研究。

政策问题很难处理。正如詹姆斯·斯科特(James Scott，1998)所指出的，政治家和很多规划师在寻找简单的解决方案来应对复杂的情况。实际情况是，我们并不能在政策制定者需要时提供所寻找的答案。简·

雅各布斯(1961)尝试理解城市的初衷正是由于不满他们机械化的思维,我们会在最后一章更加详细地探讨这些问题。

凌驾于国家之上? 瑟伯恩的批判

戈兰·瑟伯恩(2011)对城市研究范式的"霸权"效应提出了坚定的批判,这一范式将弗里德曼的(1986)世界城市假设、萨森(2001)的全球城市,以及本书第一版中的世界城市网络(Taylor,2004)三者结合在一起。他的批判包含两个方面:一是研究工作的主体部分被指责为仅是经济主义的,完全忽视了从文化和历史的角度来理解城市;二是在经济主义中,它又完全低估了国家的重要性。对于批判的前一部分,我们的解释与对罗宾逊批判的回应类似,我们的研究聚焦于一个将城市与全球化联系的重要过程,而不是声称要对城市进行全面的描述,那将会成为无数过程中的一个杂音。我们对于就业集中的城市的某一方面很有兴趣;按雅各布斯(1992)的说法,我们并没有关注生活的方方面面。

瑟伯恩(2011)论点的主旨正如他的标题所言,是"当前的危机和无国籍城市的想法"。他认为 2008 年的金融危机动摇了"城市超越国家"(p.282)的重要性这一观点。在评价他这一观点之前,首先要明确我们对于城市和国家间关系的立场涉及两个不同的论点。首先,一般来说,有对社会科学过于以国家为中心(state-centric)的批评,指的是将国家视作未经检验的社会、经济和政治过程的空间容器。正如我们之前所述,这已经通过将城市的外部关系分析限制在国家城市体系中而对城市研究产生了影响。值得注意的是,这一论点并没有声明国家不重要,而仅仅是认为使用其作为研究框架需要做出解释。其次,在当今全球化背景下存在国家的相关性问题。这里我们找到了关于无边界世界(Brown,1973)和超越国家的城市(Knight and Gappert,1989)的强有力的声明。我们并不认同关于国家"结束"或"让位"的观点,相反,我们认为国家受到生产全球化的直接影响,并且一直都在适应新经济环境中发生的变化。如瑟伯恩所示，城市/国家的关系非常复杂（见 Musil，2014）。

世界城市网络形成的主体是高级生产者服务业，并且它们以不同的方式与国家互动，这一点将在本书中予以阐述。比如法律公司会尝试在为其客户提供跨行政辖区法律服务时让世界经济看起来像是无国界的。另一方面，会计公司会利用国家的政治拼图为其客户寻找"节税"方案。所有高级生产者服务业必须将国家考虑为世界经济的关键角色。主要问题是它们会怎样扮演这一角色：正如在第一章提到的，我们将城市视作基本的经济实体，国家在本质上是政治的，但具有包括规管权在内的经济权力。我们在本书最后一部分——第二部分世界网络分析之后——进一步展开了这一论点。瑟伯恩的批评中非常有趣的一点是在2008年金融危机中，城市中的银行最后求助于国家作为出借人，这一事实体现出的究竟是国家或是城市更加富有影响力。实际上，通过国家将银行失误成本转嫁到其他地方似乎是一个特别精明的方式。英国正在努力收缩自身，而伦敦和银行业却在不断壮大……

• 中心流动理论

作为对这一外部城市关系研究回顾的总结，我们将网络方法与传统的中心地方法联系起来。当然，我们并不是把它视为对立的分析城市关系的方法，而是将我们的建模视为对中心地理论的补充（Taylor et al，2010a）。要做到这一点，我们需要回到一般性的思维，找出城市外部关系的两类基本形式，包括中心地理论所描述的和我们补充的"中心流动理论"。"中心流动理论"是我们特地为描述与中心地理论相关的世界城市网络研究创造出来的标签。

如今我们很难想象半个世纪前中心地理论在地理学研究中有多么重要；威廉·邦奇（William Bunge，1966：133）将其视作" 地理学最好的知识产物"：它证明了地理学是一门"基本科学"，它产生了自身的"新理论”。演变成国家城市体系后，它又代表了城市关系，爱泼斯坦(Epstein，1969)在《城市外部关系：城市-腹地关系》(External relations of cities：city-hinterland relations)一文中明确引入了这一主题。但随着国家城市体系研究的消亡，中心地理论也衰落了，变成了被忽视的地理学边缘理论。这一边缘化的地位可以从外部关系重回研究议程时该理论被如何对待中反映出来。

近来大家认为用中心地理论不足以理解当今城市的外部关系，因此应该被抛弃。比如，梅杰斯(Meijers，2007：246)声明，中心地理论与网络思想“基本相反”，尤其体现在卡马尼和萨洛内(Camagni and Salone，1993)以及巴滕(Batten，1995)和戴维斯(Davies，1998)的著作中，他认为“网络模型”已经取代了中心地理论。这被视为外部城市关系概念化的一种理论“转型”(p.248)，相当于一种“范式的转变 ”(p.257)。尽管如此，无论社会科学家是否研究它们，中心地学说所辨识出的基本过程仍然存在：消费社会的空间模式仍然集聚于中心地(Dale and Sjϕholt，2007)。我们将中心地理论视为一种普遍的城市过程，代表城市地方及其腹地之间的一种关系。因此，我们并不打算丢弃中心地理论。任何持不同意见的人都可以想想20世纪50年代后期的中国发生了什么，那时候传统的中心地市场体系被国家制度瓦解并被不完全取代：地方的生产和分配崩溃导致大范围的饥荒。这迫使国家在1961年重新组织传统的中心地市场(Skinner，1965)。换句话说，中心地构成了一个普遍过程，这一过程是城市化社会的必要组成部分。

然而对我们来说，关键在于中心地过程并非城市外部关系的唯一形式。幸运的是，目前城市的外部关系研究需要更多理论的共识正在达成(例见Parr，2002)，它引导我们去识别出一个不同的外部城市过程，这一过程能够被理论化以便产生一套补充性的概念工具。除了由中心地理论推测的等级结构，我们认为还有一个城市间的网络结构(参见Camagni and Salone，1993)。前者是一种垂直的连接地方尺度的互动

(腹地)空间结构,后者则主要是一种水平的连接非地方的互动空间结构。我们将两者都视作普遍的城市过程,因此两者在描绘现在和过去的外部城市关系时都是必须的(Hohenberg and Lees,1985)。

显然,将外部城市关系划分为两大理论学说来源于卡斯特尔(1996)对两类社会空间的经典划分:场所空间和流动空间。与阿瑞吉(1994)类似,我们回避了卡斯特尔仅为描绘当今社会特征而对这些词汇的特定使用,我们认为这两种社会空间在所有社会中都存在,并且它们需要被串联起来理解(Taylor,2007;Van der Wusten,2002)。这也是我们想要表明的城市外部关系。中心地理论是关于一个塑造场所空间的城市过程;这是一个对腹地等级化安排的常规"拼图"。每一个腹地,在不同尺度上,其本质都是由简单经济层面的地方市场来定义的地点。我们将这一过程称为"城镇性"(town-ness),这一过程在每个城市都能找到;伦敦和纽约对于其分别位于英格兰东南部以及纽约州南部、新泽西部分地区和康涅狄格州的广阔腹地来说都是中心地(它们的市中心)。当然,伦敦和纽约服务了更为广阔的地域。中心流动理论则是关于塑造流动空间的城市过程;在互动领域中城市间存在着无数的交换。这些联系定义了异常复杂的市场结构下非地方流动网络。我们将这一过程称为"城市性"(city-ness),而且这一过程发生在所有的城市地区。

值得注意的是,我们根据过程而非"要素理论"来构建我们的论点,正如之前从雅各布斯(2000)那里学到的那样。与列举城市地点的内容来决定"镇"或"城"相反,我们假设城镇化和城市化在所有城市都能同时找到,尽管它们的相对重要性可能差异很大。在字典中对于城市的定义通常是"大型镇",当然,这一差异与城市的人口规模有关。这在艾伦·斯科特(Allen Scott,2012:80)关于就业的研究中已经得到了清晰的阐述。他将不同经济产业的劳动力百分比与 2000 年 283 个美国大都市区总就业相联系。对这些行业,我们根据相关性进行了排序,并在图 3.2 中展示了这一结果。负相关的结果显示小型城市有着更多的就业;正相关则表明大城市有更多的就业。我们发现“零售贸易”就业呈最大的负相关,而“专业、科学、管理、行政等服务业”就业则呈现最大的正相关。很显然,这些代表了城镇化过程(腹地关系)和城市化过程(城市间关系)的原型。总体上,图 3.2 中这些行业的排序涉及地方城镇性(local townness)和非地方城市性(non-local city-ness)的区别。但是关键点在于所有都市区都显示出这一双重过程;中心流动理论与中心地理论形成互补。

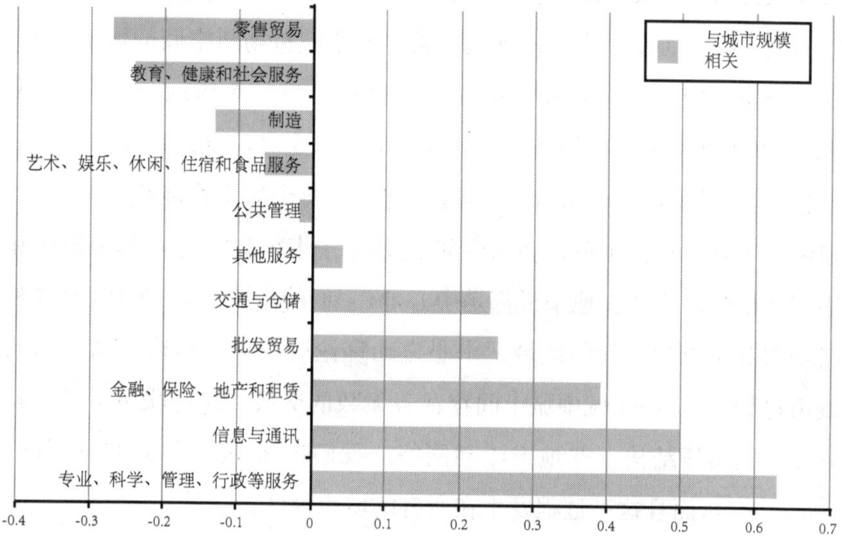

图 3.2 美国都市区就业的城市化和城镇化过程

来源:基于斯科特(2012)

当然,认识到城市超越其腹地并与其他城市有关,而且这是一个重要的过程,这一观点并不新鲜:这是传统交通地理研究领域的基础,尤其是港口地理。我们在此提供了一个对这种相互作用更加正式的理解方法,并将这种方法与中心地理论并列:克里斯塔勒(Christaller,1966)将后者作为一种连锁等级进行建模;我们创造中心流动理论将其建模为连锁网络。这为全球空间塑造提供了一种更加细微的诠释方法。在中心地理论中，地点中心性是场所空间正式建造的基本构件。而在中心流动理论中，则是流作为基本构件产生网络；这就是正式构建的流动空间。换句话说，这是关于什么是中心的问题：场所（place）还是流动（flow）。所有其他的差异，包括将城市之间的关系视作竞争（等级）或合作（网络）所产生的重要政策启示，都是由这些不同的空间构建方式导致的。当然，这两大理论都包括了场所和流动——重要的是从何处开始，而这则决定了分析更需侧重哪一方面：在中心地理论中，场所创造流动；在中心流动理论中，流动塑造场所。在世界/全球城市文献中，这一论点正好在约翰·艾伦（John Allen，1999：202—203）对"城市网络"和"城市的网络"的区别中得到了反映：他将萨森（1991）的"全球城市"主题与前者联系起来，并由此显露出萨森对于"地点"的特别关注；但卡斯特尔（1996）的关注点却在于后者，并明确了"流动"是其分析的中心。至此读者可能已经清楚地知道，我们会跟随卡斯特尔——但不在任何意义上"拒绝"其他视角——并创造一个连锁的网络模型，作为研究当代全球化中的城市分析方法。这也是本书第二部分的主要内容，也是书中的实证核心。

第二部分　世界城市网络分析

第四章　连锁网络模型：设定与应用

- **世界城市网络的形成**

  不将城市具体化

  世界城市网络形成中的主体

- **作为连锁网络的世界城市网络**

  什么样的网络？

  世界城市网络的设定

- **创建数据来描述世界城市网络**

  信息搜集

  数据生产

可以这么说，城市是通过网络来行使权力的；通过复杂的网络产生的互动与交流等形式，都是由城市的权力构成的。在像纽约和东京这样的城市中，银行、海外金融公司、律师事务所等高端专业服务业通过金融和商业服务网络来组织其经济权力；这种共存的互动能够缩小城市之间的时空距离，从而建立更加紧密的、完整的连接和关系。

（Allen，2010：2898）

近十年来，越来越多的研究者希望努力弄清城市网络。在本章中，我们将试图解答"什么样的网络"这一关键问题，并探索一些相关的问题，如"城市之间是如何联系的？""一个城市的连通性怎样去衡量？"提出并回答这些问题是明晰概念和实证上的重要一步（Derudder，2006）。首先从概念上看：随着全球化背景下城市研究文献的增加，概念的繁多使得我们无法确定这些概念是否被用来表述同一问题。除了大家熟悉的弗里德曼（1986）的"世界城市等级"，在其他学者的研究中还涉及"城市的全球网络"（King，1990：12）、"跨国城市体系"（Sassen，2011：58）、"全球城市等级"（Alderson et al，2010：1899）、"世界城市体系"（Mahutga et al，2010：1925）、"全球城市体系"（Hoyler and Watson，2013：90），以及"跨境城市网络"（Sassen，2008：119）等。这些不同的表述方式反映了我们对于"什么样的网络"这个问题不同的理解，也妨碍了我们对城市之间联系的理解。在实证方面，最近涌现的对城市网络的定量研究（详见表3.2）也加剧了困惑。不同的城市网络构建方式取决于不同城市之间链接的选取以及不同的连通性测量方式（参见贝克菲尔德和奥尔德森[Beckfield and Alderson，2006]与泰勒［2006］之间的交流）。其中部分讨论基于本章将要探究的世界城市网络的构建方式（Neal，2014；Hennemann and Derudder，2014）。因此我们需要十分明确我们的方法在概念上和实证上的细节，而本章的目的就是介绍我们的构建与设定城市网络的方式，并以此来测量世界城市网络关系。

城市网络的构建首先需要认定创造世界城市网络的主体。在本章的第一部分，我们将讨论催生现代城市和城市网络的重要机构。根据以上论证,我们选择了高级生产者服务业作为构建城市网络的关键主体。这个选择对第二部分意义重大。与通常的城市网络研究不同,在我们构建的城市网络中,城市作为节点但并不是网络形成的主体。我们认为世界城市网络是一种连锁网络,处于“次节点”层的生产者服务业企业才是关键的主体。这种网络构建的方式明确了我们需要什么信息和数据来描述和测量这样的网络。相应地,本章第三部分描述数据矩阵的搜集以及城市网络的构建。这个矩阵也是接下来章节中大部分分析所依据的实证基础。

• 世界城市网络的形成

我们的世界城市网络的构建方式致力于发展一种间接但注重过程的测量方法。我们的出发点是,世界城市网络的形成是一个动态发展的过程,在此过程中并受其影响,城市和它们的网络不断变化。这意味着我们需要从理解世界城市网络形成中的主体开始。

不将城市具体化

在前面的章节中,城市被认为是创造新财富与刺激发展的基本经济实体。然而,我们必须谨慎解释这些经济实体。现在有一种使城市具体化的趋势,即在城市本身没有能动性或主体性的情况下,将城市作为行动的主体。这是基于基础设施网络的世界城市网络研究所面临的迫切问题。而本章所建立的模型恰恰不是将城市作为世界城市网络形成中的主体。

城市自身不会创造经济。艾布拉姆斯(Abrams,1978)有力地证实了这一观点,并批判了传统的发展研究文献中普遍使用的“生产性城市”和“寄生性城市”等概念。在雅各布斯(1984)的理论框架下,城市在经济上要么是动态的,要么是静态的,但是这些概念都是描述性的。因此,这些术语不应该被延伸，如将动态的城市等同于“生产性城市”。动态的城市是城市网络形成中生产过程的一部分，但城市本身在产生新的城市之间的联系上作用并不大。网络中将城市连接在一起的经济联系是由特定的经济主体创造的，历史上，是商人通过商品贸易构建了城市之间的网络。一般来说，经济变化的主体是（多种形式的）资本持有者，他们的决策对经济的增长或停滞至关重要。当然，这并不意味着城市只是供资本持有者使用的一个平台。动态的城市由于存在资本扩张的机会而容易吸引资本。相反，资本撤离静态的城市正是由于这种机会的匮乏。在这种环境下，使城市陷入具体化的语境非常容易。

但是具体化的问题并不总是清晰的。一个城市的名字往往被用来概括性地描述这个城市中所有行为主体的活动与过程。例如，冷战时期经常被表述为“华盛顿”对战“莫斯科”。当我们能够清晰地理解使用这些城市的名字意味着什么或了解其指代对象时，这样的表述并不是什么问题。在上一版中，“圣彼得堡”被认为是在沙皇俄国的经济中扮演着“寄生”的角色。在这个例子中，主体很明显，沙皇统治机构在城市发展和建设中的作用如此之大，以至于政府主体通常被认为是这个城市的缔造者。同样，上一版中另一个例子，不是伦敦“杀死”纽卡尔斯，而是接替的英国政府所推行的“国家”经济政策更偏向于前者。这两个例子告诉我们，并不仅仅是经济主体创造了城市。

从历史的观点来看，这些问题已经包含在“城市起源”的争论中，在不同的时期和地点，文化-宗教，政治-军事，经济-商业这些主体都在争夺创造或重塑城市的“荣誉”。实际上，在特定的情景下，这些主体都很重要：宗教场所、战略要地、商业中心都是转变为城市的基础。事实上，这些不同类型的主体都同时在起作用，从而产生出相当复杂的城市间模式。下面的例子将说明此点。

在中世纪欧洲早期，城市的复兴往往伴随着基督教的传播（拥有教堂仍是对一个城市的传统定义），政治秩序的建立（世俗当局将皇家宪章或特许状授予城市)和非本地贸易的恢复(一般包含一些不依赖于宗教和世俗权力的“自由城市”)。在所有例子中,城市都不是孤立发展的;每个城市都和其他城市有联系。但需要注意的是,这些不同的主体也意味着不同的联系模式。两个非经济主体组织的空间是等级性的,而经济主体则创造了如泰勒(2013)所描述的网络。教会无疑是等级制的。在空间上,教会拥有不同层级的教区,而且每个教区都以一个城市为核心。随着永久性首都的建立,政治主体也呈现出同样的等级性,虽然直到近代它才达到教会的等级组织水平。我们注意到这两个塑造城市的主体正是空间的组织者,通过“命令下达,税赋上缴”的方式在城市之间产生空间流动,从而形成了城市等级体系,进而控制一个个顺从的地方空间。而在商业世界中,城市之间的流动是通过互惠贸易的方式进行的,从而创造了城市网络;它是一个动态的流动空间,不用过分干预即可保证经济的发展。显然后者与第一章中所解释的城市是一致的,但目前的要点在于,并不是城市塑造了城市之间的关系模式:是教皇制度而非“罗马”,法国王室而非“巴黎”,意大利北部的商人家庭而非“威尼斯”,这些才是中世纪欧洲城市等级体系和网络体系形成的关键主体。

讨论具体化这个问题最重要的结果就是促使我们去寻求塑造城市及城市网络的特定主体。然而,为了避免具体化,我们必须确保不会不分好坏地全盘否定(Bagnasco and Le Gales,2000:30)。城市确实可以通过城市政府预算来提高其“地方性”,从而吸引更多的资本持有者(Harvey,1989)。这些城市积极政策已经变得很普遍(McCann and Ward,2011)。因此,虽然我们不能将城市具体化为一个实体,但我们可以摆脱将城市作为一个单一整体的观点,比如,伦敦就可以看成是系列主体的复合体,其中某些重要的主体很可能决定性地影响了伦敦在世界城市网络中的地位。很明显,我们不想在网络规范中忽略市长和其他官员、政治家的作用,这意味着我们需要仔细推定,通过确定关键的行动者来解决主体的问题。

世界城市网络形成中的主体

目前城市的创造者仍旧是多种多样的。很多现代的世界城市明显带有其创造者的印记:文化主体将洛杉矶塑造成一个世界媒体之都,政治主体将日内瓦塑造成国际机构城市,经济主体将香港塑造为国际金融中心。当然,领先的世界城市都是这三种主体共同作用的结果,从而形成"综合全面"的世界城市,就像霍尔(1966)最初所设想的和萨森(1991,2001)的全球城市概念所强烈暗示的一样。伦敦和纽约是这方面的典型:它们均为重要的媒体、政治和金融中心,也是很多其他方面的中心。实际上,各种主体在寻求全球战略的同时都不能直接忽略和绕过这两个城市(Bassens and Van Meeteren,2015)。前面已经表明,在本项研究中,我们主要关注经济主体及其所创造的城市网络。和萨森(2001)一样,我们着重关注高级生产者服务业这一主体,因此我们运用传统的城市研究方法,将城市作为服务中心来研究城市之间的关系:我们构建了一个基于全球服务中心的世界城市网络。当然,这并不是说在世界城市网络形成过程中只有服务业在起作用。

为了理解世界城市网络的形成,我们需要考虑四个关键的主体。首先是商业服务企业,主要关注那些服务超出本地城市市场之外的企业。与其他商品不同,服务贸易通常要求在一定程度上直面买方/客户,在这种情况下,对外服务通常意味着通过办事处网络的扩张来服务于众多地区的客户。从20世纪80年代开始,许多企业在世界范围内提供服务,我们称之为全球服务企业。正如萨森(1991)所描述的,这些全球服务企业的办公室集中在城市。而城市作为集聚机构、经济和政治的地方网络,成为我们讨论中的第二个行为主体。例如,在这个语境下提到"伦敦",我们既指公共机构和代理机构等正式网络——诸如大伦敦市长办公室、伦敦金融城公司、伦敦市议会、伦敦自治市、跨河联合会、伦敦优秀合作伙伴等——也指很多使城市得以运转的城市工作者所形成的非正式网络。第三个世界城市网络形成的主体是多重的监管机构，它们负责监督特定服务行业中个体和企业的运转。这些组织和机构提供规章制度和职业行为准则来管理公司的运行。对有些服务业来说，这些规章很严格，监管者扮演着守门员的角色（比如法律），而对有些服务业则相对宽松（比如广告业）。第四个主体是民族国家，包括国家机关——特别是与经济政策相关的国家机关——和一般的民族文化，如经商准则或与国家社会的关系。关于前者，相对自由的国家法律和经济政策对于保证世界城市之间的流动可能十分重要。最好的例子是 1986 年伦敦的“金融大爆炸”法案，在国家主导的措施下，英国政府允许外国投资银行进入伦敦证券交易所，这一举措大幅削弱了英国金融体系中的监管。同样，日本的节约文化对日本银行业的发展也至关重要。

总的来说，塑造世界城市网络的四个主体主要是服务企业、城市政府、服务行业机构和民族国家。但这些过程并不是独立运行来维持这个网络，它们互相之间以一种复杂的方式协同起作用。我们可以通过察看成对的主体之间的互动方式来理解这一点。四个主体之间可以组成六对关系。这里可以进一步分为两种关系类型，即两个因果关系（causal nexus）、四个属性分配关系（identity assignment）。因果关系包含双向联系，这对两个主体的自我更新很有必要。属性分配是一种单向关系，一个主体决定了另一个主体的特性。

这两类因果关系至关重要。关系Ⅰ将服务企业和城市以互惠的关系连接在一起。城市需要大量的企业来生产必要的知识环境，而这种环境恰恰也是企业十分需要的。这种相互加强的过程正是世界城市定义中的核心，对一般意义上的城市也是如此。在利益方面，该过程十分有趣：比如日本和美国的银行在伦敦有着重要的分支机构，它们的利益就取决于未来伦敦作为国际金融中心的成功；同样，伦敦的利益也依赖于“它们”（日本和美国银行）的良好表现。关系Ⅱ是商业服务行业和民族国家之间的相互作用。知识密集型服务业的专业化已是一个全国性的过程，涉及国家要么确立自我管理（国家级）专业协会的合法地位，要么进行直接管理。反过来，这些专业人员通过服务于这些国家机构使国家正常运转。这是最初的公私合作制。以前只有律师和银行家才能跨越私人-公共行业的界线，但是今天，会计师、管理咨询人员，还有广告从业人员，他们所具有的公共关系能力使其在政府管理圈中变得十分突出。总之，每个连接都代表了多个主体，它们以联合的方式捆绑在一起。

四个属性关系使得一个主体决定了另一个主体的性质。第一个也是最明显的关系是服务企业和服务行业之间的关系。企业是由行业来标识的，因为客户、知识和实践都是由行业机构尤其是专业组织进行监管。因此，法律行业与保险企业的职业环境是不同的，广告企业与会计企业也处于不同的职业环境中。第二个关系是城市与国家之间的关系。这与第二章所论述的现代城市正变得有国家特色的观点有关。对同一国家内的城市而言，它们有着类似的习俗、知识与运作模式。即使是最“全球化”的城市也带着国家的烙印：伦敦的卓越与历史上大英帝国的角色是分不开的；纽约与东京的杰出都与其所在国家是世界上两个最大的“国家经济体”有关；上海和北京最近的突出表现明显与中国在全球经济体系中的重要性与日俱增有关。第三个属性关系是城市与行业之间的关系。所有的城市都是不同的，一个区分它们的重要标准是服务业的混合程度。例如，一个由金融业主导的城市——一个拥有有限的非金融服务的国际金融中心——与一个由广告业主导的城市是截然不同的。欧洲的法兰克福和阿姆斯特丹即能说明这种差异。更为均匀的服务业分布可以被视为“全方位服务的世界城市”的标志：纽约、伦敦和巴黎就是三个代表。最后一个属性关系是企业与民族国家之间的关系。虽然关于“无国籍企业”是否存在一直有争议，但现实中所有的企业在它们的工作方式上都带有国家的印记（Dicken，2010）。例如，德国的法律文化是国家主义的，并崇尚理性思辨，这使得德国的法律企业无法像美国和英国的律师事务所那么全球化；后者的“国家法律文化”更倾向于用商业和企业的思维方式来思考和运用法律。

四个关键的主体塑造并重塑着世界城市网络，这个模型为我们构建世界城市网络提供了基础。虽然每个主体对网络的形成都很重要，但接下来我们并不是对每一个都加以详述。我们主要考虑全球服务企业，原因有两点：一是效仿雅各布斯（1969，1984）的观点，它把企业当作经济主体，所创造的财富使得网络得以形成并维持下去；二是企业通过其办事处/办公室网络创造了网络的整体结构。接下来我们主要关注后者，即通过企业来构建和测量网络。其他主体也不容忽视，它们对于解释网络模式同样十分重要。图 4.1 显示了该模型的几个要素，它们在后续的结果讨论中起着重要作用：企业-城市联系是网络形成的核心，但我们纳入了企业的国家和行业属性这两个解释成分作为补充（参看 Beaverstock et al，2002）。不管怎样，城市间关系新的全球模式最终是由日益增长的大量全球服务企业所塑造的。

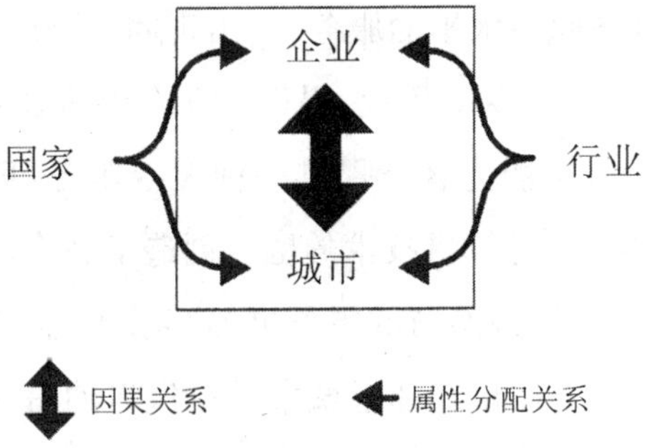

图 4.1　世界城市网络中的城市、国家、企业和行业

• 作为连锁网络的世界城市网络

第一章表明，在现代全球化出现之前，国际商业服务就已经存在。例如，在 20 世纪中期，当面临跨境货币交易时，银行可以推荐客户使用

与它们有着良好伙伴关系的其他国家的银行。同样，涉及多个司法管辖区项目的法律条文，也可以由不同国家相关的律师事务所来处理。这些运作模式都是在有需要时由一系列特殊的临时代理安排来实现的。全球化从三个基本的方面破坏了这一状况。

首先是客户需求的全球化，这意味着为了维持一个重要的客户，服务供应商必须保证其客户在需要服务的地方能够得到服务。例如，一个跨国公司不希望在与它有业务往来的每个国家都和不同的会计公司打交道。越来越多的跨国企业开始利用会计师、管理咨询人员和律师来为导致资本流失的税务“问题”提供跨国的解决方案（Engelen，2012）。在2012年一件广受关注的丑闻中，德勤会计师事务所为星巴克提供的“优化”其在英国的纳税（如避税）咨询方案被披露出来，并以此作为事务所提供的全套资本运作策略的一部分。重要的是，为了使这个体系“平滑”运营，德勤可能需要像星巴克一样无处不在。第二，当服务企业从原来的在世界范围内追踪客户转变为基于自身的全球战略来赢得新的业务时，它们就开始注重保护自己的商业品牌了。传统的临时安排不能保证客户能够得到与母国同一水平的服务，当出现问题的时候，这种临时安排很容易导致重要客户流失。因此，提供一种直接的服务对服务企业来说，有利于质量控制，也能为客户提供一种无缝服务（Faulconbridge et al，2012）。第三，通信和计算机技术的融合创造了一个新的信息技术环境，使得组织需要多个机构参与的服务更加容易了：企业建立自己的内部网络。这种使能技术使得在邻近城市或在世界的另一边设立新的分支机构并没有多大差异（Warf ，1989）。

服务行业全球化的战略和轨迹无疑要比这里简单讨论的结论复杂得多：全球化的方式及成因这两个问题在现实中是非常复杂的。基于对律师事务所全球化已有研究的梳理，福康布里奇等（Faulconbridge et al，2008）注意到企业通过开办新代表处与兼并/收购/联盟等方式来实现全球化。这种多样性的方式导致了生产者服务业办公室网络中不同的整合类型和空间经济模式；反过来，这种多样性又取决于讨论中的企业文化和新市场的属性(Jones，2002)。此外，最近的研究对服务企业为什么要全球化这一过程提供了更加细致的解读。不出所料，这些解释都是建立在邓宁和诺曼(Dunning and Norman，1983)为了理解公司的国际化而提出的创新性拥有——区位——国际化范式的背景下。最后，对于服务企业跻身国际市场可能创造新的盈利机会这一观点已得到公认(Yeung，2005)。然而在服务企业"已经全球化"的背景下，不管原因多么复杂，不论具体采用什么形式的全球化，最终的结果都是全球生产者服务企业的出现。这些企业是我们世界城市网络规范中的关键主体。现在我们将从讨论世界城市网络主体进入到构建世界城市网络的第一步：识别网络类型。

什么样的网络？

通常认为网络包含两个层次：网络层定义了关系的范围，节点层定义了主体，节点之间的关系构成了网络(Knoke and Kuklinski，1982)。一个典型的例子是，街头帮派可以看做一个网络层，而在节点层，每个帮派成员都是网络形成的主体。但对世界城市网络来说，两个层次的模型是不合适的，因为它会将城市作为节点层，看作是主要的主体，而这之前的讨论已经否认了这一点。因此我们需要一个包含第三种"次节点层"的网络类型来容纳次节点的推动者——全球服务企业，正是它创造了网络。所以该网络的设定并不那么简单。这三个层面是：将世界经济作为服务配置的网络层面；作为节点层面的城市构成了服务业生产所需的知识群集；第三个层面是高级生产者服务企业创造和提供的服务业。在网络分析中，这种三重结构不太常见，但也不是特例。在克诺克和库克林斯基(Knoke and Kuklinski，1982：16)网络关系的类型学中，有一种三重结构的类型被称为"连锁网络"。在这些网络中，节点通过它们所构成的亚成分连接在一起。一个著名的例子是通过重叠的董事会席位的人连接在一起的董事会网络。管理者职位的例子将作为世界城市网络一个最初的类比。

在世界经济有关重叠的董事会席位的最新研究中，卡罗尔(Carroll, 2007:2299)将企业间通过董事席位所产生的连接视作精英跨组织联系的一个主要形式：

> 连锁董事是……跨企业之间策略与权力分配的“竞赛”，当一个首席执行官列席自己持股或合资公司的董事会；又或者一个银行家在一个企业客户的董事会上。这些连锁在资本积累的过程中能够起到控制、协调和/或分配的作用，且通常出现在那些在某一连锁公司属于内部人员(高管或主要股东)的董事们身上。除了作为经济力量的重要性外，连锁董事也能够发展出文化联系，这有利于主要的企业董事之间建立团结互信的氛围。

企业间的连锁董事连接是降低市场约束、提高公司效益的一种手段。作为非市场联系，这些连接或是通过加强信息交流，或是通过互相影响或共同协调参与决策等方式来降低市场中的不确定性，这些相关的连接就是那些“公司董事们，他们……在众多大公司中担任两个或更多的职位，所以能够作为公司之间连接的承担者”(Carrol, 2007:2301)。因此一个董事会包含“内部”和“外部”两种董事，是后者提供了与其他公司之间的连接，从而创造了连锁网络。在卡罗尔(2007)的实证分析中，这种三重结构包含了一个世界经济层面的网络层、一个有着300个公司的节点层(其董事会试图减少市场的影响)，以及一个有着533个外部董事的亚节点层——这些董事通过董事会席位将不同公司连接在一起(参见Kentor et al, 2011)。

然而，尽管形式相似，也要意识到将世界城市网络类比为卡罗尔的网络存在着局限。从根本上说，在这里类比的公司董事网络中，节点在某种意义上仍是主要的推动者,公司——通过董事会——仍是主要的决策单元。它们可以选择(也可以解除)外部董事成员,从而控制网络内部的关系。相比而言,世界城市网络作为一种连锁网络,其次节点成分,即服务企业,才是网络产生与再生的主要推动者。的确,城市政府会采取一些措施,如提供"积极的"政策来吸引和留住重要企业,并因此可能影响节点之间的关系,但是它们不会像董事会那样能够控制这些关系。所以,在世界经济里城市间的连锁关系中,节点本身构成了重要的使能环境,但如前所述,它们不是三重结构下世界网络中的决定性层面。

也就是说,如果世界城市网络的确是一个不常见的社会网络形式中的特例,那么准确的设定则是进一步研究的首要前提。这里对于世界城市网络的讨论主要是为了能够清晰地描述网络产生的过程。当然,世界城市网络形成的特殊性质将会在后续章节的网络分析结果中更多地表现出来。

世界城市网络的设定

图 4.2a—c 用来帮助描述世界城市网络的设定与构建。它描绘了世界城市网络连锁结构的一小部分:包含 10 个城市和 3 个高级生产者服务企业。接下来将用这个例子来为网络构建的不同阶段提供具体的结果;这里的结果仅仅只是示意性的,不能作为对世界城市网络的解读。

我们假设一个有 m 个高级生产者服务企业分布于 n 个世界城市的情景。基本的测量是服务值(service value)v_{ij},反映了企业 j 在城市 i 的重要性。所有的服务值可以组成一个 $m \times n$ 的服务值矩阵 V。出于示意的需要,我们构建一个数值范围从 0 到 5 的简单整数构成的小型数据集,对应的服务值越大表示企业 j 在城市 i 中的重要程度越高。表 4.1 使用和图 4.2 中同样的企业和城市,展示了一个真实的 10 个城市×3 个企业的服务值矩阵 V。

首先，一个简单衡量城市位次的方法可以用城市总服务值来体现，我们将其称为城市服务值 C_i：

$$C_i = \sum_j v_{ij} \tag{4.1}$$

用同样的方法可以测量一个企业服务值 F_j 的相对重要性：

$$F_j = \sum_i v_{ij} \tag{4.2}$$

表 4.1 给出了汇总结果。伦敦和马普托分别拥有最高和最低的城市服务值，分别是 14 和 2。而普华永道和贝克 & 麦肯锡分别拥有最高和最低的企业服务值，分别是 34 和 20。因为我们关心的是城市网络，所以世界城市网络的设定应建立在方程 4.1 而不是方程 4.2 上。我们这里关注的是企业如何连接城市，与此对应的是另外一系列文献基于方程 4.2 中所描述的关系，并讨论城市是如何连接企业的（见 Neal；2008，Liu et al，2014）。

表 4.1　服务值矩阵 V 实例

城市	普华永道	汇丰	贝克 & 麦肯锡	C_i
伦敦	5	5	4	14
巴黎	4	4	3	11
芝加哥	3	4	5	12
香港	4	4	2	10
纽约	4	4	2	10
上海	3	4	2	9
新加坡	4	3	2	9
波士顿	3	0	0	3
斯图加特	2	2	0	4
马普托	2	0	0	2
F_j	34	30	20	84

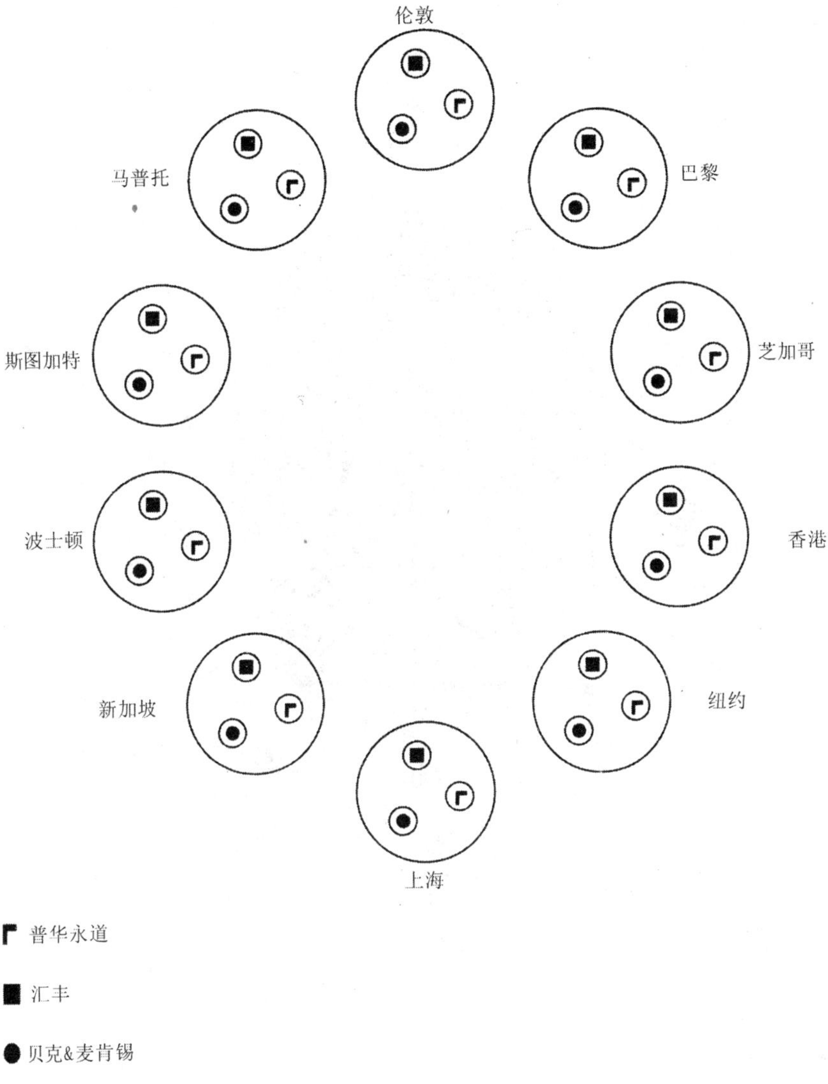

图 4.2a

图 4.2a—c　作为连锁网络的世界城市网络的构建

普华永道

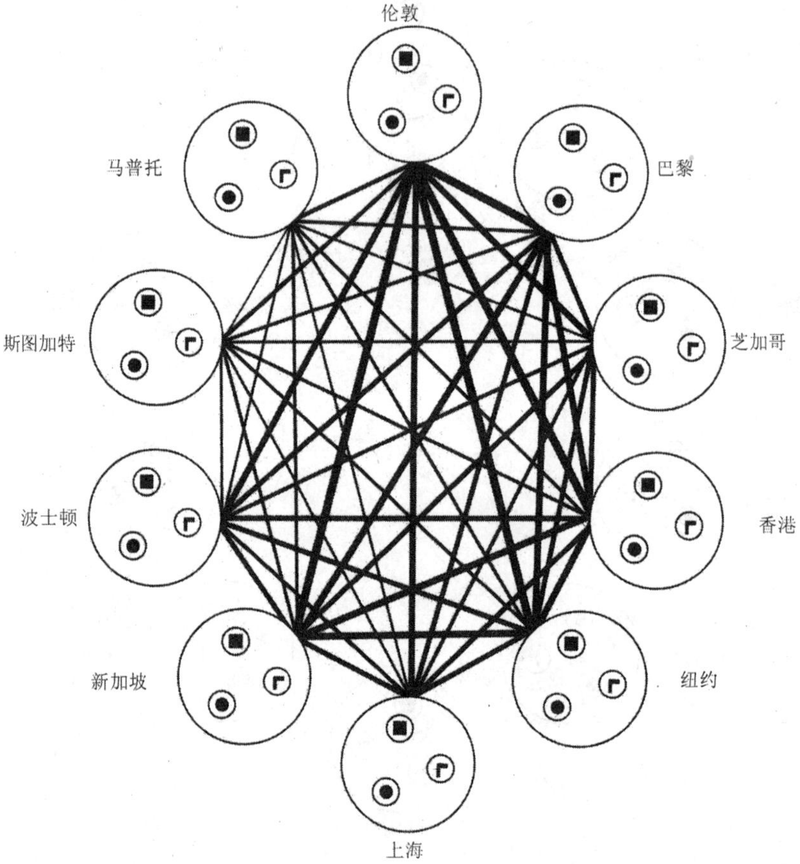

普华永道

汇丰

贝克&麦肯锡

图 4.2b(1)

汇丰

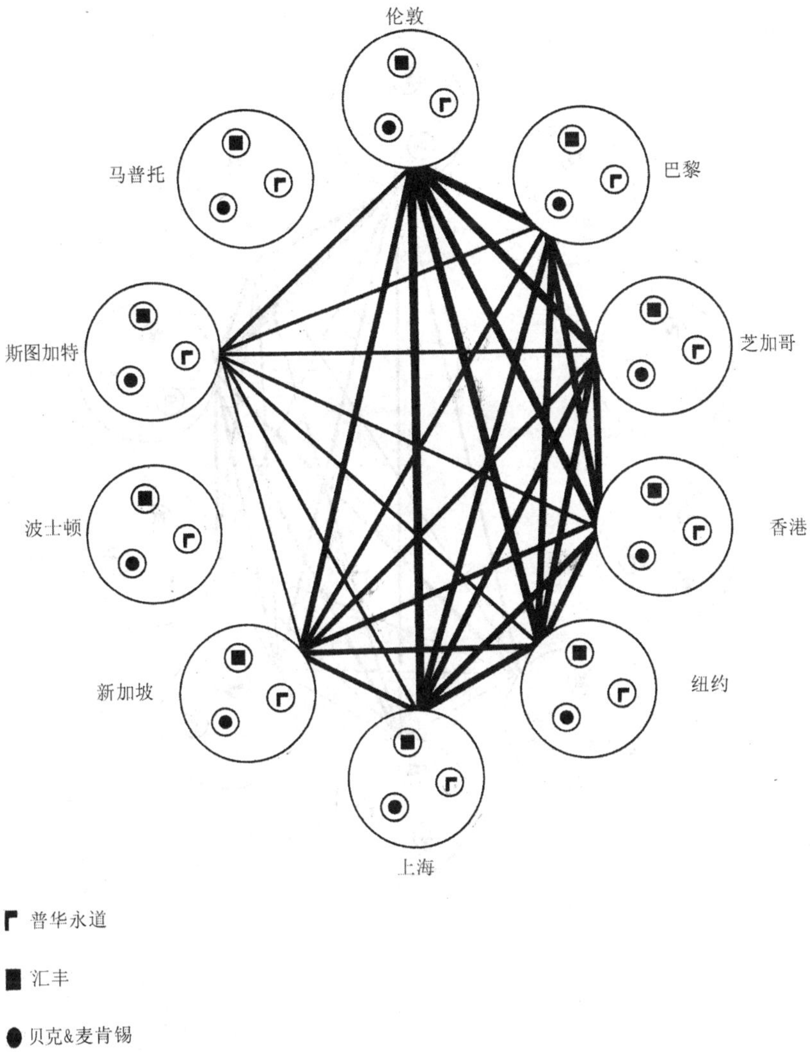

图 4.2b(2)

贝克&麦肯锡

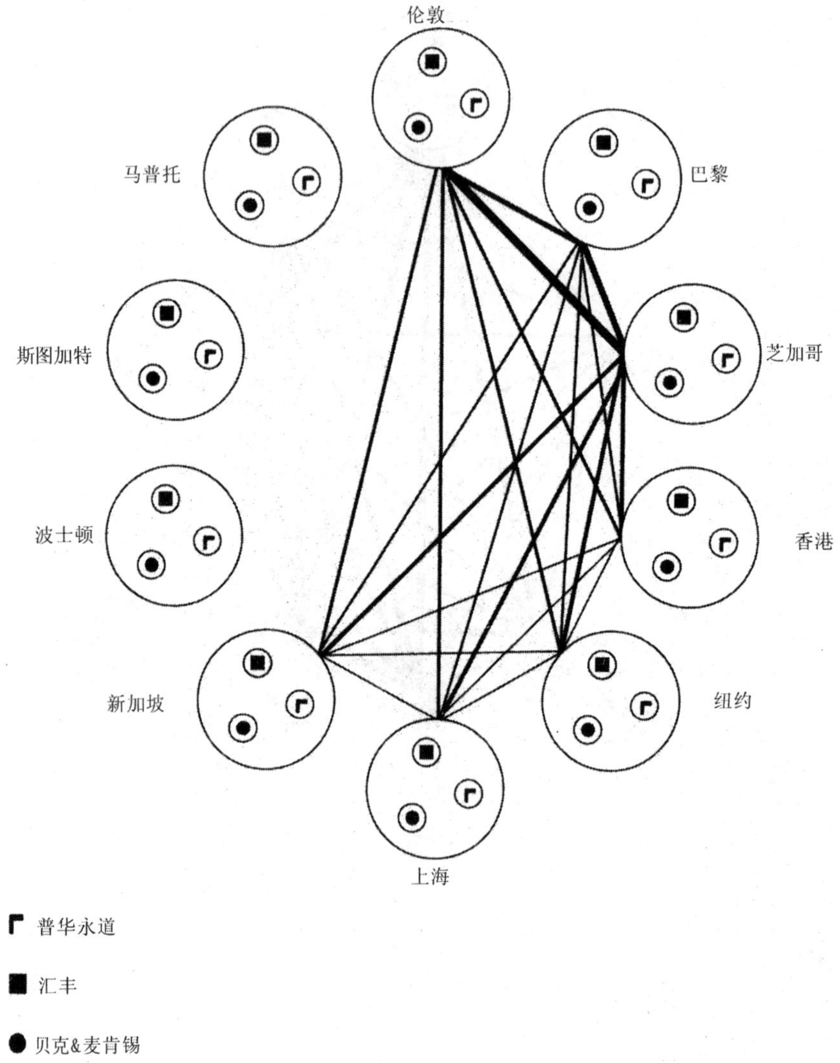

图 4.2b(3)

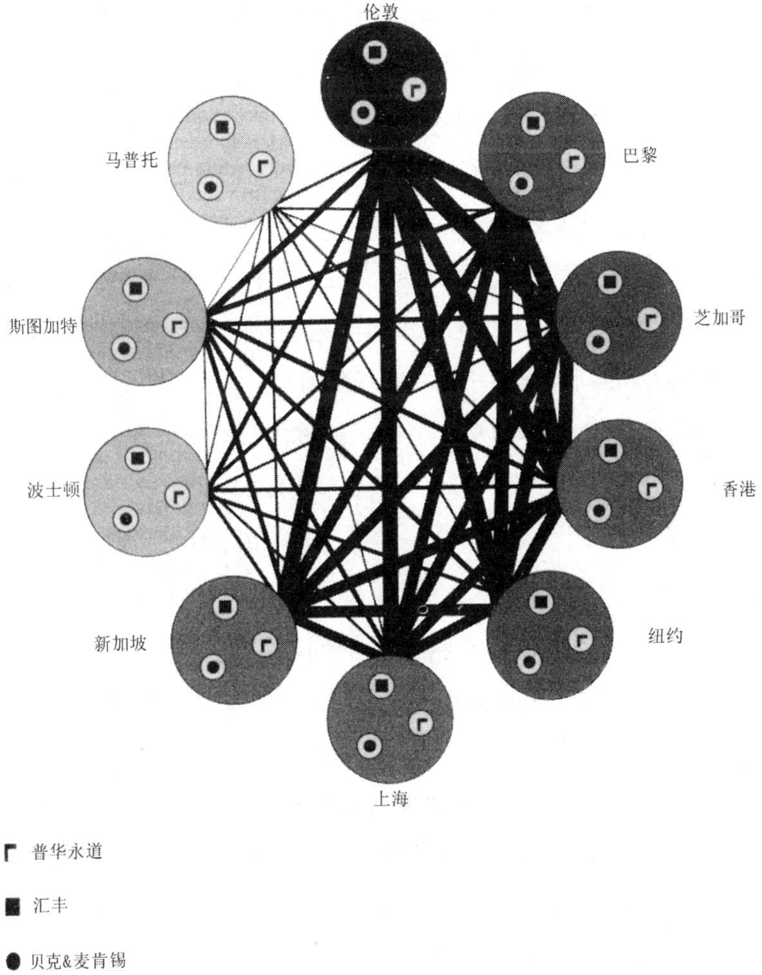

图 4.2c

城市的服务值 C_i 是一个简单的衡量世界城市地位的方法，但在某种程度上它是不充分的。公平地说，C_i 直观表现出的是累积的专业知识和服务水平，这能使城市在金融和商业等方面获得某种优势。但是这种统计无法使人了解城市利用它的过去及现在的专长与资产做了什么：如萨森(2001)提到的伦敦、纽约和东京这三大巨头，它们之所以重要，不仅仅在于其规模和它们能支配资源的大小，它们的重要性更来自于在企业网络和城市中创造联系的金融和商业专业人员的实践(Allen，2010)。所以我们需要转换矩阵 V，以此让我们透过企业来深刻理解城市间的交互，而不是简单地统计城市中企业的现状值。

在网络分析中，服务值矩阵 V 通常被称为二模网络(Liu and Derudder，2012)。一模网络的主体是直接互相连接的，而二模网络是通过两个分离的节点数据集连接起来的。在本例中，矩阵 V 可以看成是将城市和企业连接起来的网络。在二模网络的设定下，同一类型的节点之间没有直接的连接：我们仅仅知道哪个企业在什么样的城市，哪个城市拥有什么样的企业。然而，可以利用一个"投影函数"从二模数据集中推出一模网络。这里说的连锁网络模型本质上就是这样一个投影函数。所以此网络的独特之处，不仅仅在于我们的城市网络是建立在次节点层面上，还在于需要通过现有的企业来推断出城市间的连接。二模到一模的投影函数将服务价值矩阵 V 转换为城市相互作用的关联矩阵 R，而这最终是基于不同城市中共同存在的企业。

连锁网络模型投影函数的关键是定义"城市对"连通性 CDC_{a-b}。更为具体地说，CDC_{a-b} 表示基于矩阵 V 中每一对城市和企业的情况计算得到的城市 a 和城市 b 之间的连通性：

$$CDC_{a-b} = \sum_j v_{aj} \cdot v_{bj} \quad a \neq b \qquad (4.3)$$

二模到一模的转换需要一组特定的假设(Neal，2014)。在连锁网络模型中，CDC_{a-b} 作为城市间企业信息与知识交互的真实流动的替代测量，在其计算中隐含的推测如下：在一个企业网络中，一个办事处/分支机构越重要，它与其他办事处/分支机构之间的连接就越多。在下面假设成立的条件下，这个方法看上去是合理的。第一，企业内部分支机构之间所产生的联系要超过与同一行业其他企业的联系。在将提供无缝服务以保护全球品牌形象作为准则的背景下，这看上去是合理的。第二，(1)根据相互作用模型的精神，分支机构/办公室越重要，就会产生更多的流量，(2)这些对城市之间的关系产生出乘积效应。假设的第一部分显然是很合理的。第二部分反映了：(i)实际上，有更多从业人员的大型分支机构能够创造更多潜在的联系，(ii)办事处网络具有等级性质，大的分支机构往往会拥有特殊的职能，比如管理或提供特定专业知识(关于这些假设是否成立的讨论，见 Jones，2002；Smith，2014)。

表 4.2 展示了矩阵 R 是如何构建的，其计算基于表 4.1 提供的例子。表格展现了分别通过三个企业来计算每对城市 $CDC_{a-b,i}$ 的关系，并汇总了由三个企业形成的城市相互连接程度 CDC_{a-b}。方程 4.3 可以衡量一对城市之间的连接程度，并成为我们新构造的关联矩阵 R 的个体单元。每个城市会有 $n-1$ 个连接，所以一个城市总的连通性——我们称之为“全球网络连通性”——可以简单地加总所有可能的连接来计算：

$$GNC_a=\sum_b CDC_{a-b}=\sum_{bj} v_{aj}\cdot v_{bj} \quad a\neq b \tag{4.4}$$

表 4.3 给出了我们列举例子中的全球网络连通性 GNC_a。表中也同样给出了城市的位置服务现状值，可以看出，城市的服务值 C 和城市的网络连通性 GNC 虽然相关，但却并不相同。例如，虽然芝加哥的城市服务值 C 要比巴黎大，但其连通性 GNC 却要小；同样，纽约和新加坡分别比香港和上海的连通性要大，尽管它们的位置服务现状 C 相同。在芝加哥和巴黎的例子中，这种差异主要是普华永道和贝克 & 麦肯锡网络中不均匀的连接导致的。普华永道的网络中比贝克 & 麦肯锡拥有更多的办事处。这使得城市之间通过普华永道的公司网络形成连接有着更多

的选择。巴黎在普华永道办公网络承担的角色比在贝克 & 麦肯锡办公网络更加重要,反之对芝加哥也是如此。从汇总结果来看,巴黎的连通性要高于芝加哥,虽然后者自身拥有更多累积的专业知识和服务水平。通过应用连锁网络模型,我们从把城市仅仅概念化为功能和资源的集群,转变为把城市视作网络中功能和资源的节点(Allen,2010)。

在我们着手讨论数据生产之前,需要对最后一个方法做个说明。“城市对”连通性 CDC_{a-b} 和全球网络连通性 GNC_a 的值是本书大部分内容所依赖的实证基础。然而,这些数值本身却不好解释,因为它们取决于数据中企业和城市的数量。为了使它们更加容易解释,我们将其转化为占最大值的比重。表 4.3 展示了我们的实例结果。GNC_a 的最大值是伦敦(334)。将所有的结果都除以这个最大值,从而将值都转化到 0 和 1 之间。这种相对的全球网络连通性更容易解释,这种形式将用于后续的分析中。关于“城市对”的连通性也采取类似的方法:连接强度将用占最大值的比例来衡量。

表 4.2　城市交互关联矩阵 *R* 的构建(基于表 4.1 的数据)

	伦敦	巴黎	芝加哥	香港	纽约	上海	新加坡	波士顿	斯图加特	马普托
普华永道										
伦敦	0	20	15	20	20	15	20	15	10	10
巴黎	20	0	12	16	16	12	16	12	8	8
芝加哥	15	12	0	12	12	9	12	9	6	6
香港	20	16	0	0	16	12	16	12	8	8
纽约	20	16	12	16	0	12	16	12	8	8
上海	15	12	9	12	12	0	12	9	6	6
新加坡	20	16	12	16	16	12	0	12	8	8
波士顿	15	12	9	12	12	9	12	0	6	6
斯图加特	10	8	6	8	8	6	8	6	0	4
马普托	10	8	6	8	8	6	8	6	4	0

续表

	伦敦	巴黎	芝加哥	香港	纽约	上海	新加坡	波士顿	斯图加特	马普托
汇丰										
伦敦	0	20	20	20	20	20	15	0	10	0
巴黎	20	0	16	16	16	16	12	0	8	0
芝加哥	20	16	0	16	16	16	12	0	8	0
香港	20	16	16	0	16	16	12	0	8	0
纽约	20	16	16	16	0	16	12	0	8	0
上海	20	16	16	16	16	0	12	0	8	0
新加坡	15	12	12	12	12	12	0	0	6	0
波士顿	0	0	0	0	0	0	0	0	0	0
斯图加特	10	8	8	8	8	8	6	0	0	0
马普托	0	0	0	0	0	0	0	0	0	0
贝克&麦肯锡										
伦敦	0	12	20	8	8	8	8	0	0	0
巴黎	12	0	15	6	6	6	6	0	0	0
芝加哥	20	15	0	10	10	10	10	0	0	0
香港	8	6	10	0	4	4	4	0	0	0
纽约	8	6	10	4	0	4	4	0	0	0
上海	8	6	10	4	4	0	4	0	0	0
新加坡	8	6	10	4	4	4	0	0	0	0
波士顿	0	0	0	0	0	0	0	0	0	0
斯图加特	0	0	0	0	0	0	0	0	0	0
马普托	0	0	0	0	0	0	0	0	0	0
全部三个企业										
伦敦	0	52	55	48	48	43	43	15	20	10
巴黎	52	0	43	38	38	34	34	12	16	8
芝加哥	55	43	0	38	38	35	34	9	14	6

续　表

	伦敦	巴黎	芝加哥	香港	纽约	上海	新加坡	波士顿	斯图加特	马普托
香港	48	38	26	0	36	32	32	12	16	8
纽约	48	38	38	36	0	32	32	12	16	8
上海	43	34	35	32	32	0	28	9	14	6
新加坡	43	34	34	32	32	28	0	12	14	8
波士顿	15	12	9	12	12	9	12	0	6	6
斯图加特	20	16	14	16	16	14	14	6	0	4
马普托	10	8	6	8	8	6	8	6	4	0

表 4.3　城市全球网络连通性实例(*GNC*)(基于表 4.1 的数据和表 4.2 的计算结果)

城市	C	GNC_{abs}	GNC_{ref}
伦敦	14	334	1
巴黎	11	275	0.82
芝加哥	12	272	0.81
香港	10	248	0.74
纽约	10	260	0.78
上海	9	233	0.70
新加坡	9	237	0.71
波士顿	3	93	0.28
斯图加特	4	120	0.36
马普托	2	64	0.19

• 创建数据来描述世界城市网络

表 4.1 中的服务矩阵 V 清楚地说明了描述世界城市网络需要什么数据。我们需要(i)确定一组全球生产者服务企业,(ii)选择一批有可能组成世界城市网络的城市,(iii)寻找和获取服务值,这些服务价值刻画了每个城市在每个企业办公网络中的重要性。下面的内容主要分为两个阶段。首先,描述了收集所需信息的过程。采用的方法称为"扫荡式",

因为任何与数据需求相关的信息都被记录下来。第二步，描述了如何将多样的信息转换成各企业之间可比较的数据。数据是通过设计一个统一的服务值标度来产生的，这个服务值标度的确定就需用到每个企业收集到的特定信息。最终的结果就是一个各城市全球服务企业的服务值矩阵，以此来描述和分析世界城市网络。这里描述的是 2012 年的数据收集和分析过程。

信息收集

在无法获取可靠的官方数据的情况下想详细收集大量的私人企业信息是很困难的。最明显的问题就是保密性。一般来说，企业不希望向竞争对手透露自己的策略，包括选址策略。然而，这里我们的信息收集关注的是高级生产者服务企业，它们在很大程度上并不适用这条规则。这些企业通过为其他企业提供基于知识(专家/专业知识/创意)的服务来促进其商业发展。这些公司服务企业得益于计算和通讯领域的技术进步，从而能够在更大的地理范围内提供服务。例如，以前的法律公司总是与一个特定的城市和本地客户联系在一起，像“纽约律师事务所”“波士顿律师事务所”等，但是在现代全球化的背景下，很多企业选择寻求一种在世界范围内提供法律服务的战略。在这种情况下，“遍布全球”成为企业的市场营销和招聘政策必不可少的一部分。例如，世界范围内新的潜在客户将希望了解这些企业可以提供服务的地理范围。同时，作为知识密集型企业，全球分布对于吸引新一代高素质人才显然具有重大优势。因此在高级生产者服务企业中，选址策略必然是相当透明的。

图 4.3 展示了一个直接的例子。图中的两张照片均于 2004 年 4 月拍摄于阿姆斯特丹史基浦机场。它们是当时德勤会计师事务所市场营销活动的一部分，活动的目的是突出德勤的全球分布：这些照片包含世界著名城市中的标志性建筑——纽约的克莱斯勒大厦和阿姆斯特丹的阶梯式山墙——用来表示德勤在所有“重要”的城市都有分布(或者至少

描述了德勤能开展业务的地方)。简单地说:这条信息给潜在客户留下的印象是:德勤无疑在如巴黎、芝加哥、东京和圣保罗这样的城市也都有分支机构。如果不确定,客户可以去这些企业的网站上查询。实际上,另一部分用来展示其提供服务地理范围的方法是:这些网站会提供一个“地点”选项,里面会包含办事处的地址信息。网站中一般会配一张它们企业办事处全球分布的世界地图,用于强调它们的全球化。这种地理信息的透明有利于信息的收集。

图 4.3　阿姆斯特丹史基浦机场的德勤广告
来源:原文作者,2004

在本书的第一版中,企业的选择基于两个不同的标准。第一,事先确定哪些企业是具有“全球区位战略”的。在实际操作中,我们只将符合以下标准的企业纳入:首先,至少在 15 个不同的城市有分支机构,且其中至少有一家分布在北美、西欧和亚太这三大区域;第二,先在不同行业中列出靠前的企业，再根据排名逐家搜集在网站上公布较多办公网络信息的企业信息。虽然收集的原始数据能够很好地满足我们的需要，但很快发现仍然可以对此进行大幅改进。改进策略的出发点在于，我们发现虽然大多数主要服务企业——即使不是全部——都在北美、西欧和亚太地区有很多办事机构或至少一个办事机构，但理论上并不需要专门设定这一标准(参见 Robinson，2005)。所以我们决定只简单关注各个行业中领先的服务企业。这种简要的方法也有好处，就是能够方便以后反复的数据收集。因此从 2008 年开始，我们持续关注五个行业的领先企业：包括 75 家金融服务企业、25 家管理咨询企业、25 家广告公司、25 家法律事务所和 25 家会计公司。这些企业构成了全球服务企业“GaWC175”，它们是全球化与世界城市研究网络大多数实证研究的核心。

现在研究用到的“GaWC175”区位战略信息是在 2012 年 10 月到 2013 年 2 月之间收集的。企业的选择基于 2012 年各行业的排名，这些排名大多数是根据 2011 年的数据得出的。我们从品牌顾问公司 Brand Finance 评出的金融服务和保险业 500 强里选取金融服务企业，这一排名基于对金融服务企业的实力、风险和未来潜力的标杆分析；会计企业是根据 World Accounting Intelligence 的排名来选择的，此排名是基于对汇总的企业收入分析而做出的；广告企业的选择是基于知名调查机构 Brandirectory 对广告行业价值品牌的分析而做出的；法律企业是根据钱伯斯(Chambers)的领先律师事务所排名来选择的；管理咨询企业的选择是根据 Vault 管理和战略咨询的调查，这一调查通过对大量专业人员进行调研而得到企业“声誉”，并基于此对咨询公司进行排名。每个行业排名靠前的企业都被选取，同样，我们也确定一些备选企业(例如排名刚好低于 75 或 25 的)，以防在实际的数据收集过程中某些企业消失(如被收购)的情况发生。虽然数据收集跨越了 2011—2013 年的时间范围，但为了方便接下来的讨论，我们认为这些数据是 2012 年的(数据收集最为集中的时间段)。附录 A 列出了最终选取的企业列表。

值得注意的是，虽然我们的出发点是企业，但我们收集到的用来定义企业网络的信息包含不同程度的企业整合(Jones，2002)。除了在同一企业品牌下紧密组织的全球企业(例如普华永道)之外，有的“企业”实际上是企业集团(例如前沿联盟[Leading Edge Alliance Group])。后者实际上是一个由中等规模的企业构成的联盟，它们作为一个网络是为了在全球范围内与同行业的大企业竞争。

此外，在我们选择的企业中，部分生产性服务企业——尽管不是大多数——已经能够提供一些跨行业的服务组合(Smith，2014)。比如，在前沿联盟中的一些企业为它们的客户同时提供金融和商业咨询服务。世界上主要的全球服务企业甚至都已成为跨领域专业服务的提供商。如普华永道是著名的“四大会计企业”之一，但实际上它已成为一个完全成熟的专业服务网络，同时提供法律、咨询和金融服务等业务。如果出现了这种重叠，企业网络类型一般根据其“核心业务”来分类。因此，尽管也提供其他的服务，前沿联盟集团和普华永道都被认为是属于会计行业的企业网络。

一些大型的企业在城市和城镇拥有几百甚至上千的分支机构。我们把数据收集限定在一些更加重要的城市，主要有两个原因：第一是基于分析上的：包含的城市越多，最后的矩阵就越稀疏，因为基本没有多少“GaWC175”企业网络出现在比较小的城市和城镇中；第二是基于理论的：我们感兴趣的是重要城市间的关系，即最终的世界城市网络。尽管如此，不要忽略世界城市网络中任何可能的重要节点也是十分重要的，因此需要选择相对较多的城市数量。和企业的选择类似，城市选择的标准与第一版相比也进行了改进。最初特别挑选出的 315 个城市主要偏向于北美、西欧和亚太区域(Robinson，2005)。为了确保能合理地代表所有的大洲，2008 年我们设计了一个新的能包含更多城市的名单，这份名单形成了之前一项“全球化城市调查”研究的基础(Taylor et al，2010b)。我们这里用到的就是基于一系列标准而选择出的城市。除了第一版中原始的315个城市，我们也将以下城市纳入：2008年人口超过150万居民的所有城市；所有人口超过100万的国家首都；以及所有包含所选取企业的总部的城市。附录B中列出了最终选择的526个城市。与本书第一版相比，本次主要增加了来自中国、印度、巴基斯坦和伊朗的城市。我们用这份城市列表来记录企业的全球服务网络信息。

选择企业和城市相对来说较为容易，但想收集信息以判断一个城市在一个企业的全球服务网络中的重要性则困难得多。企业间没有直接、连续、方便获取的信息。主要的信息来源是网站，而这些在175个企业间具有很大的差异。所以必须逐一从企业的网站上收集所有可能相关的可利用的信息，同时收集任何可获取的其他材料作为补充，比如年度报告和内部名录。对每一个企业，我们主要收集两种类型的信息。第一，获取一个城市中企业的规模信息。理想的情况是，能够获取给定城市中企业办公机构的专业从业人员数量列表。这些信息在法律企业中很容易获取，但在其他行业相对来说比较少见。这里还需要利用一些其他的信息，如一个企业在某个城市中办事机构的数量。第二，记录一个企业的办事机构在某个城市的特殊区位职能。明显的例子是总部职能，但其他特征比如附属机构总部和区域办公室也被记录下来。在这种扫荡式的信息搜集方法中，任何能够体现城市中一个企业这两种特征的信息都需收集起来。最终的结果是根据这些信息能够建立175家企业在526个城市里的服务值。

数据生产

这种扫荡式的方法面临的问题是企业间信息的类型和量级差别很大。例如，一些企业办公机构的地理行政辖区范围是“区域性的”(跨国的)，而另一些企业又有“全国性办公室”或“区域办公室”“分区办公室”等，每种类型在地理意义上差别都很大。此外，很多企业并没有任何信息标明其办公室的地理行政辖区。当存在等级安排的情况时，有些信息相当明确，体现在通过另一个城市的办公室按已设定好的路径来联系某个办公室。但更常见的是用一堆混乱的信息来反映某个办事处的特殊重要性。以下是这类企业的一些命名清单："核心办公室""主要分支机构""全球办公室""国际办公室""中心办公室""主要运营办公室""功能中心"(对于一个给定的功能)、"资产管理中心""全球投资服务中心"，还有一些带有"国际贸易往来"或仅仅是"国际联系"字样的办公室："跨国企业客户"办公室、拥有"高级管理人员"或"高级合伙人"的分支机构、联合企业中的"核心企业"等。需要大量的工作才能将这些丰富的信息脉络转换成有用的数据，并以此来比较城市间的企业。

在将信息转换成数据的过程中总是存在一种权衡，一方面希望尽可能地保留大量的原始信息，另一方面又希望建立一个在各种情况下能适应不同程度信息的可靠的排序。在本例中，有些企业的信息很详细，但大多数企业的信息很少。为了解决这种矛盾，这里通过设计一种相对简单的计分方法来处理收集到的各式各样的信息。用六分的标度来表示服务价值，其中有两级直接可以得出：很显然当一个企业在某个城市中不存在时，其服务值为 0；城市拥有某个企业的总部，其服务值为 5。因此赋分的决策主要聚焦于中间四个分数(1,2,3 和 4)的分配，以此来描述一个企业在某个城市的服务值。这意味着对每个企业来说，需要指定三条界限：1 和 2 之间，2 和 3 之间，3 和 4 之间。

赋分的基本策略是：先假设所有不存在企业总部的城市赋值为 2 分。这个分数表示给定企业在某个城市具有"一般"的服务水平。要确定是否如此，则需要检查该企业在所有城市的信息分布情况。要改变这个分数需要有具体的理由。例如，如果联系某个城市中的企业办事处，需要先联系其他地方(如该企业在其他城市的另一个办事处)，那么该企业在这个城市的服务价值分数则减 1。在其他提供充分的从业人员数量信息的企业中，一个城市的办公室如果仅有很少的(或许没有)专业从业人员，分数也会被减 1。重点是 1 和 2 之间的界限在不同企业之间会有所不同，这主要取决于能够获取的信息。其他的界限也是这样。一般来说，2 和 3 的界限是基于规模因素，3 和 4 的界限是基于特殊区位因素。例如，从业人员数量众多的大型办事处，其所在城市可得 3 分，如果由于区位而作为区域总部，其所在城市可得 4 分。实际上，规模和特殊区位信息通常尽可能混合在一起来确定每个企业的界线。最终的结果是服务价值矩阵 V，一个具体的 v_{ij} 数值在 0 到 5 之间的 526×175 的数据矩阵。

这些数据可信吗？它们肯定不完美，并且在很大程度上依赖于网站上能获取的信息。但关键的问题是，在这些数据产生的过程中存在固有的主观性：其结果是数据没有主体间性的重要性质。也就是说，两个人使用同样的信息却不能总是划定同样的界限。考虑到我们所收集信息的性质，这是不可避免的。因此一个基本的问题随之而来：数据存在如此大的不确定性，这个问题会成为本次实证的致命缺陷吗？对于这个问题，有两个主要回应。第一，赋分的方法已经尽可能设计得简单，“2 分作为标准”，其他依据这个来确定，并且将决策限制在三条界线上；第二，本实证是基于大量的企业来进行的，所以个别案例的偏差在这些数据设计用来做总体分析的过程中被抹平了。例如，刘和泰勒(2011)的研究表明在确定服务值过程中存在的主观不确定性不会对排名产生大的偏移，尤其不会影响连通性高的城市。因此我们对于所收集的描述世界城市网络的 2012 年数据的可靠性感到满意。在接下来的章节中，我们将借助于本章中所概述的设定和应用，从不同方面来探索世界城市网络。

第五章　全球城市网络连通性

- **城市网络连通性的基本地理格局**
  区域格局
  国家差异
- **行业对网络连通性的贡献**
  行业不均匀贡献的反响
  会计业
  金融服务业
  广告业
  管理咨询业
  法律行业
- **比较不同的连通性**
  非政府组织
  海事生产者服务业
  全球媒体企业
- **新进展：世界城市网络的中心性**

可替代的中心性测量：潜力与弊端

世界城市网络的门户城市

> 城市是在沟通基础上形成的主要权力中心；它们的权力反映了其可达性，即城市与世界上其他区域的联系范围、质量和关系。
>
> (Knight，1989a：40)

本章为书中第一个主要的实证章节。在上一章中我们对世界城市网络的构建和所收集的数据进行了相应的具体说明。我们获得了一个大型的城市-企业数据矩阵，并将对这一数据进行全面的多层次的分析。本章将重点研究单一城市的网络连通性。接下来的三个章节将分别对“城市对”、世界城市网络的总体格局及其变化进行探讨。

本章分为四个部分。第一部分介绍全球网络连通性的基本地理格局，在对区域分布和国家差异进行综述的基础上，我们将介绍世界城市网络的基本格局。接下来的第二部分将全球网络细分为各行业成分来丰富这个框架，并展示出不同类型的服务中心城市。第三部分将我们的研究结果与其他全球城市连通性研究进行对比。第四部分通过探索一些城市如何在世界城市网络中发挥其“门户”作用，进而描述一种新的连通性分析方法。本章最后部分讨论了世界城市网络研究的新进展。同样，在接下来的实证章节中我们也将不断向读者介绍世界城市网络实证研究的最新进展。

在这一章中，我们用变形地图(Cartogram)来表现连通性最强的城市分析结果(见图 5.1)，这种表示方法可以解决世界范围内城市的不均衡分布问题。当利用传统地图描述结果时，分析中的一些城市相对集中的地区(如西欧)以及相对稀疏的地区(如中亚)会存在大量的重叠和空白区域，有时会很难理解与解释所要表达的地理现象。因此在这种变形地图中，每个城市在其相对正确的位置处均有同等大小的空间。所有的

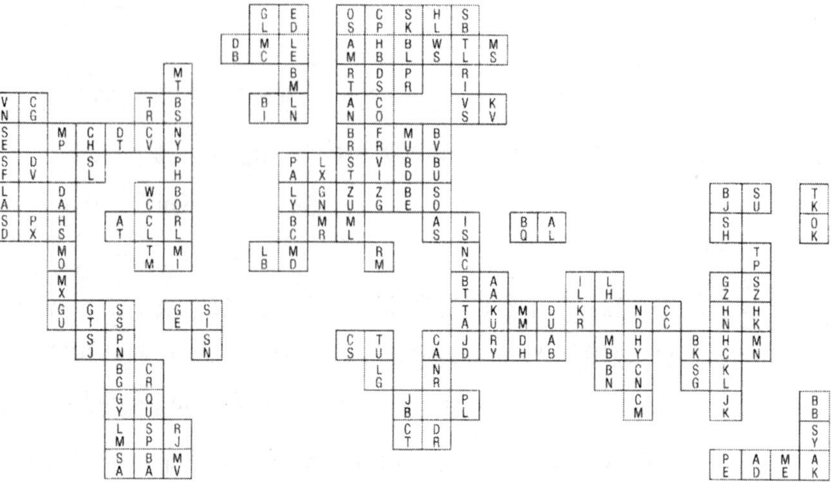

图 5.1　世界城市分析的运营名册

城市代码如下：伦敦 LN；纽约 NY；香港 HK；巴黎 PA；新加坡 SG；东京 TK；上海 SH；迪拜 DU；悉尼 SY；北京 BJ；芝加哥 CH；孟买 MB；米兰 ML；多伦多 TR；法兰克福 FR；圣保罗 SP；莫斯科 MS；洛杉矶 LA；马德里 MD；墨西哥 MX；吉隆坡 KL；阿姆斯特丹 AM；首尔 SU；布鲁塞尔 BR；约翰内斯堡 JB；苏黎世 ZU；伊斯坦布尔 IS；华盛顿 WC；布宜诺斯艾利斯 BA；维也纳 VI；旧金山 SF；华沙 WS；雅加达 JK；迈阿密 MI；墨尔本 ME；新德里 ND；巴塞罗纳 BC；波士顿 BS；曼谷 BK；斯德哥尔摩 SK；都柏林 DB；台北 TP；慕尼黑 MU；圣地亚哥 SA；亚特兰大 AT；罗马 RM；布拉格 PR；里斯本 LB；班加罗尔 BN；杜塞尔多夫 DS；汉堡 HB；马尼拉 MN；广州 GZ；蒙特利尔 MT；达拉斯 DA；哥本哈根 CP；特拉维夫 TA；开罗 CA；雅典 AS；费城 PH；布达珀斯 BD；利马 LM；开普敦 CT；柏林 BL；卢森堡 LX；休斯顿 HS；基辅 KV；布加勒斯特 BU；贝鲁特 BT；胡志明市 HC；波哥大 BG；奥克兰 AK；加拉加斯 CR；蒙得维的亚 MV；金奈 CN；利雅得 RY；温哥华 VN；曼彻斯特 MC；奥斯陆 OS；布里斯班 BB；赫尔辛基 HL；卡拉奇 KR；卡萨布兰卡 CS；多哈 DH；斯图加特 ST；日内瓦 GN；里约热内卢 RJ；危地马拉 GT；里昂 LY；巴拿马 PN；伯拉第斯拉瓦 BV；圣何塞 SJ；伯拉第斯拉瓦 MP；阿布扎比 AB；突尼斯 TU；克利夫兰 CV；内罗毕 NR；拉各斯 LG；河内 HN；西雅图 SE；卡尔加里 CG；索菲亚 SO；底特律 DT；里加 RI；路易港 PL；加尔各答 CC；安特卫普 AN；丹佛 DV；珀斯 PE；安曼 AA；麦纳麦 MM；圣地亚哥 SD；伯明翰 BM；尼科西亚 NC；基多 QU；贝尔格莱德 BE；阿拉木图 AL；鹿特丹港市 RT；蒙特雷 MO；爱丁堡 ED；科威特 KU；海德拉巴 HY；深圳 SZ；拉合尔 LH；萨格勒布 ZG；圣彼得堡 SB；吉达 JD；巴尔的摩 BO；伊斯兰堡 IL；德班 DR；瓜亚基尔 GY；圣路易斯 SL；圣多明哥 SI；凤凰城 PX；圣萨尔瓦多 SS；科隆 CO；夏洛特（北卡罗莱纳州）CL；阿德莱德 AD；布里斯托 BI；乔治敦（开曼群岛）GE；坦帕市 TM；格拉斯哥 GL；大阪 OK；圣胡安 SN；马赛 MR；瓜达拉哈拉 GU；利兹 LE；罗利（北卡罗莱纳州）RL；巴库 BQ；维尔纽斯 VS；塔林 TL；科伦坡 CM。

城市由两个字母的代码直观的代表，如“NY”代表纽约，“JB”代表约翰内斯堡。我们控制城市数量以便于读者理解示意地图，同时不会忽视世界各地的重要城市。我们将变形地图上所包含的城市限定为连通性至少为连通性最强城市（伦敦）的五分之一的城市。这个分界点是随机选择的。选择这些城市首先是因为数量足够合理（526 个城市中的 152 个），其次是这些城市基本遍布世界各地。因此图 5.1 展示的是全球城市“群岛”（Archipelago），也是本书的第一个地理学结论：全球生产者服务中心虽然分布不均，但确实遍布世界各地。在本章中我们将对全球城市网络连通性的地理分布进行更为详细的探讨。

• 城市网络连通性的基本地理格局

图 5.2 描述了全球网络连通性的基本地理格局，其中阴影颜色越深，表明连通性越强。全球网络连通性的相对分布加剧了世界城市的不均匀分布。简单地说，这种变形地图体现了传统意义上全球的“南-北”分化，即连通性较高的城市多分布在全球“北方”（Global North），而连通性较低的城市则大多分布在全球“南方”（Global South），不过西太平洋沿岸地区却与这个规律背道而驰。当然，变形地图所反映的地理格局更加复杂：这一简洁而非过分简单化的阐述仅仅反映一个总体趋势，仍然有许多连通性较弱的城市分布在“北方”，而除了亚太地区以外也有一些连通性较强的城市分布在“南方”。我们将从区域格局和国家差异两个切入点入手，更为详细地解释全球城市网络的地理。

区域格局

当我们从“南-北”分化术语转换为世界体系理论的语境时，图 5.2 就清晰地表示出当代世界经济的三大核心区域：北美、西欧和部分亚太地区。如图 5.2 所示，这些经济核心并不是均质核心，这三个区域成就各自核心地位的历史轨迹也不尽相同。

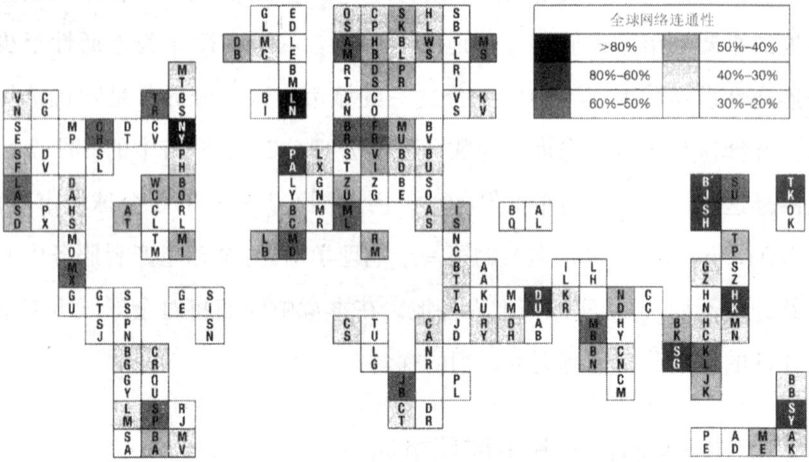

图 5.2　全球网络连通性。城市代码如图 5.1 所示

最初的核心区域是西欧，这从两点可以看出：第一，这个区域在图5.2中拥有比其他区域更多的世界城市(35 个)；第二，该区域城市的连通性存在多种层级，比如有伦敦、巴黎这样连通性较强的城市，也有利兹和鹿特丹这种连通性较弱的城市。换句话说，世界城市网络中有着不同连通强度的城市混合分布在这个区域。与西欧不同，亚太地区的城市连通性等级多为“上重下轻”。据联合国估计，亚洲地区将近 200 个城市拥有超过 100 万的居民，其中近 100 个分布在中国。虽然城市化进程不断加快，但是在这些城市中，仅有距离核心区域最近的几个城市与世界城市网络相连通，具体如图 5.2 所示。因此亚太地区的世界城市(16)远少于西欧，尽管当我们将澳大利亚的城市以及奥克兰添加进来，统称为西太平洋沿岸区域之后，世界城市的数量也只是增加至 22 个。第三个经济核心区域——北美地区(如美国和加拿大)——世界城市的数量介于西欧和亚太地区之间(27)，该区域城市连通性的等级范围与西欧非常相似，有着众多连通性不高不那么重要的城市，如坦帕和夏洛特。此外，北

美地区存在区域差异，除了芝加哥，北美地区连通性较强的世界城市主要分布在北美的东部和西部沿海，而中部缺少连通性强的城市。

在经济核心区域之外，没有集中分布连通性较强城市的地区。在东欧（前社会主义国家），最普遍的情况就是首都担任世界城市的角色，除了圣彼得堡之外，仅有的 14 个城市均为各国首都。在失去政治和经济方面的特殊性后，东欧成为西欧这个经济核心的附属区域，不过与西欧不同，该区域中仅有莫斯科为连通性较强的城市，并且每个国家通常只有一个城市（通常是首都）体现在我们的变形地图上。这一对东欧-西欧之间相对格局的分析也适用于拉丁美洲-北美之间。入选图 5.2 的 20 个拉丁美洲城市也大多是各国首都，圣保罗是一个例外。虽然圣保罗从未成为过巴西的首都，但它与墨西哥城一起，成为拉丁美洲中连通性很强的城市。类似的（首都主导的）模式也存在于南亚（10 个城市）和北非/西亚地区（11 个城市），其中孟买和迪拜作为非首都城市，其连通性同样很强。撒哈拉以南非洲地区仅有六个世界城市，连通性最高的区域中心城市是约翰内斯堡。

这些空间分布意味着什么？全球化的不均匀发展导致了世界城市的不均匀分布，但是情况不这么简单。在核心区域之外还有大量的城市，这些城市也不断被整合进入世界城市网络中。在第七章中，我们将对世界城市网络的变化进行更详细的研究。不过将我们世界城市“群岛”中的城市数量和分布与本书第一版中的情况进行一个简单的对比，就能暗示出这种变化的基本轮廓。总的来说，满足我们分析阈值条件的世界城市数量从 123 个增加至 152 个。最显著的发现是，很多变化是在之前研究中被忽视的“地图之外”的区域中发生的（参见 Robinson，2002）。例如，当北美城市的数量保持在 27 个时，前社会主义国家的城市数量从八个增加至 14 个，南亚地区的城市数量从六个增至 10 个，拉丁美洲的城市数量从 11 个增加至 20 个。比起 10 年前，世界城市网络已经不只是由世界上主要的城市构成，它与主要城市以外的区域联系也不断加强。此外，在曾经联系较少的地区，不仅城市数量不断上涨，并且出现了更多连通性较强的城市。例如，本书第一版中讨论过“在北非/西亚地区，能够成为区域中心的候选城市为开罗、贝鲁特和迪拜（Taylor，2004：74）”，如今迪拜在全球网络连通性中起到的重要作用不亚于芝加哥和东京。

国家差异

虽然我们研究的是由城市经济构成的世界经济模型，但这并不意味着所有的市场都只在这两个层级运行。“国家经济”的说法可能存疑，但是如第二章所述，并不是说国家市场对作为服务中心的城市没有影响。即使不是经济的创造者，国家曾经是也将会一直是市场有力的塑造者。除了圣彼得堡以外，图 5.2 中所有来自前社会主义国家的城市都是首都，这一情况很能说明问题。在世界生产者服务业，国家与世界城市及其连通性仍然相关。

国家在不同方面影响着不同的服务业。对各种金融行业来说，其规管程度因国家而异。对法律行业来说，任何的跨国商业项目需要遵守各国制定的法律（Beaverstock et al，1999，2000）。国家拥有赋予专业资格审查的权力：在其管辖范围内，谁能做律师，谁不能做律师或其他专业资格。国家对广告业和管理咨询业的干预相对较少，但是其他方面的影响则很显著，包括影响着产品能否被接受的文化因素。全球广告业不仅需要应对不同国家拥有不同语言的客户，还要考虑对相似的译语和视觉信号可能做出不同的反应（Faulconbridge et al，2011）。全球管理咨询业需要应对不同的商业风俗和文化。例如，在家长式作风的企业中，管理仅仅意味着指令，这对管理咨询行业提出了挑战。这些例子重点强调了之前章节中提出的观点，即在高级生产者服务企业所运作的世界中，国家的地位不能被忽视：城市在作为全球空间流中的节点的同时也是国家内的城市。

在第一章中，雅各布斯(1984)假设在国家城市发展进程中，国内某一城市得到的支持多于其他所有城市。在这样一个过程中，该城市获得十分有利的平台进行全球化发展。当一个新企业要开始发展全球战略，并通过一个办事处来计划服务全国市场时，这种情况尤甚。希尔和藤田(Hill and Fujita，1995)将此描述为“大阪的东京问题”，但很明显这不仅是一个日本现象。与东京服务于日本市场一样，维也纳也服务于奥地利市场，奥斯陆服务于挪威市场，伦敦服务于英国市场，等等。因此，“国家城市系统”中的核心城市通常会成为“国家的世界城市”，从而成为进出世界服务业市场的国家门户。需要注意的是，尽管在东欧，首都城市往往是世界城市的同义词，但是成为世界城市并不需要先成为首都城市，如孟买、纽约、圣保罗、悉尼、多伦多、伊斯坦布尔、约翰内斯堡和拉各斯。我们这里讨论的要点是图 5.2 中所表现出的世界城市“群岛”的地理格局也是由国家差异造成的。从各个国家的核心城市与国内其他城市之间的全球连通性的平衡或不平衡分布中，可以很容易地分析出这种现象。在城市地理学文献中，对于这种“城市首位度”的等级研究有不同的方法，每一种方法都具有特定的优势和缺陷。在此我们把两种方法结合在一起来研究不同的情况。

在第一种方法中，我们简单计算一个国家中全球网络连通性最高的城市和排名第二的城市之间连通性的比值。表 5.1 描述了选取的 30 个国家的比值。采用比值 2 将这些城市分为两组，研究一个国家中领先城市的连通度是多于(17 个国家)其最接近的“对手”的两倍，还是少于(13 个国家)两倍。分界值 2 则与国家层次的城市研究中说明的位序法则类似，明显高于 2 的就意味着首位城市的出现。很明显，出现的最重要的格局与国家政治集权的总体水平有关，尤其是在出名的政治集权国家更容易出现首都城市远超所有其他城市的情况。尽管这些具体的比值差异较大，但只有两个例外。第一组 17 个国家中的首都均属于重要的世界城市，并把国家市场与世界市场相连接。此外，伊斯坦布尔实际上为前首都，而拉各斯/阿布贾的比值则非常接近分界值2。第二组的国家政治集权则往往处于较低水平，从而出现两个（或更多）城市的连通性差异不大，并且首都的优势也并不明显。第二组13个国家中只有两个国家的首都城市同时为连通性最强的城市。在某些国家中，连通性强的前两个城市不是首都城市（如南非、巴基斯坦和德国），接下来我们将会看到在某些国家中甚至连通性排名前五的城市都不是该国首都（如加拿大、巴西和澳大利亚）。

第二种方法关注每个国家内连通性最强的五个城市，从而对第一种分析方法进行补充。该方法可以增进我们的理解，毕竟仅就一个国家领先的两个城市进行分析，不足以说明一个国家市场是如何与世界市场相联系的。在用第一种方法识别出的第二组国家中，依然可能存在“双首

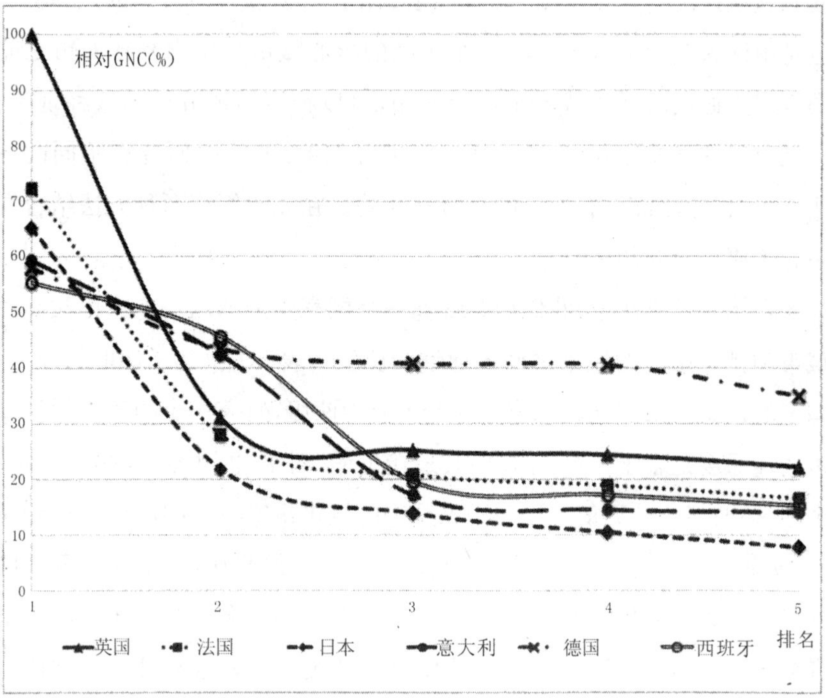

图5.3　全球网络连通性规模分布（非大陆国家）

位”的情况。为了对这些不同的情况加以区分，图 5.3 和图 5.4 展示了 12 个国家中连通性最强的五个城市的曲线图。我们根据国家的大小将其分为两组：非大陆国家和大陆国家。在第一组中(见图 5.3)，英国、法国和日本的连通性首位性都比较明显，而意大利和西班牙出现“双首位”模式(米兰-罗马、马德里-巴塞罗那)。最有趣的是德国城市的曲线显示出较为平直的分布，表明其没有首位趋势，这也反映出它多中心的“国家城市系统”以及主要城市之间的相对平衡。大陆国家的曲线图(图 5.4)普遍更为平直，其中中国表现出“三首位”模式(香港-上海-北京)。这表明了政治集权影响之外的第二种趋势，即较大的国家需要不止一个世界城市来服务于国家内的各个子区域，这些区域通常比大多数非大陆国家更大。

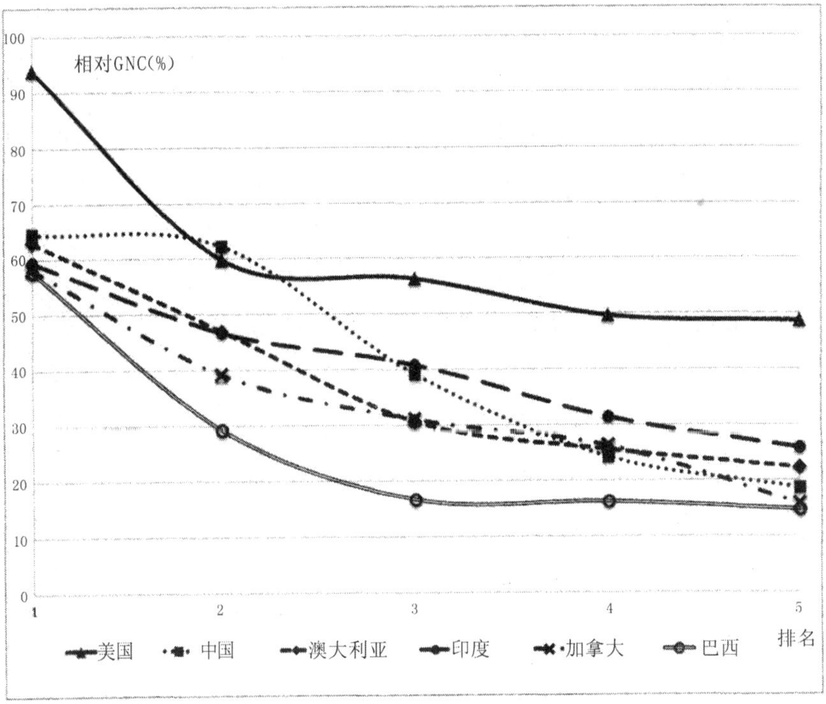

图 5.4　全球网络连通性规模分布(大陆国家)

表 5.1 连通性最强的前两个城市之间的比值(最大值和最小值依次分布)

排序	国 家	连通性最高的城市	连通性次高的城市	首位度比例
1	肯尼亚	内罗毕	蒙巴萨	5.88
2	韩国	首尔	釜山	4.67
3	马来西亚	吉隆坡	槟城	4.28
4	阿根廷	布宜诺斯艾利斯	卡多纳	4.13
5	印度尼西亚	雅加达	泗水	3.99
6	澳大利亚	维也纳	林茨	3.69
7	英国	伦敦	曼彻斯特	3.22
8	埃及	开罗	亚历山大	3.08
9	日本	东京	大阪	2.98
10	波兰	华沙	克拉克斯	2.84
11	丹麦	哥本哈根	奥胡斯	2.75
12	孟加拉国	达卡	吉大港	2.71
13	法国	巴黎	里昂	2.58
14	土耳其	伊斯坦布尔	安卡拉	2.49
15	俄罗斯	莫斯科	圣彼得堡	2.43
16	墨西哥	墨西哥城	蒙特雷	2.22
17	尼日利亚	拉各斯	阿布贾	2.16
18	巴西	圣保罗	里约热内卢	1.97
19	瑞士	苏黎世	日内瓦	1.71
20	美国	纽约	芝加哥	1.57
21	南非	哥本哈根	开普敦	1.43
22	意大利	米兰	罗马	1.40
23	澳大利亚	悉尼	墨尔本	1.34
24	德国	法兰克福	慕尼黑	1.34
25	越南	胡志明市	河内	1.28
26	巴基斯坦	卡拉奇	拉合尔	1.28

续 表

排序	国 家	连通性最高的城市	连通性次高的城市	首位度比例
27	印度	孟买	新德里	1.27
28	西班牙	马德里	巴塞罗那	1.21
29	厄瓜多尔	基多	瓜亚基尔	1.09
30	中国	上海	北京	1.04

缺乏政治集权和绝对的经济规模不是导致国家内有多个城市将国家经济与全球经济相联系的唯一因素。图 5.3 和图 5.4 也证实了表 5.1 中另一些交叉出现的情况。首先，由于(历史上的)政治分裂从而抑制了单一中心城市出现的国家，倾向于拥有多中心结构(如德国、越南和西班牙)。其次，在主要城市之间存在长期经济竞争的国家中，发展出多样的、几乎同等重要的城市节点(如澳大利亚、厄瓜多尔和巴西)。第三，一些国家在其首都城市和一个或多个商业门户城市之间出现了职能性劳动分工的现象(如意大利、印度和巴基斯坦)。由于生产者服务业需要接近政治和经济决策过程，所以在这些国家内会发展出两个或多个重要程度大致相当的城市。这里所描述的过程几乎都可以在当代中国找到影子，中国的上海和北京与中国的特别行政区香港结合起来，形成了中国在全球网络连接中的“三巨头”。这三者的网络连通性远远超过中国其他的 100 多个人口超过 100 万的城市。这是由以下原因共同造成的：首先，中国有着巨大的市场，因此很难由单一城市来服务于全国市场；其次，无论是历史时期还是如今，香港在金融和经济方面一直是一个半自治的地区(Enright et al，2005)；第三，中国主要城市之间激烈的竞争促使上海积极谋求世界城市的地位(Wu，2000)。此外，北京、上海和香港在生产者服务业网络中有着不同的职能分工。而且无论上海或者香港的商业机会如何，中国的政治系统使得生产者服务业需要接近北京的政治决策中心(Lai，2012)。

总而言之，以上迹象清楚地显示出各个国家如何影响着国内市场中的城市与国际市场之间联系的性质。世界城市网络贯穿在各个国家之中，与国家的关系密不可分。

• 行业对网络连通性的贡献

一个城市的全球网络连通性可以通过不同的方式分解为各组成部分。最直接的做法是依据服务行业，即考察一个城市在全球城市网络中的联系主要来自哪个行业中的企业。

行业不均匀贡献的反响

不同的生产者服务业对全球网络连通性的贡献并不相同。就像之前所说，会计行业的企业遍布上百甚至上千的城市，因此它在前 152 个城市中是普遍存在的。表 5.2 提供了两种表现行业之间差异的视角。第一列为世界城市“群岛”中与各行业相联系的城市数量，第二列表示各行业对所有城市连通性贡献比例的平均值。

表 5.2　服务行业、城市及其连通度

行业	通过行业连接的城市数量	按行业计算的平均连通性(%)
会计业	152	63.3
金融服务业	149	19.7
广告业	151	12.4
管理咨询业	113	2.7
法律业	115	1.8

与会计业所记录的最大数值 152 一样，金融业和广告业也几乎存在于每一个我们研究列表中的世界城市。相比之下，有不少城市没有全球管理咨询行业或者律师事务所。从各个行业对城市连通性的贡献比例来看，不同行业之间的这种不平衡更为显著。从数据中可以清楚地发现，会计行业对于全球城市连通性的贡献巨大，占总连通性的比例超过

63%。广告业和金融业同样是重要的贡献者。第二重要的为管理咨询业和法律行业。由于其贡献低于3%,管理咨询业和法律行业被认为几乎与全球连通性测量无关。但是这个推论并不完全正确,因为在面对会计企业遍布全球世界城市的地理现象时,管理咨询业和法律事务所的集中分布可以作为区别核心世界城市的特征之一。

每个行业对一个城市连通性的贡献是不同的。例如,布鲁塞尔作为欧盟的"首都",成为全球化的律师事务所必须服务的城市,因为大部分欧盟的法律都在这里制定。因此虽然布鲁塞尔在全球网络连通性的名次中排名第24,但它在律师事务所的办公网络中成为连通性第五强的城市就毫不意外。同样,像卢森堡这样的金融中心和避税天堂,其在金融服务业的办公网络中连通性很强。在考虑所有行业的情况下,卢森堡在全球网络连通性中仅排名第65,但如果只考虑金融服务企业的办公网络所产生的连通性,卢森堡则排名第37。与此同时,考虑到卢森堡本地消费者市场很小,可以从布鲁塞尔、法兰克福或者杜塞尔多夫得到服务,因此并没有全球广告企业在卢森堡单独设立办事处。

然而,通过排名的差异来检验全球网络连通性中行业的差异,并不是最好的方式。这是因为虽然每个行业都具有不同的全球地理格局,但是这些地理格局往往紧密相关。布鲁塞尔和卢森堡都是很容易说明的例子。但领先的世界城市往往成为"全面发展"的全球服务中心,并在各个行业所产生的网络中排名都很高。例如,伦敦在会计业、金融服务业和法律行业的办公网络中均为连通性最强的城市,在管理咨询业和广告业中为连通性排名第二的城市。虽然不完全一致,但是每个由行业所产生的世界城市网络的地理模式都明显的相似,尤其是接近连通性排名顶部的城市。为方便对比,对每一个城市我们都计算某一行业对这一城市全球网络连通性的贡献(比例)与该行业对所有城市全球网络连通性的总体贡献(比例)之比。比值大于1表明该行业对城市全球网络连通性为平均水平以上的贡献,比值越高贡献越突出(如布鲁塞尔的法律行业和卢森堡的金融服务业)。因此下面展示的变形地图应该解读为各个行业对各城市全球网络连通性的相对贡献,而不是各个行业的绝对重要性。为方便对比,在变形地图上每一行业都采用两种简单的分类,即在该行业相对贡献比例最高的 20 个城市,以及其余的该行业的相对贡献在全球平均水平以上的城市这两种分类。

会计业

尽管会计业被认为是生产者服务业中分布最广的,但是它的地理特征远比想象的有趣。会计业的变形地图(图 5.5a)显示出明显的区域特色:亚太地区的城市,以及一定程度的南亚地区的城市,会计业对其全球网络连通性的贡献在平均水平以下。这也是唯一一个在三大世界经济核心区域中出现在平均水平以下的行业。全球的会计行业呈现明显的"西方"偏向。

然而,在区域差异之外,另一个明显的特征可以在一定程度上解释亚太地区贡献的相对缺失,即总体连通性越弱的城市在图 5.5a 越显著。因此会计业相对贡献最大的 20 个城市是总体连通性较弱的世界城市,这些城市大多并没有被列入本书第一版中的世界城市列表。澳大利亚的情况是西方其他国家的代表:在珀斯、布里斯班和阿德莱德这三个城市中,会计业贡献处于平均水平以上,悉尼和墨尔本则处于平均水平以下。

结论:世界城市网络中较不重要的城市的全球连通性更依赖于会计业——在全球网络连通性中最普遍分布的服务行业。

金融服务业

金融服务业的变形地图(图 5.5b)与会计业的格局相反:亚太地区的行业贡献分布处于主导地位,几乎每一所城市都处于平均水平以上。在世界范围内,全球网络连通性越强的城市倾向在金融服务业的办公网络

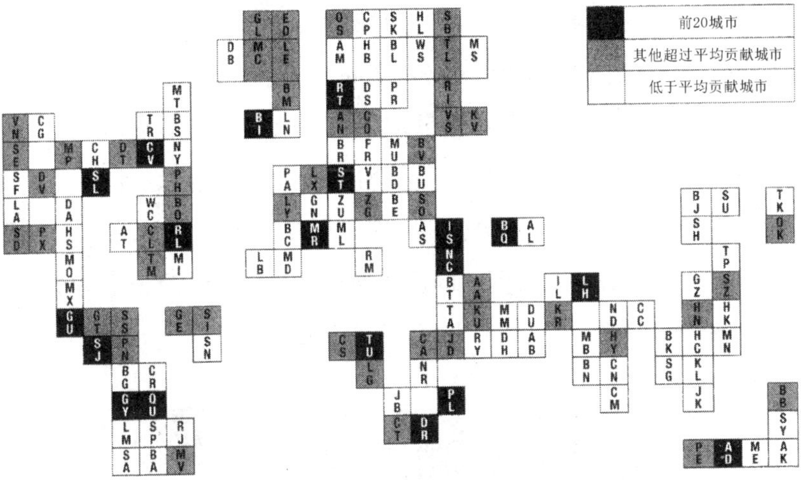

图 5.5a　会计业对全球网络连通度的贡献

城市代码如下：伦敦 LN；纽约 NY；香港 HK；巴黎 PA；新加坡 SG；东京 TK；上海 SH；迪拜 DU；悉尼 SY；北京 BJ；芝加哥 CH；孟买 MB；米兰 ML；多伦多 TR；法兰克福 FR；圣保罗 SP；莫斯科 MS；洛杉矶 LA；马德里 MD；墨西哥 MX；吉隆坡 KL；阿姆斯特丹 AM；首尔 SU；布鲁塞尔 BR；约翰内斯堡 JB；苏黎世 ZU；伊斯坦布尔 IS；华盛顿 WC；布宜诺斯艾利斯 BA；维也纳 VI；旧金山 SF；华沙 WS；雅加达 JK；迈阿密 MI；墨尔本 ME；新德里 ND；巴塞罗纳 BC；波士顿 BS；曼谷 BK；斯德哥尔摩 SK；都柏林 DB；台北 TP；慕尼黑 MU；圣地亚哥 SA；亚特兰大 AT；罗马 RM；布拉格 PR；里斯本 LB；班加罗尔 BN；杜塞尔多夫 DS；汉堡 HB；马尼拉 MN；广州 GZ；蒙特利尔 MT；达拉斯 DA；哥本哈根 CP；特拉维夫 TA；开罗 CA；雅典 AS；费城 PH；布达珀斯 BD；利马 LM；开普敦 CT；柏林 BL；卢森堡 LX；休斯顿 HS；基辅 KV；布加勒斯特 BU；贝鲁特 BT；胡志明市 HC；波哥大 BG；奥克兰 AK；加拉加斯 CR；蒙得维的亚 MV；金奈 CN；利雅得 RY；温哥华 VN；曼彻斯特 MC；奥斯陆 OS；布里斯班 BB；赫尔辛基 HL；卡拉奇 KR；卡萨布兰卡 CS；多哈 DH；斯图加特 ST；日内瓦 GN；里约热内卢 RJ；危地马拉 GT；里昂 LY；巴拿马 PN；伯拉第斯拉瓦 BV；圣何塞 SJ；伯拉第斯拉瓦 MP；阿布扎比 AB；突尼斯 TU；克利夫兰 CV；内罗毕 NR；拉各斯 LG；河内 HN；西雅图 SE；卡尔加里 CG；索菲亚 SO；底特律 DT；里加 RI；路易港 PL；加尔各答 CC；安特卫普 AN；丹佛 DV；珀斯 PE；安曼 AA；麦纳麦 MM；圣地亚哥 SD；伯明翰 BM；尼科西亚 NC；基多 QU；贝尔格莱德 BE；阿拉木图 AL；鹿特丹港市 RT；蒙特雷 MO；爱丁堡 ED；科威特 KU；海得拉巴 HY；深圳 SZ；拉合尔 LH；萨格勒布 ZG；圣彼得堡 SB；吉达 JD；巴尔的摩 BO；伊斯兰堡 IL；德班 DR；瓜亚基尔 GY；圣路易斯 SL；圣多明哥 SI；凤凰城 PX；圣萨尔瓦多 SS；科隆 CO；夏洛特(北卡罗莱纳州)CL；阿德莱德 AD；布里斯托 BI；乔治敦(开曼群岛)GE；坦帕市 TM；格拉斯哥 GL；大阪 OK；圣胡安 SN；马赛 MR；瓜达拉哈拉 GU；利兹 LE；罗利(北卡罗莱纳州)RL；巴库 BQ；维尔纽斯 VS；塔林 TL；科伦坡 CM。

中也拥有较强的连通性。具有显著意义的是，所有在全球网络连通性排名前 20 的城市在金融行业网络中也具有平均水平以上的连通性，其中不少城市中的金融行业相对贡献比例也进入了前 20。

专业的金融中心主要分布在欧洲，其中日内瓦、卢森堡、法兰克福、苏黎世、都柏林和爱丁堡都具有较强的连通性。在欧洲之外，专业的金融中心有麦纳麦以及位于开曼群岛的避税天堂乔治敦。

结论：金融服务业办公网络的连通性地理分布同时突出了领先的世界城市和较小规模的专业金融中心（或避税天堂）。

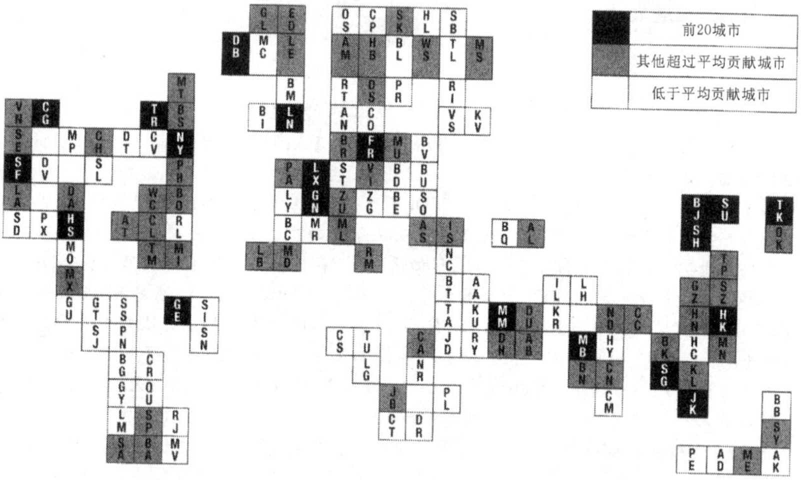

图 5.5b　金融服务业对全球网络连通度的贡献。城市代码如图 5.5a 所示

广告业

全球广告业在很多方面是全球化的缩影，因为许多生产行业如汽车、石油、服装、饮食、休闲度假等，其顶级品牌都通过单一品牌名称销往世界各地。但这并不能说明世界市场同质化的出现，更确切地说世界市场仍保持着高度分化。

广告业的变形地图（图 5.5c）展示了不同寻常的格局。首先，作为最先提倡消费主义的美国和西欧，这个消费主义的“第二故乡”并没有在图上加以突出。在本书第一版中，底特律曾经与这一情况相反：当地的汽车制造商吸引了大量广告企业的集聚。在本书最新的分析中，底特律汽车制造业的衰退也从图 5.5c 得到了明显的体现。随着汽车产业的衰退，底特律的广告产业集聚也衰退，最终底特律与其他北美城市一样，其连通性中的广告业贡献均不显著(Faulconbridge et al,2011)。

排名前 20 的城市均为核心区域之外的整体连通性较弱的世界城市。考虑到我们这里关注的是各个行业对城市连通性的相对贡献，这些广告行业相对贡献大的地方一般是首都。简而言之，这些首都是国家媒体中心，即国家广告业市场的核心，更是国家电视台的所在地。在将全球消费文化转为国家消费主义方面需要一个重点(城市)，这种转化不仅是字面意义上的，也要适应本地的敏感问题。这一过程在小国的首都，尤其是有独特语言的小国首都中表现得十分明显。例如，广告行业在波罗的海诸国的首都城市的相对贡献都比较高。

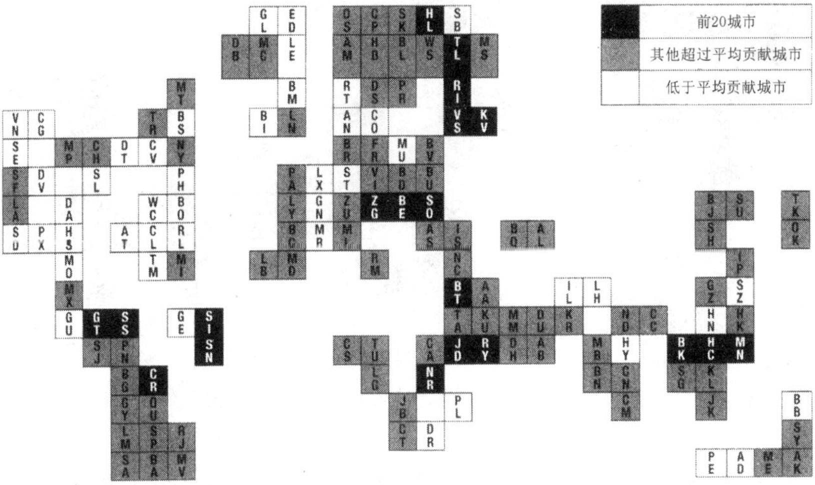

图 5.5c　广告业对全球网络连通度的贡献。城市代码如图 5.5a 所示

结论:全球广告业的城市连通性地理分布具有国家特色,是各国通过国家门户城市在全球流动空间进行互动的典型例子。

管理咨询业

比起迄今为止所讨论的对全球连通性贡献较多的行业,管理咨询业不仅相对贡献的网络连接较少,并且这些连接主要集中在世界经济的核心区域。管理咨询是美国商业服务中独具特色的一环,因此美国的城市在这一行业的分析中显得尤为突出。管理咨询业的变形地图(图 5.5d)显示出排名管理咨询业贡献最大的 20 个城市中的 10 个均来自美国。在管理咨询业的连通性贡献中,罗利和巴尔的摩是两所处于平均水平以下的美国城市。此外,在西欧地区,尤其是斯堪的纳维亚半岛和德国,也存在着城市比较依赖管理咨询业来获得全球网络连通性。

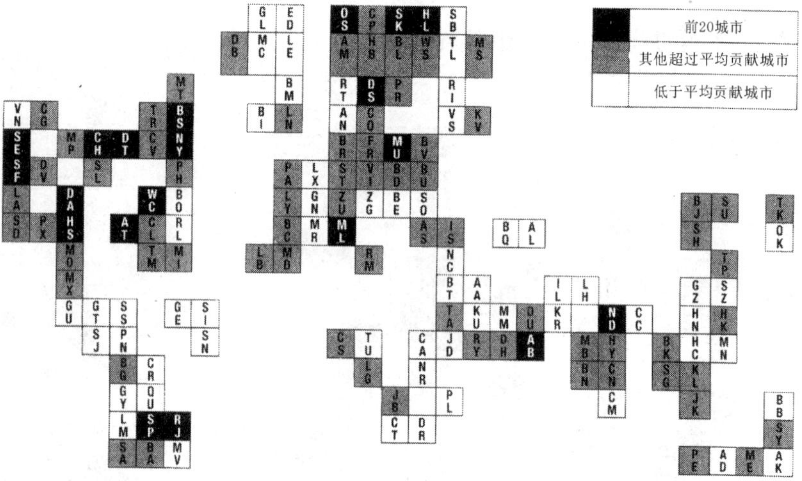

图 5.5d　管理咨询业对全球网络连通度的贡献。城市代码如图 5.5a 所示

在其他地区,则没有发现较为明显的与城市连通性水平相关的地理特征。除了巴西的两大城市圣保罗和里约热内卢进入前 20 名之外,其他区域没有出现明显的高连通性城市聚集的情况。

结论：依赖管理咨询业而获得全球网络连通性的城市一般集中分布在世界经济的核心区域，尤其是北美地区。

法律行业

法律行业是五个行业中规模最小、同时也是在空间分布上最为集中的服务行业。总体来说，法律行业的变形地图（图 5.5e）表现出的可能是最简单的地理格局。主要有两个特点：首先，与管理咨询业类似，法律行业的聚集情况明显，但主要不是区域性的聚集，而是主要集中在连通性最强的世界城市，如伦敦、纽约、香港、巴黎、芝加哥、莫斯科、北京和法兰克福。

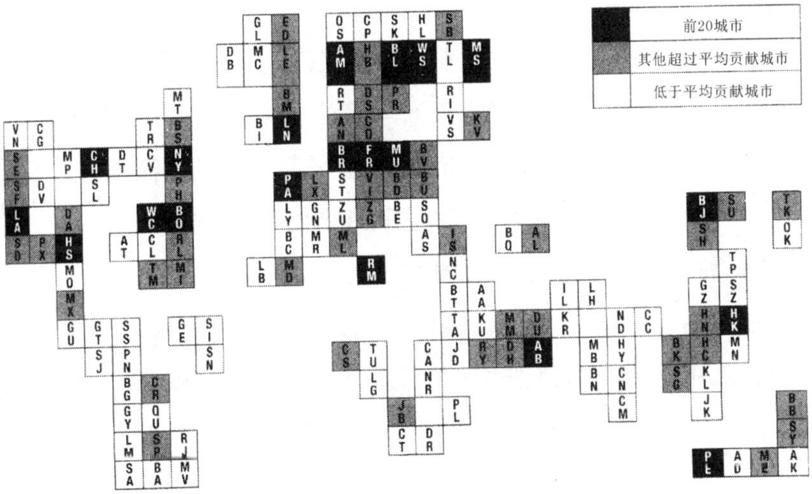

图 5.5e　法律行业对全球网络连通度的贡献。城市代码如图 5.5a 所示

其次，法律行业的地理分布也反映了国际政治版图和全球城市网络的交叠：首都作为各国法律的制定地点，在基于法律行业的分析中，会比仅具商业智能的城市更为突出。因此，在基于法律行业的分析中，马德里、罗马、东京和柏林比米兰、巴塞罗那、大阪和杜塞尔多夫/斯图加特具有更强的连通性。最明显的例子为北京、华盛顿和布鲁塞尔，因为这些

城市分别是中国、美国和欧盟制定法律的地方。特别是布鲁塞尔扮演着以小搏大的角色，该城市聚集的全球法律事务所似乎更多是对欧盟而非比利时本土经济重要性的反映(Corijn et al,2009)。

结论：法律行业主要集中在领先的世界城市，这些是法律行业对全球网络连通性贡献最为明显的地方。例外的情况主要发生在“政治世界城市”(political world cities)。

• 比较不同的连通性

在之前的章节中，我们讨论了世界城市网络形态中的行业差异，这一差异是更广泛的多样性中的一部分：高级生产者服务业不是将城市“连锁”起来的唯一行动主体。也就是说，虽然金融和商业服务是当前引领经济发展的行业，但是这些企业肯定不仅仅是“世界城市网络的构建者”。除了表 3.2 中总结的近来不断增多的有关“城市的多元全球化”(Krätke,2014b)等类似研究，也有很多利用连锁模型的方法来研究其他行动主体构建城市之间联系的过程。从这个角度看，连锁网络模型可以被视作一种更抽象的城市网络形成的概念模型，由不同的行动主体将城市“连锁”起来。伯格(Burger et al,2014)最近将此称为城市网络的“多样性”。此外，连锁网络模型也适用于其他尺度，如霍尔和佩恩(Hall and Pain,2006)、霍耶等(Hoyler et al,2008)、卢西等(Lüthi et al,2011)，以及施密特和斯马斯(Schimitt and Smas,2012)的研究中所展示的。然而在本章中，我们将重点放在全球尺度上，并讨论最近三个涉及不同主体的世界城市网络分析。尽管细节方面可能稍有出入，但是这些研究都遵循上一章中所描述的网络构建方法。从某种程度上说是将上一章所描述的连锁网络的模型简单应用到其他能够建立城市之间网络的行为主体上。更为具体的是，这里我们讨论的研究采用相似的方法对数据进行收集和操作，进而定义和讨论新的城市连通性，并以此来反映通过非政府组织、海事生产者服务业以及全球媒体企业等产生的一系列不同的城市之间的关系。

非政府组织

我们首先来看代表着新社会运动的非政府组织。为此，我们对泰勒(2004)的分析结果进行更新。我们将重点放在《全球杂志》(*Global Journal*)最新排名中的环境、发展、人道主义和人权方面的非政府组织上。根据2013年的相关资料，我们挑选出25个规模最大的非政府组织，这些组织至少在三个主要的世界区域中的城市拥有办事处，并且我们能获得这些组织相对准确的分布信息。在这一研究中，526个城市对于各个非政府组织的重要性直接来自0至2三个层次得到的分数(2代表拥有总部，1代表拥有其他办事处)。我们随后应用连锁网络模型计算得到各个城市通过非政府机构网络所产生的全球网络连通性。图5.6的变形地图显示了非政府组织网络中100个连通性最强的城市的简单四级划分，其连通度分为1—10，11—25，26—50和51—100。

与图5.2相比，该变形地图体现出了完全不同的全球连通性城市分布。最明显的特征是连通性在各区域的城市之间较为平衡的分布。如果全球化强调的是全球范围内的发展和运作，那么非政府组织的连通性表明这些组织是全球化的标杆。这种相对更加均匀的地理分布意味着过去那些被认为较少或没有世界城市的地区正被纳入全球化研究中。其中最明显的例子为撒哈拉沙漠以南的非洲地区，在变形地图上拥有将近20%的城市。不过同样需要注意的是中亚和中美洲地区的出现，这两个区域在以生产性服务企业创建的城市网络中几乎没有出现过。而令人惊讶的是变形地图上美国城市减少至几所，很明显美国的城市似乎在非政府组织全球空间流中没有扮演重要的角色。

美国城市的相对减少在一定程度上与非政府组织的政治性质有关。图5.6中有75个均为首都城市，也就是说非政府组织通常设立在首都城

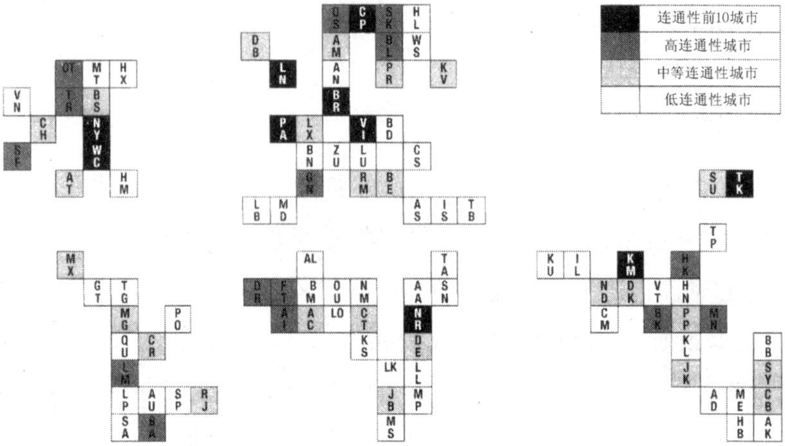

图 5.6 非政府组织网络的全球网络连通性

城市代码如下：伦敦 LN；纽约 NY；巴黎 PA；布鲁塞尔 BR；内罗毕 NR；哥本哈根 CP；维也纳 VI；东京 TK；华盛顿 WC；加德满都 KM；奥斯陆 OS；弗里敦 FT；达喀尔 DR；日内瓦 GN；圣弗朗西斯科 SF；曼谷 BK；马尼拉 MN；利马 LM；斯德哥尔摩 SK；香港 HK；阿比让 AI；柏林 BL；多伦多 TR；布宜诺斯艾利斯 BA；渥太华 OT；亚特兰大 AT；达卡 DK；约翰内斯堡 JB；卢森堡 LX；达累斯萨拉姆 DE；堪培拉 CB；科托努 CT；新德里 ND；金边 PP；里约热内卢 RJ；布拉格 PR；基辅 KV；都柏林 DB；墨西哥城 MX；首尔 SU；加拉加斯 CR；芝加哥 CH；悉尼 SY；雅加达 JK；阿姆斯特丹 AM；波士顿 BS；阿克拉 AC；罗马 RM；马那瓜 MG；贝尔格莱德 BE；亚的斯亚贝巴 AA；卢萨卡 LK；特古西加尔巴 TG；马德里 MD；马普托 MP；蒙特利尔 MT；墨尔本 ME；瓦加杜古 OU；河内 HN；雅典 AS；布里斯班 BB；布达珀斯 BD；赫尔辛基 HL；台北 TP；特拉维夫 TA；危地马拉城 GT；拉巴斯 LP；基多 QT；第比利斯 TB；圣地亚哥 SA；华沙 WS；圣保罗 SP；科伦坡 CM；喀布尔 KU；巴马科 BM；金沙萨 KS；尼亚美 NM；利隆圭 LL；桑娜 SN；温哥华 VN；伊斯兰堡 IL；太子港 PO；万象 VT；安特卫普 AN；马塞鲁 MS；苏黎世 ZU；阿德莱德 AD；阿尔及尔 AL；亚松森 AU；奥克兰 AK；伯尔尼 BN；基希讷乌 CS；哈利法克斯 HX；哈密尔顿 HM；霍巴特 HB；伊斯坦布尔 IS；吉隆坡 KL；里斯本 LB；卢布尔雅那 LU；洛美 LO。

市，能够与国家的政客和政府共事。这与法律行业的全球办公网络相似也并不令人意外，华盛顿和“欧盟首都”布鲁塞尔在非政府组织网络中尤为突出。尽管纽约和伦敦在此城市网络中双双占据优势地位，但是位于排行前列的情况仍有很大差异。最有趣的结果是“特定非政府组织中心”的出现，它们与国际金融中心（IFCs）的出现非常相似，是在保护环境、发展、人道主义和人权方面的组织中作为专业中心应运而生。这些中心包括位于欧洲的日内瓦和布鲁塞尔、非洲的内罗毕和达喀尔、亚洲的加德满都和金边，以及拉丁美洲的利马和马那瓜。

海事生产者服务业

我们第二个例子是海事生产者服务业所构建的世界城市网络，这与雅各布斯等人在 2011 年的研究类似。在海洋运输行业中，对一些专业服务的需求十分明显，包括为船只和港口设施提供资金支持、为船只及货物投保、在事故中拥有法律代理、在供应链管理中拥有软件解决方案，还有检查船舶并为损害提供技术支持等。海事生产者服务业的地理分布十分有趣，因为海事产业的城市维度使它能够与促进全球化的物质基础设施联系起来(Hall and Hesse，2012)。

雅各布斯等人(2011)所使用的数据来源于世界船舶登记册，该登记册包含了分布在不同分行业领先的海事生产者服务业的企业信息。通过查询网络和年度报告，它们采用类似于前面章节介绍的测量框架，确定每一个企业全球的、区域的和国家总部的位置。将这些数据运用到连锁网络模型中，从 702 个海事生产者服务企业办公网络中评价出 2569 个城市的全球网络连通度。图 5.7 展示出四级分类下海事生产者服务业网络中 100 个连通性最强的城市。

图 5.7 中有三个明显的格局。第一，与非政府组织网络不同，图中全球经济的三大核心区域的连通性集聚现象重新出现，且主要集中在西欧、地中海沿岸、美国东部沿岸以及整个亚太地区。非洲、亚洲中部和南部以及拉丁美洲与以上区域的情况相反，这些地区的代表城市很少，且整个城市网络的地理格局与图 5.2 十分相似。第二，尽管整体格局相似，但是城市本身或多或少存在差异，这从地中海沿岸的连通性城市聚集现象与美国中部及沿岸地区之间(甚至更为)显著的差异中可以明显地看出来。这表明了海洋服务业专业中心的集聚性，包括比雷埃夫斯、鹿特丹、安特卫普、汉堡、休斯顿以及亚特兰大都是明显的例子。这些城市均

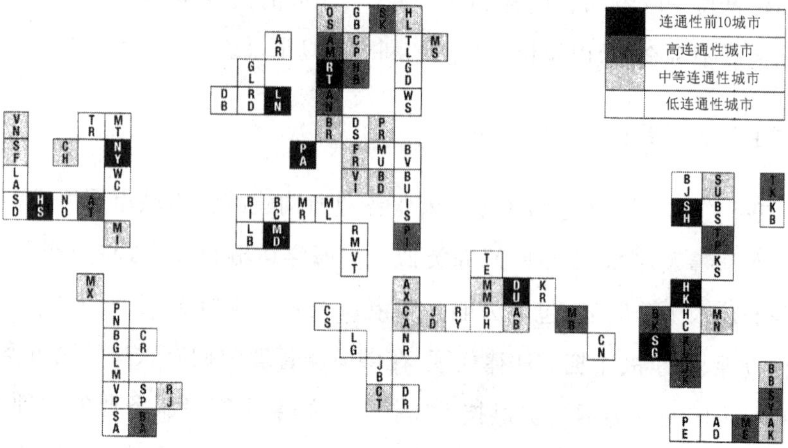

图 5.7　海事生产者服务网络中的全球网络连通性

城市的代码如下：伦敦 LN；新加坡 SG；香港 HK；休斯顿 HS；纽约 NY；巴黎 PA；迪拜 DU；鹿特丹 RT；马德里 MD；上海 SH；悉尼 SY；雅加达 JK；东京 TK；比雷埃夫斯 PI；墨尔本 ME；曼谷 BK；亚特兰大 AT；孟买 MB；汉堡 HB；阿姆斯特丹 AM；台北 TP；安特卫普 AN；斯德哥尔摩 SK；吉隆坡 KL；布宜诺斯艾利斯 BA；莫斯科 MS；首尔 SU；奥克兰 AK；里约热内卢 RJ；布鲁塞尔 BR；赫尔辛基 HL；布拉格 PR；马尼拉 MN；墨西哥城 MX；哥本哈根 CP；奥斯陆 OS；布达珀斯 BD；旧金山 SF；吉达 JD；阿布扎比 AB；亚历山大 AX；维也纳 VI；开罗 CA；法兰克福 FR；迈阿密 MI；麦纳麦 MM；芝加哥 CH；开普敦 CT；温哥华 VN；布里斯班 BB；米兰 ML；巴拿马城 PN；多伦多 TR；新奥尔良 NO；加拉加斯 CR；北京 BJ；釜山 BS；里斯本 LB；伊斯坦布尔 IS；华盛顿 WC；胡志明市 HC；圣保罗 SP；利马 LM；拉各斯 LG；洛杉矶 LA；卡萨布兰卡 CS；瓦尔帕莱索 VP；约翰内斯堡 JB；德黑兰 TE；卡拉奇 KR；多哈 DH；瓦莱塔 VT；阿德莱德 AD；蒙特利尔 MT；波哥大 BG；高雄 KS；都柏林 DB；伯拉第斯拉瓦 BV；罗马 RM；华沙 WS；毕尔巴鄂 BI；雷丁 RD；德班 DR；珀斯 PE；金奈 CN；圣地亚哥（智利）SA；利雅得 RY；马赛 MR；塔林 TL；布加勒斯特 BU；杜塞尔多夫 DS；神户 KB；慕尼黑 MU；巴塞罗纳 BC；格拉斯哥 GL；亚伯丁 AR；格但斯克 GD；圣地亚哥（美国）SD；内罗毕 NR；哥德堡 GB。

来源：基于 Jacobs 等人(2011)

为港口城市，并且（或者）发展了港口相关的产业。例如，希腊的船东始终是全球船舶运输的主力军，而他们的商业活动依然集聚在比雷埃夫斯港口。而鹿特丹和休斯顿拥有大量港口相关的产业，如石油加工和化工企业，这些企业促进了对专业服务的需要。虽然将港口城市定义为主要的海洋服务中心似乎只是在陈述事实，但有趣的地方在于并不是所有的主要港口城市都为海事服务中心，反之亦然。第三，许多世界城市并没有重要的港口作业，然而在图上却表现得尤其突出，最明显的例子是伦敦。但是也有一些内陆城市如马德里、巴黎和莫斯科在海事生产者服务业的办公网络中呈现相对较强的连通性。港口城市和海洋服务中心的不完全关联在中国和日本更为显著，在海事生产者服务业的办公网络中，宁波和横滨这样的大型港口城市的连通性却不及香港和东京。因此，我们从世界城市地图和全球港口城市地图中可以观察到有趣而又复杂的重叠情况（见 Jacobs et al，2010；O'Connor et al，2015）。

全球媒体企业

第三个也是最后一个例子就是霍耶和沃森的研究（Hoyler and Watson，2013），他们在借鉴克莱特科（2003）先驱性工作的基础上，研究了由 2011 年全球媒体企业所组成的世界城市网络。世界上最大的媒体企业，如康卡斯特企业（Comcast）、沃特·迪斯尼企业（Walt Disney）和威望迪集团（Vivendi），都属于世界经济中规模最大的企业。全球化、监管的放松，以及数字化为企业媒体的扩展扫除了很多障碍，促进了全球商业媒体市场的快速发展。在这一过程中，媒体企业在世界上的各大城市都创建了办事处。

霍耶和沃森（2013）确定的相关企业的出发点来自 2011 年 4 月发布的福布斯全球 2000 大企业排行榜，总共选择了 24 个企业，其中 14 个企业属于“广播与有线电视”类别，10 个属于“印刷出版”类别。采用之前章节中描述的 526 个城市数据集和 6 分制的分级对这 24 个企业的总部及分支机构的位置、重要程度等信息进行收集，然后采用连锁网络模型对这些信息进行计算，图 5.8 展示了四级分类下媒体企业网络中 100 个连通性最强的城市。

图上的世界区域连通性分布大体上与图 5.2 相似。这意味着北美、欧洲和亚太地区中的这些城市在网络中十分突出。其他世界区域的城市则较少出现在图上，尤其是缺少重要的节点城市。拉丁美洲中仅有墨

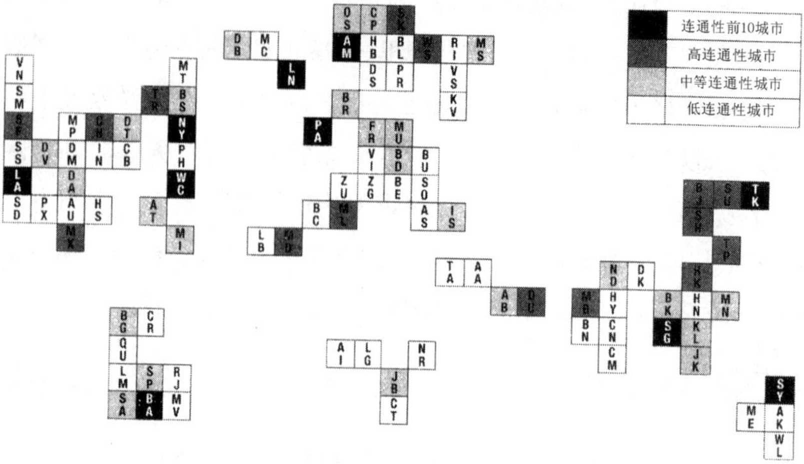

图 5.8　媒体企业的全球网络连通性

城市代码如下：纽约 NY；伦敦 LN；巴黎 PA；新加坡 SG；悉尼 SY；东京 TK；洛杉矶 LA；阿姆斯特丹 AM；华盛顿 WC；布宜诺斯艾利斯 BA ；芝加哥 CH；马德里 MD；墨西哥城 MX；旧金山 SF；上海 SH；台北 TP；斯德哥尔摩 SK；华沙 WS；迪拜 DU；北京 BJ；多伦多 TR；香港 HK；孟买 MB；首尔 SU；米兰 ML；慕尼黑 MU；莫斯科 MS ；新德里 ND；曼谷 BK；圣保罗 SP；约翰内斯堡 JB；波士顿 BS；亚特兰大 AT；布鲁塞尔 BR；奥斯陆 OS；哥本哈根 CP；法兰克福市 FR；达拉斯 DA；雅加达 JK；吉隆坡 KL；布达珀斯 BD；马尼拉 MN；丹佛 DV；迈阿密 MI；伊斯坦布尔 IS；圣地亚哥 SA；阿布扎比 AB；底特律 DT；都柏林 DB；波哥大 BG；奥斯丁 AU；费城 PH；奥克兰 AK；苏黎世 ZU；圣何塞 SS；温哥华 VN；巴塞罗纳 BC；里斯本 LB；明尼阿波利斯市 MP；汉堡 HB；曼彻斯特 MC；加拉加斯 CR；基辅 KV；萨格勒布 ZG；利马 LM；河内 HN；拉各斯 LG；内罗毕 NR；布加勒斯特 BU；墨尔本 ME；金奈 CN；休斯顿 HS；哥伦布 CB；布拉格 PR；蒙特利尔 MT；柏林 BL；索非亚 SO；维也纳 VI；惠灵顿 WL；贝鲁特 BT；圣地亚哥 SD；海得拉巴 HY；蒙得维的亚 MV；里加 RI；班加罗尔 BN；杜塞尔多夫 DS；雅典 AS；印第安纳波利斯 IN；安曼 AA；得梅因 DM；维尔纽斯 VS；菲尼克斯 PX；开普敦 CT；科伦坡 CM；达卡 DK；阿比让 AI；特拉维夫市 TA；基多 QU；萨克拉门托 SM；里约热内卢 RJ。

来源：霍耶和沃森(2013)

西哥城、布宜诺斯艾利斯和圣保罗市连通性较强，而非洲城市中能进入前 100 名的仅有约翰内斯堡、开普敦、拉各斯和内罗毕。尽管这些基于全球媒体企业的和基于生产服务业的全球城市网络体现了类似于全球区域的地理格局，而且纽约和伦敦在两个网络中都是连通性最强的城市，但差异也很明显。有趣的是，与 2012 年相比，基于媒体企业的全球网络连通性地图与 2000 年基于生产者服务业的世界城市网络地图更为相似(见第七章)。在这里，从西方到东方的连通性转移，以及上海、北京、莫斯科和迪拜的地位不断上升体现得并不那么明显。与此同时，在这里的分析中，欧洲二线城市以及从某种程度上来说还有美国的城市却依旧具有很强的连通性。特别是洛杉矶、华盛顿和阿姆斯特丹在全球媒体企业组成的世界城市网络中表现出很好的连通性，其他连通性处于领先地位的城市包括哥本哈根、斯德哥尔摩和华沙。在亚太地区，中国的台北与中国大陆的城市一样在图 5.8 中变得显著。是因为地理格局之间存在实质性的不同？或是因为这种地理格局对全球地理经济化的转变反应较慢？这依然是一个开放的问题。但是我们想要表达的重点是：这里的比较再次体现了我们所选取和测量的世界城市网络与基于其他行为主体的测量得到的城市网络之间的复杂联系与区别。

总体来看，以上三个世界城市网络都指出了一小部分较为重要的世界城市，尤其是伦敦和纽约。此外新加坡和巴黎也出现在大部分世界城市排行的前列。这些城市成为全球市场中建立和维持联系的必选地。其他的城市进入世界城市网络则是因为它们可以在某个特定方面提供专业服务，这种特定性也正是本节之前所描述的基于不同主体的不同世界城市网络的地理格局差异的根源所在。因此，这些差异可能与世界区域地理格局有关(比如非政府组织的案例中，撒哈拉沙漠以南的非洲城市特征十分显著)；与特定城市的具体职能有关(比如在海洋生产者服务业中，鹿特丹和比雷埃夫斯的特征显著)；或者与前两者复杂的组合有关(比如媒体企业网络中，中国出现的代表城市较少，而欧洲二线城市如阿姆斯特丹和斯德哥尔摩排名十分靠前)。很明显，全球化中的城市地理所涉及的不仅仅是金融和商业服务。然而，基于之前章节的理论探讨，我们认为生产者服务业是当代全球化中关键的网络构建主体，我们将在本章余下部分以及接下来的章节中继续重点探讨这些企业。

• 新进展：世界城市网络的中心性

在之前的小节中，我们从以下两个方面加深了对网络连通性地理格局的理解：首先，将总的连通性测量方法细分到各行业中；其次，比较不同网络主体所产生的世界城市网络。不过另外一种补充我们理解世界城市网络中城市地位的方法为：采用其他的网络连通性测量方法。在图形理论和网络分析中，我们测量“全球网络连通性”的方法被称作一种中心性方法，即一种能识别出网络中最“重要的”或者最“中心的”节点的指标。但是中心性的定义与分析本身十分多样化，它反映了对一个节点在网络中为什么是“重要的”或“中心的”的不同认知与理解（Sigler，2013）。从网络分析的术语中可以看出，全球网络连通性是一种“点度中心性”的测量，即一个节点所拥有的（带权重的）关系数量的总和。在世界城市网络研究中，点度中心性可以说是世界城市网络研究中最简单也最常用的中心性测量方法（Neal，2013a），根据奥尔德森和贝克菲尔德（Alderson and Beckfield，2004：822）以及马和提博莱克（Ma and Timberlake，2008：26）的研究，这也是最有效的测量方法之一。尽管如此，使用其他的中心性测量法或许可以丰富我们对世界城市网络中城市地位的理解。

基于连锁网络模型的世界城市网络研究长期以来较少运用其他中心性分析方法，但其他的世界城市网络研究则运用着更加多样的多中心测量方法（例如，Smith and Timberlake，2001；Alderson and Beckfield，2004；Mahutga et al，2010；Martinus et al，2015）。在这一小节，我们研究超越全球网络连通性这一简单测量的可能性和局限性，这也是相关文献中的新进展，包含尼尔（Neal，2011）关于权力/中心性异同的研究以及亨内曼和德鲁德（Hennemann and Derudder，2014）关于世界城市网络中门户城市的分析。在这里我们着重讨论后面这个例子，即亨内曼和德鲁德的研究。首先，我们探讨在概念上使用其他中心性测量的可能性和局限性；其次，我们通过中介中心性（betweenness centrality - BC）分析对世界城市网络的门户城市进行探索。

可替代的中心性测量:潜力与弊端

有数十种中心性测量在网络分析的文献中被剔除,为此博加图和埃弗雷特(Borgatti and Everett,2006)列出了一个完善的分类体系。重要的是,这里面的每一种中心性测量方法都强调了为什么一个特定的节点在网络中被认为是“重要的”或者“中心的”的原因。正因如此,节点连通性的分析通常结合与比较不同的中心性测量,从而为分析提供不同的切入点。例如,奥尔德森和贝克菲尔德(2004)通过点度中心性、中介中心性和接近中心性对城市网络中的城市地位进行研究,其中城市网络由跨国公司的总部-分支联系形成。不过,将所有的中心性测量应用到我们的数据中去并不那么简单,在此有两个原因:一是与社会网络分析的性质有关;二是与连锁网络模型的性质有关。

首先,大多数的中心性测量方法(与其他形式的网络分析一起)是作为社会网络分析的一部分被提出的。在社会网络分析中,节点通常用来代表用关系(如朋友和亲戚关系)连接的个体。认识到社会网络分析的个体导向基础十分重要,这意味着对中心性测量方法的正确理解取决于节点能否成为行为的主体,否则对结果的理解就会模糊不清。这与我们的研究方法十分相关,因为连锁网络模型并不假设城市是直接构建网络的行为主体。举个例子:在社会网络分析中最普遍使用的中心性测量方法之一就是特征向量中心法,该方法假定如果一个节点与其他重要的节点有关联,那么这个节点即为“重要的”或者“中心的”。史密斯和提博莱克(2001)以及马华特等(Mahutga et al,2010)使用过这种方法,他们构建的世界城市网络由各个主要城市及其之间的直接航空运输组成。我们可以直观地判断,与点度中心性相比,特征向量中心法更加能够凸显诸如布鲁塞尔这样的城市在城市网络中的相对地位。尽管布鲁塞尔的航空运输路线数量并不突出,但是它与伦敦和法兰克福这些连通性很强的节点存在相对较强的联系,而伦敦和法兰克福反过来也与其他连通性较强的节点进行关联。这与圣地亚哥的城市地位情况相反，圣地亚哥与布鲁塞尔一样，本身只拥有一般数量的航线资源，但是这些航线多与连通性较弱的城市相连。因此，尽管具有相似的点度中心性，但我们判断布鲁塞尔的特征向量中心度高于圣地亚哥，因为它与连通性较强的节点相关联，而这些节点又与其他连通性强的节点相关联，等等。

采用特征向量中心法和点度中心法能够促使我们对网络中某一城市的地位产生更深刻的理解。不过，更重要的是我们能够知道这些网络指标的现实意义，即布鲁塞尔与连通性较强的城市如法兰克福和伦敦联系紧密，到底能够“得到”什么？答案就是在航空运输路线方面，布鲁塞尔可以通过法兰克福或伦敦经过一次转机抵达许多其他重要的城市，因此史密斯和提博莱克(2001)以及马华特等(2010)在方法框架中将特征向量中心性设为重要的指标。然而，在通过生产者服务业来构建城市之间联系的情境中，这个答案就变得不太明确。在基于法律行业的分析中，布鲁塞尔通过律师事务所形成的与北京和华盛顿的密切联系，已经从点度中心性方面的指标也就是全球网络连通性反映出来。但是考虑到我们对世界城市网络的设定，使用其他中心性指标能提供什么样的附加信息？这是一个无法仅仅依靠实证解决的理论性问题。博伊德等(Boyd et al,2013)和尼尔(2013a)最近关于世界城市网络中一个特定中心性测量方法的讨论体现了更为细致的中心性分析可能会涉及的复杂因素。不管这场争论的细节如何，我们同意尼尔(2013a:1657)的结论，即“有一种风险，就是方法比理论更复杂。在研究中，我们的分析工具应足够精细以便理解现象，但也不能过于复杂”。因此对于网络分析本身，无需刻意为了最新的网络分析方法而加以应用：我们需要展现而不是假设某种测量方法的相关性；如果不是这种情况的话，经验主义就显得突出了。

应用其他中心性方法并不简单的第二个原因可以追溯到连锁网络模型的性质。如果一个企业在两个城市中都设有办事处，那么这两个城市就是连通的。这一特性本身在我们最初的研究中并不是问题，我们最初的研究关注的是有多少同处一地的办事处（以及涉及的办公室类型）。这一点在我们的数据和模型中也有充分体现，我们所构建的世界城市网络几乎完全连通，即所有的城市几乎都与其他所有城市相连接（虽然不同“城市对”之间的联系强弱有区别）。网络完全（或接近）连接这点困难带来分析中的困难，因为不少网络中心性方法关注有哪些节点没有被连接。换句话说，网络分析往往表现为“缺口或断链分析”，这是因为许多测量方法关注着这些“缺失”的连接。一个例子将有助于解释说明：社会网络分析中一个普遍使用的中心性测量方法为中介中心性法，即如果一个节点在两个其他节点之间的最短路径上起着门户的作用，那么这个节点被视为是“重要的”或者“中心的”。奥尔德森和贝克菲尔德（2004）充分应用了这个方法，因为他们研究的大多数“城市对”都是没有直接连通的，这是由于在其设定的总部-分支网络中，绝大多数跨国公司的总部成为唯一能够“连接”分支的通道，而这些总部往往聚集在少数城市中（也可参见 Rozenblat and Pumain，2006；Wall and Vander Knaap，2011）。所以，在他们的城际矩阵中存在大量的“缺口”，并因此可能通过中介中心度来检验城市在连接网络中发挥的重要作用。而这一点在我们的城市网络设定中则较为困难。让我们回到布鲁塞尔/圣地亚哥的例子中去：两者都与伦敦有关联，但是布鲁塞尔与伦敦的联系更为紧密。然而，假设布鲁塞尔和圣地亚哥城市中若有人要在纽约经商，那么布鲁塞尔与伦敦更紧密的联系是否重要呢？如果这个商业服务要经过伦敦，那么布鲁塞尔可能具有优势，但是既然布鲁塞尔和圣地亚哥都与纽约有着直接的联系，那为什么还要经过伦敦呢？在完全（或接近）连通的网络中很少/或者是没有缺口的，因此直接的联系就是自然的选择。

总的来说，从其他中心性指标的应用中可能获得更为深刻的认识，但前提是有一种可靠的方法能够应用和解释这些指标。在下一部分我们将描述这样一种尝试。

世界城市网络的门户城市

亨内曼和德鲁德(2014)研究了世界城市网络中“门户城市”的重要性,为此,他们将世界城市网络(重新)定义为“区域化专业服务体系”,并评估了城市在相互连接的体系中所发挥的中心作用。在此,我们基于2012年的数据重做他们的分析。

在亨内曼和德鲁德(2014)的研究中存在两个问题:(1) 中心性指标的现实解释;(2) 跳过某些节点城市而获取服务的可能性。这两个问题由以下两个办法解决:(1) 保持对企业而不是对城市的关注,强调企业是网络的构建者;(2) 界定可能的区域化专业服务区。“区域化专业服务区”背后的理念假设如下:一个城市中的某个服务企业的办公室如果缺少某些专业技能,它可能求助于其他任意的具有同一企业分支的城市,但是有一些办公室更有可能被联络。这种被联络的“机率”随着两种方式而增加:

> 1. 在其他条件都相同的情况下,专业服务更有可能出现在这些重要的城市:拥有一个大型办公室,若干办公室或者具有额外职责或专业技术的办公室。如果一个会计企业设在曼彻斯特的办事处没有足够能力去完成一个特定的客户问询,那么很可能就会求助于其他拥有更多资源、人员、专业技术等的办事处的城市。
>
> 2. 在其他条件都相同的情况下,更有可能向临近的城市获取专业服务。如果一个会计企业设在曼彻斯特的办事处没有足够能力去完成一个特定的客户问询,并不是简单地求助于其他拥有更多资源、人员、专业技术等的办事处的任何城市,而可能是求助伦敦。虽然完全可以用欧氏距离来定义这种邻近程度,但是通常来说会有一个区域化尺度,比如图5.9显示的以麦肯锡为例的国家或者“世界区域”。迈耶等(Myer et al,2011:235)认为,有证据表明这种区域和当

地的环境对于商业战略仍是一个重要的影响因素，并推测为了在全球市场上取得成功，这种文化和环境的差异需要在企业的内部组织中体现出来。这种组织形成交互作用，因此创造出区域化专业体系和指挥功能。

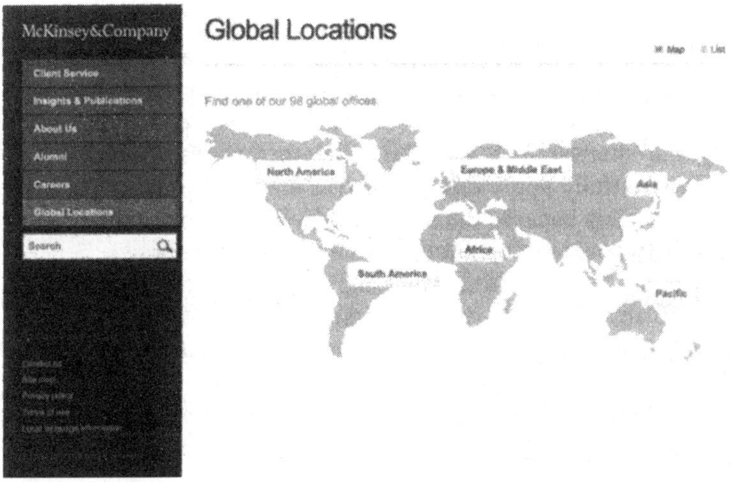

图 5.9　基于麦肯锡办事处网络的“世界区域”

一个将要在下一章中进行更详细讨论的例子可以证实这种“区域化专业体系”方法的可靠性。在分析巴西主要城市之间的服务业联系时，罗西等(2007)表明：虽然巴西的城市与世界各地有着广泛的连接，但是圣保罗发挥着链接巴西与世界经济的门户作用(见 Parnreiter[2010]研究墨西哥城的案例)：如果城市需要特定的专业服务，而当地并不具备这个能力，那么通常情况下都会转向主要的区域服务中心城市求助。如罗西等(2007)所示，巴西服务业需求的地理格局比这要复杂得多。但研究的确表明，如果有可能的话，巴西的城市都可能首先转向圣保罗求助。圣保罗拥有其他巴西城市(可能更广泛地说是部分拉丁美洲)所不具备的专业化服务和功能体系，在世界城市网络中发挥着中心的作用——如果需要的话,它为巴西的(并可能是拉丁美洲其他的)城市提供了更高水平的专业服务。这里需要强调的是,一个点度中心性类型的指标并不能反映出这种“重要性”,它只是简单计算了圣保罗拥有的(重要的)连通数量。因此,需要计算一个中介中心性指标,以此评估城市在整个网络中发挥的桥梁作用。

亨内曼和德鲁德(2014)的研究中包括两个操作步骤:第一,对于每个企业来说,在需要额外的专业服务时,都要确定其最有可能联络的城市;第二,在集合所有企业连接的基础上,检验城市作为“转向城市”(Rozenblat and Pumain,2006)或“门户城市”所发挥的作用(Short et al,2000)。

如上所述,在第一步中,对每个企业和所有城市,确定在需要额外服务时,可能需要转向的城市。在实际操作中,亨内曼和德鲁德(2014)设计的算法依下面步骤进行:对于每一个存在一个企业办事处的城市,算法中将这些城市与同一个国家具有最高水平办事处的城市连接起来。假设在一个国家中存在多个特别重要或者专业的办事处,那么就会连接地理上距离最近的城市(例如在洛杉矶和纽约具有同样高服务水平的情况下,旧金山将与洛杉矶连接而不是纽约)。如果在一个国家中没有高水平的办事处,就在其“世界区域”内连接最高层级的办事处。如果一个城市所在的世界区域内也没有这样高层级的城市,那么它将与全球总部相连接。

当然划分“世界区域”有不同的方式(参考 Lewis and Wigen,1999),在此我们选择一个与亨内曼和德鲁德(2014)稍有不同的划分方式。我们确定九个商业活动区,大致能反映出高级生产者服务业企业不同的区域化商业环境。这九个区域的选取标准包括文化、历史和发展水平在内。这九个区域也对应着部分企业设立“区域总部”的区域。我们没有刻意对这些区域进行规模上的比较,我们也充分了解这类分区研究的问题:预先确定相关的“商业环境”可能会产生依赖于我们设定的地理格局而不是反映真实的地理格局。因此这里的结果不应该认为是在尝试定义的世界城市网络中的区域性，我们将在第六章中进一步研究这个区域结构的问题。在本小节中，不同的“世界区域”如下：

1. AU：澳大拉西亚（Australasia：大部分澳大利亚和新西兰地区）；

2. PA：亚太地区（从泰国到日本）；

3. EA：欧亚大陆（前苏联国家和蒙古——不包括波罗的海国家）；

4. SA：南亚地区（印度和邻近国家）；

5. MENA：中东/北非地区（从摩洛哥到伊朗）；

6. EU：欧洲（不包括波罗的海国家以外的前苏联国家）；

7. SSA：撒哈拉沙漠以南非洲（除了地中海沿岸地区的所有非洲国家）；

8. NA：北美地区（美国和加拿大）；

9. LA：拉丁美洲（从墨西哥到智利，包括加勒比国家）。

图 5.10 展示了以麦肯锡公司网络为案例的连接过程。区域范围的分体系可以追溯到典型的服务值为 2 的办事处。在麦肯锡网络中，在有需要时这些城市的办事处很可能会转向具有额外专业服务、从业者或决策功能的区域中心，不过美国的办事处直接与纽约总部联系，这个案例除外。从这里可以得到一些其他的信息，至少对于麦肯锡的这个特殊例子来说，伦敦、迪拜、北京和孟买这些城市具有门户城市的潜力并发挥着重要作用：在需要额外专业服务或指导时，区域中不太重要的城市会转向这些城市。

第二步包含对门户城市的系统评估，针对国家或者更广泛的区域，这些城市发挥着提供丰富专业服务的作用。通过处理 175 个办公室网络，并分析世界城市网络中节点的中介中心性所得到的研究结果，一个城市的中介中心度是通过计算所有节点到所有经过该城市的节点之间的最短路径的数量。公式如下：

$$BC_a = \sum_{x \neq a \neq y} \frac{SP_{xy,a}}{SP_{xy}} \tag{5.1}$$

SP_{xy} 是指节点 x 到节点 y 的最短路径的数量，$SP_{xy,a}$ 是指这些最短路径通过 a 的数量。不过，由于我们研究是加权后的网络，在现实中这些连接与它们的能力大小成比例，因此增加一个超出拓扑影响的额外尺度。现在中介中心性的测量作为我们研究全球网络连通性的补充：前一部分揭示了城市的门户作用，后一部分表示城市联系的所有范围。图5.11 展示了合并后的城市网络。出于简明的考虑，连接量和连通性没有显示在实际地图上，而是通过力向图绘制算法来优化视觉效果（见第五章和第六章）：用颜色来区分世界区域；节点的大小与网络中城市的中介中心度则成比例画出。

图 5.11 包含一些非常有趣的地理模式，包括德国其他城市对法兰克福的明显依赖，以及在缺少单一门户城市的亚太地区的多中心性。但是，我们这里仅讨论世界城市网络中的主要门户城市。为此，表 5.3 列出了在世界城市网络的中介中心度和网络连通度中排名前 20 的城市，至少位于某一排行前 20 名的城市也一并列出。第一个值得注意的是，中介中心度和网络连通度排名前 20 的城市具有非常高的相似性，其中 17 个城市同时出现在两个排名中。但是，两个排名也存在一些明显的差异，最明显的变化是孟买、约翰内斯堡和圣保罗在中介中心度的高排名。全球服务企业通常将南亚、撒哈拉以南非洲和拉丁美洲的办事处设在这些城市，致使这些城市成为整个地区的关键门户。就约翰内斯堡和圣保罗来说，事实上存在一些可以在一定程度上替代它们的城市，比如墨西哥和内罗毕。布宜诺斯艾利斯、墨西哥城与圣保罗之间的对比可以很好地体现不同中心性测量方式能带来的观察：尽管在生产服务企业的办公

网络中布宜诺斯艾利斯(排名20)与墨西哥城(排名10)的联系并不比与圣保罗(排名11)来得少,但是这里的分析指出圣保罗才是拉丁美洲最主要的多节点城市。圣保罗能够提供拉丁美洲其他城市(包括墨西哥城和布宜诺斯艾利斯)所不常见的专业服务。孟买和德里之间也存在同样的情况:它们在全球网络连通度中分别排第14名和第31名,而在中介中心度中分别排第5名和第59名,这种差异表明孟买将在南亚地区,尤其是连接印度/南亚与全球经济方面发挥的重要作用。亚太地区缺少一个中心门户城市,但有许多城市充当这种角色,其中中国香港和新加坡的作用正在逐渐减弱,因为在商业活动方面,中国香港可能会被中国的其他城市所取代(可能金融方面除外)。从位于排名稍微靠后的城市来看,同一城市的两种网络中心性测量(中介中心性和网络连通性)之间的差异更加明显。例如,比起全球网络连通性所反映的重要性,奥克兰(80到55)和路易港(112到40)在连接国家或地区与全球经济方面所发挥的作用更为明显。比较起来,雅典(88到288)和特拉维夫(39到177,反映了以色列在中东-北非地区的政治孤立)在连接国家或地区与全球经济方面所发挥的作用远比它们的全球网络连通性所反映的小。这几个例子清楚地展示了这些多样的中心性测量能够带来的更深刻的观察。

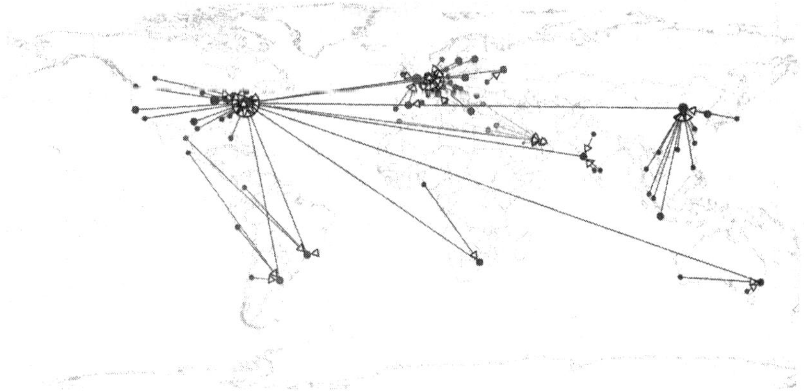

图5.10 基于主要连接过程构建的麦肯锡公司网络

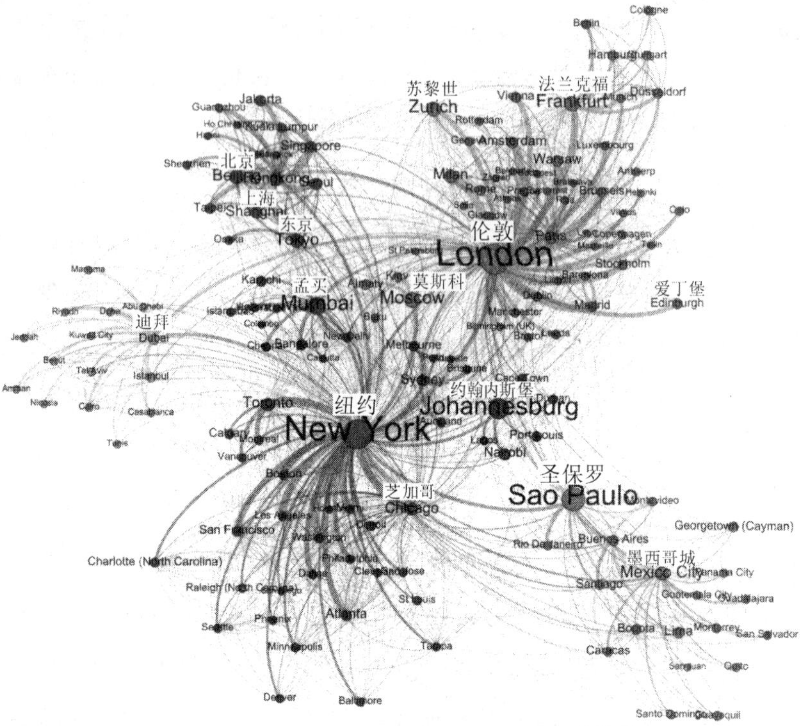

图 5.11　采用主要连接方式得到的世界城市网络。节点大小与网络中的城市中心性成正比

表 5.3　全球网络连通度和中介中心度的对比

（描述两种排名，这些城市至少位于某一排行的前 20 名）

GNC 排名	城市	BC 排名	城市
1	伦敦	1	伦敦
2	纽约	2	纽约
3	香港	3	圣保罗
4	巴黎	4	约翰内斯堡
5	北京	5	孟买
6	芝加哥	6	莫斯科

续　表

GNC 排名	城市	BC 排名	城市
7	迪拜	7	法兰克福
8	东京	8	苏黎世
9	法兰克福	9	北京
10	墨西哥城	10	东京
11	圣保罗	11	香港
12	上海	12	米兰
13	约翰内斯堡	13	墨西哥城
14	孟买	14	多伦多
15	新加坡	15	芝加哥
16	莫斯科	16	上海
17	悉尼	17	巴黎
18	多伦多	18	首尔
19	米兰	19	内罗毕
20	布宜诺斯艾利斯	20	悉尼
21	苏黎世	24	新加坡
34	首尔	29	迪拜
49	内罗毕	30	布宜诺斯艾利斯

注：此处中国指中国大陆，不包括中国的香港、澳门和台湾地区。

第六章 “城市对”的网络连通性

- **“城市对”的连通性格局：城市网络腹地**

  网络腹地的概念

  网络腹地的测定

  网络腹地的比较

- **“城市对”的总体格局**

  城市间关系的区域特性

  全球化与地方化

- **新进展：“城市对”的分类方法**

  选择排序法：一种新的分析方法

  世界城市网络中显著的“城市对”

我们一旦开始考虑网络，一种新的盘点方式就出现了。

(Allen,2010:2896)

通过设定网络的构建过程并自定义数据搜集，我们就能够测量城市的连通性。这样的分析为我们理解城市在世界城市网络的地位提供了基础,但研究单个城市的连通性却并不是分析的全部。正如上一章所展示的,总的连通性测量能够对整体的地理格局提供评价,而将网络分解成各个产业成分,并使用其他中心性测量,从而能够提供关于单个城市地位与作用的信息。然而,在之前的分析中并没有涉及城市网络是如何连接的——城市间是如何关联的。因此本章我们将更加注重"网络导向":关注城市间的关系,亦即世界城市网络中"城市对"的连通性。

下面的分析将分为三个层面。首先,简短概述了"城市对"的地理格局,引出"城市网络腹地"这一概念,该概念充分描述了一个城市与网络中其他城市的关系。与城市的连通性这一总体测量不同,城市网络腹地的概念可为以下问题提供答案,例如:伦敦与曼彻斯特之间,哪一个与其他英国城市的联系更加紧密?哪一个与纽约和香港这样的世界城市联系更强?与深圳联系最紧密的是哪些城市?是与类似卢森堡和乔治敦这样的专业金融中心?或者没有明显的地理格局?第二,我们将以更加系统的方式来处理这类问题,从两方面归纳城市网络腹地中包含的广泛信息。具体来说,我们通过以下两方面来寻找一个城市联系中的主要地理指向:(1) 测量一个城市与不同世界区域联系的相对强度;(2) 将一个城市和世界主要城市的相对联系强度(城市的"全球化")与该城市和本国城市的相对联系强度(城市的"地方化")进行比较;第三,我们揭示出尼尔(2013b,2014)对于连锁城市网络的另外一种分析方法,并依此讨论"城市对"分析的新进展,此方法认为世界城市网络的形成是大量企业在特定城市间运营的结果,可作为连锁网络模型中"城市对"分析的有利补充。

• "城市对"的连通性格局:城市网络腹地

由于没有一个合适的术语来描述单个城市的网络连接在世界范围

内的分布，因此我们提出一个术语：城市网络腹地。下面的第一小节，将主要描述网络腹地与其他描述“城市影响力”的概念间的关系。第二小节将介绍如何测量网络腹地，这一方法使得城市之间能根据它们与其他城市不同的连接格局而进行比较。第三小节将应用网络腹地比较法，揭示一些城市之间的差异。

网络腹地的概念

在城市和城镇的外部关系研究中，城市地理学者和乡村社会学家通常将城市地区视为本地的服务中心。尽管这类文献所讨论的服务对象与我们所关注的全球服务中心不同，前者更多为当地的零售服务业，而后者则关注高级生产者服务业，但两类研究都强调了城市作为对外服务的集中地存在于全球的“流动空间”里，城市影响力的地理格局发生了根本性的变化。但是这一变化并不是一夜之间产生的，因此我们从城市对外服务和影响的最初地理格局开始讨论。

在20世纪五六十年代，城市或城镇服务区域的划定是城市地理学的一个主要研究方向。研究对象通常被称为影响力范围、城市场、附属区域或者腹地。这里我们沿用约翰逊(Johnson，1967)文章中的腹地概念。用于定义腹地的信息可以来自城市内部(例如绘制城市报纸的发行与流通)，或是来自外部(例如绘制农村居民的购物路线)。虽然通常来说研究的目的是在城市之间划定边界从而确定不重合的服务区域，在实践中往往有以下两个发现：第一，腹地间存在重叠(Johnson，1967：87)；第二，在腹地内影响力强度也不是均质的，往往具有随距中心距离而衰减的梯度特征(p.89)。这些腹地关系的特征在我们讨论人们的购物活动时依然存在，但是在密集的城市化地区，腹地之间影响力的强度和重叠的程度则成为讨论的重点(Meijers，2007)。腹地之间重叠和不均匀的影响强度这些特征，在全球化中城市的服务影响力方面是相当明显的。

如果对高级生产者服务业继续采用标准的腹地分析方法，就会发现城市间并没有腹地的边界。伴随着以电子通讯为基础的办公网络(例如金融服务业以及法律行业,可参见 Warf,1989;Beaverstock et al,2000)的出现,每个城市在这些服务的提供上都与其他城市存在重叠。罗西等(2007)对巴西主要城市的研究证实了这点。在研究中,罗西等调查了生产者服务业公司和客户间的交易链,这些交易被定义为"服务城市"(获得服务的城市)与"决策城市"(需要此服务的客户所在地)的联系。在地理上,这些交易链可被分为城市内部(指一个公司使用当地的服务)和城市间的交易,城市间交易根据客户是否从国内获得服务分为国内的交易、国外的交易。罗西等对巴西主要的公司进行抽样调查,注意到大多数服务链为城市内部的交易,例如总部设在愉港市和萨尔瓦多这类城市的公司,主要是从当地购买服务。此外,最大的非本地交易链中包含了从全国服务中心圣保罗购买的服务。这意味着在城市供给服务的地理格局上,仍存在随距离的衰减,但整体格局变得更加复杂:对于所研究的巴西企业来说,第二重要的非本地服务中心是纽约而非里约热内卢。另外,除了与里约热内卢和圣保罗的联系之外,巴西城市之间似乎较少出现城市间的服务交易。与此同时,罗西等却观察到巴西城市与坦帕和汉诺威这样的城市之间有一些交易链(类似的对墨西哥的分析见 Parnreiter,2010)。这里值得注意的是巴西之外的城市(因与巴西内部的中心一样提供服务而产生的)的重叠服务区,不仅包括重要的世界城市如纽约,也涉及远不及纽约的城市,如坦帕与汉诺威。

由此看来,传统腹地的定义对于当今世界城市体系是存在问题的:IT 产业和全球化的服务公司已经创造出世界范围内重叠的城市影响力。然而,这并不意味着"地理的终结"。虽然腹地没有了明确的空间边界,取而代之的是一个城市在空间上可变的服务关联强度和地理格局。在罗西等(2007)所举的巴西例子中,大部分的连接指向巴西的关键城市(圣保罗);一些较强的连接指向主要的世界城市(纽约和巴黎);总的来说较强的连接指向特定的世界地区(北美和欧洲),而与亚洲、非洲国家的城市有着较弱的联系。网络腹地的概念可用来反映世界城市所提供的服务职能的地理范围与特质。因此我们现在正式定义网络腹地：一个城市的网络腹地是使其成为世界城市服务连接的全球分布。具体地说，我们将测量并绘制网络中的一个城市与其他城市之间不同级别关联度的空间分布，即对"城市对"强度进行系统的评估。

在我们开始研究网络腹地前，需强调关键的两点：第一，在前一章的最后一节，我们没有否认城市服务联系强度存在距离衰减规律。确实，在罗西等(2007)的文章中，圣保罗仍是位于巴西公司的主要服务中心。然而在城市网络腹地的设定中，我们仅仅认为这种趋势或规律会减弱，因为IT技术使得信息和知识流很容易"跳过"(城市体系中的)某些城市。我们这里更多关注的是一个实证问题而非理论上关于城市影响范围的讨论。第二，我们需要重申网络腹地或城市网络不是简单的代替或取代存在已久的腹地概念和过程(Meijers, 2007)。传统的具有明确空间边界的腹地并没有也不会由于经济的全球化而消失。全球零售公司可能会重建当地的销售模式，但这些销售依然面向着传统的腹地概念。所以，尽管波士顿在过去20年内已经发展了一个重要的网络腹地，南新罕布什尔的居民仍会去那里看球赛，买当地的报纸，并进行其他类似的活动。

网络腹地的测定

为计算一个城市的网络腹地，需要列举出它与所有其他城市的联系。在这里我们主要关注之前章节所选出的至少拥有伦敦五分之一连通性强度的152个世界城市。理论上来说，一个城市的网络腹地是它与其他城市关联度的简单记录，但这些初步的"城市对"测量方法限制了不同城市之间网络腹地的比较。从表4.2中可以看出这个问题：正如伦敦和巴黎与所有城市都有非常强的城市间连接，波士顿和马普托与所有城市的连接水平都较低。这明显反映了这些城市在世界城市网络中的位序。将此结果推算至整个数据集，我们发现，每个城市最强的连接或者是与伦敦之间，或者是与纽约之间。

总的来说，这里的问题在于"城市对"之间的联系强度与城市的全球网络连通性水平有相似的趋势。这意味着基于"城市对"绝对关联度测量绘制的网络腹地，将在很大程度上与全球城市网络连通性格局相似：所有网络腹地，即使不完全相同，看起来也很相似。可能存在细微的差别：在第四章的例子中(第 87 页)，上海与芝加哥的联系比与巴黎的联系更强，虽然后者有更大的全球网络连通性。尽管如此，用这种方法来检查"城市对"具体的值以探索网络腹地的分析却不是我们想要推进的方向。

这里需要一种能够消除全球网络连通性影响的网络腹地测量方法，其实并不难，将"城市对"的连接强度与全球网络连通性得分做散点图比较，就会发现两者之间显示强线性正相关。因此城市 a 与其他城市的连通性可由其他 151 个城市的全球网络连通性回归得到，回归方程如下：

$$CDC_{a-i}=a+bGNC_i+E_i \tag{6.1}$$

CDC_{a-i}代表了城市 a 与所有其他城市的连接强度，GNC_i 是这些城市的全球网络连通性，E_i 是残差。这里的残差指：用式 6.1 及标定值 a、b 常数计算出的回归直线预测值（CDC'_{a-i}）与城市 a 的实际网络连通性（CDC_{a-i}）之间的偏离量：

$$RCDC_{a-i}=CDC_{a-i}-CDC'_{a-i} \tag{6.2}$$

$RCDC_{a-i}$代表了城市 a 与城市 i 相对的"城市对"连接强度。一个正的值表示，相对于城市 i 的全球网络连通性而言，城市 a 与城市 i 的相对连接较强。一个负值则代表着相对弱关联。在我们关注的 152 个世界城市研究中，对于每一个城市而言，它与其他 151 个城市连接所计算得到的残差 $RCDC_{a-i}$定义了城市 a 的相对网络腹地：哪里是相对强关联，哪里是相对弱关联。在接下来的讨论中我们将会应用这种相对的网络腹地测量方法。

我们将以伦敦和利兹为例来展示我们的方法。这两个城市分别是我们这里关注的 152 个城市中全球网络连通性最强和最弱的英国城市，表 6.1 及图 6.1 至图 6.4 展示了伦敦和利兹的残差分析结果，表 6.1 与图 6.1、图 6.2 的散点图显示：伦敦的最大正值残差是纽约，利兹的最大正值残差是爱丁堡。请注意这里是相对的测量：伦敦和纽约不仅是整个世界城市网络的主要“城市对”，至少就伦敦来看，在去掉纽约巨大的全球网络连通性影响后，纽约仍是伦敦最重要的连接（解释请见 Wójcik，2013）！当注意到这两个城市的其他主要联系时，伦敦的“全球化”与利兹的“本地化”对比变得更加明显：对伦敦来说，主要联系指向华盛顿、法兰克福、香港和休斯顿；对于利兹，主要联系指向伯明翰、曼彻斯特、布里斯托和格拉斯哥。两个城市最弱的联系则并没有特别明显的地理格局，是世界不同地区城市的混合体。出乎意料的是，伦敦与苏黎世这个重要的银行业中心的相对联系较弱。

表 6.1　伦敦和利兹的相对网络腹地（10 个最强、最弱的联系）

排名	伦敦的网络腹地		利兹的网络腹地	
1	纽约	3.73	伯明翰（英国）	4.01
2	华盛顿	2.84	曼彻斯特	3.55
3	法兰克福	2.18	爱丁堡	3.33
4	香港	2.04	布里斯托	3.20
5	休斯顿	1.83	格拉斯哥	2.58
6	阿布扎比	1.78	伦敦	2.32
7	珀斯	1.69	波士顿	2.20
8	新加坡	1.56	费城	2.09
9	西雅图	1.54	马赛	2.07
10	维尔纽斯	1.31	卡尔加里	1.87
…	…	…	…	…

续 表

排名	伦敦的网络腹地		利兹的网络腹地	
142	克拉罗	−1.44	加拉加斯	−1.17
143	约翰内斯堡	−1.45	瓜亚基尔	−1.18
144	开普敦	−1.51	科伦坡	−1.19
145	广州	−1.56	圣多美戈治	−1.23
146	特拉维夫	−1.71	雅加达	−1.27
147	墨西哥城	−1.94	迪拜	−1.41
148	维也纳	−2.13	胡志明市	−1.48
149	苏黎世	−2.17	拉各斯	−1.64
150	布宜诺斯艾利斯	−2.22	吉隆坡	−1.68
151	吉隆坡	−2.68	台北	−1.81

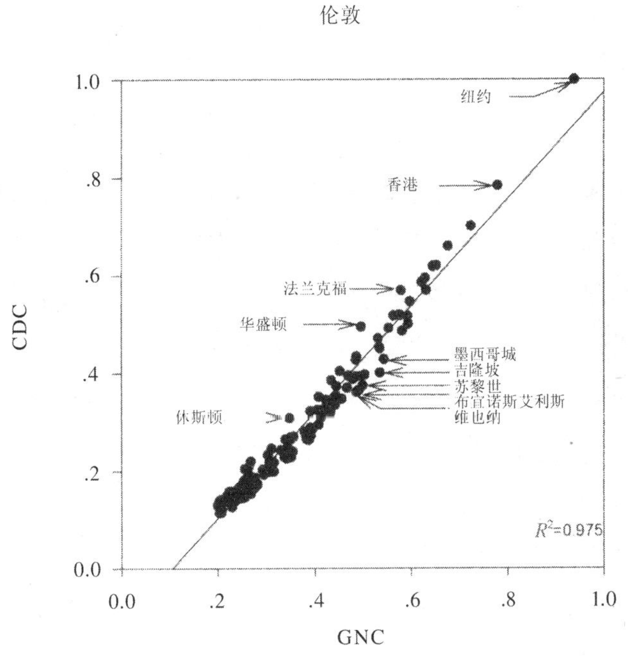

图 6.1　伦敦的相对网络腹地

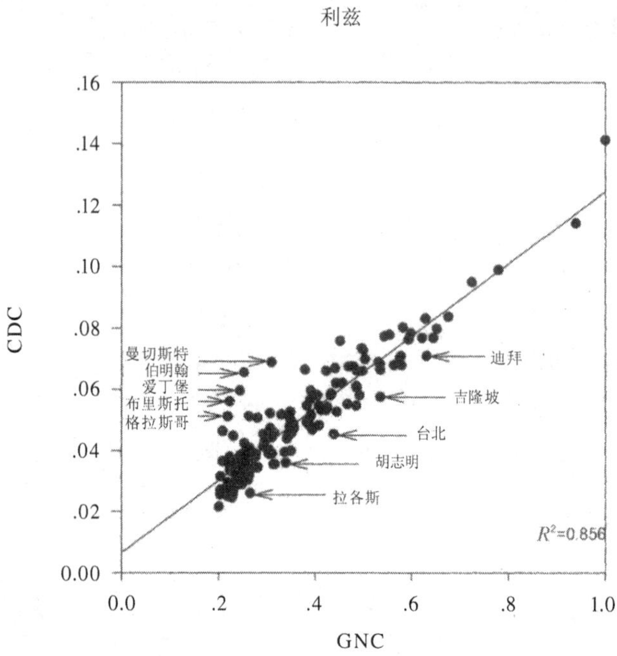

图 6.2　利兹的相对网络腹地

图 6.3 和图 6.4 通过绘制简化版的变形地图来进一步解释网络腹地的详细地理特征。为了便于讨论，地图主要表现与某个城市相对联系最强的 30 个城市，我们将其划分为两类：与图上关注的城市相对联系最强的 10 个城市为一组，剩下的城市为另一组。这些变形地图能帮助我们增加对伦敦和利兹各自网络连接的理解。伦敦与美国、亚太地区及一些欧洲城市(特别是德国)有较强的联系。利兹则与一些欧洲、美国的城市以及英联邦的一些次重要城市有相对较强的联系。在伦敦的例子中，城市之间历史上的联系变得不那么明显，更多地反映出伦敦近期的全球联系，尤其是其在银行金融产业的联系。这特别体现在伦敦与亚太地区的强联系中，而利兹则与亚太地区城市没有任何较强的强联系。两个城市都与美国有相对较强的联系(如华盛顿)，但仍有明显的区别：伦敦与美

国主要城市如纽约、洛杉矶、旧金山的联系更强(虽然我们这里只画出了伦敦相对联系最强的 30 个城市,芝加哥排名第 31 位),然而利兹在美国相对较强的联系则是费城、波士顿和巴尔的摩。

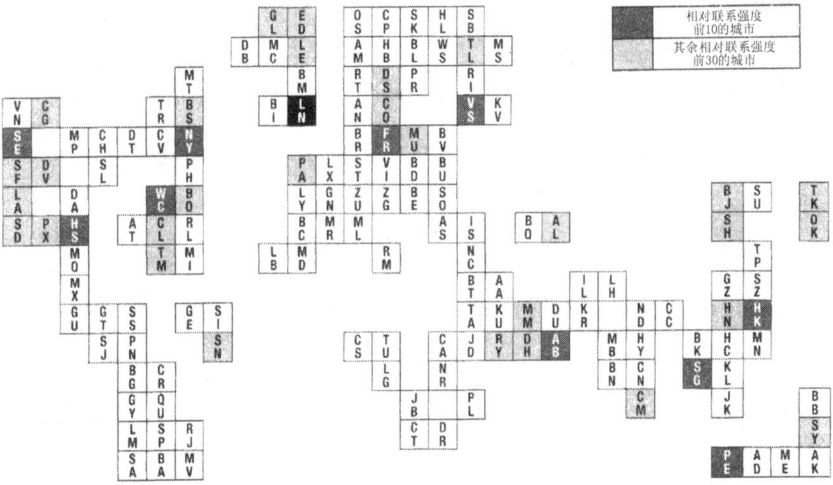

图 6.3　伦敦的相对网络腹地。城市代码与图 5.1 相同

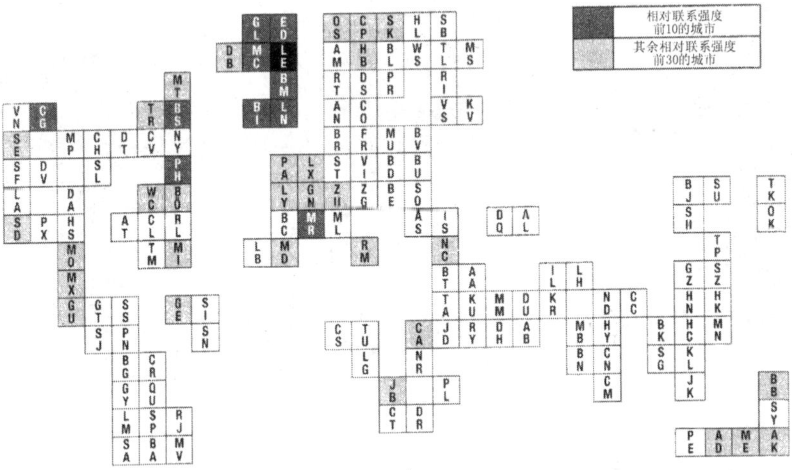

图 6.4　利兹的相对网络腹地。城市代码与图 5.1 相同

网络腹地的比较

伦敦和利兹的对比仅仅是示意性的，但是这里介绍的方法可以让我们进行更多的实际讨论。我们从纽约和罗利开始，它们分别是我们本章关注的美国城市中最强与最弱全球连通性的城市，如图 6.5 和图 6.6 所示。首先要说明的是，两个城市网络腹地的差异类似伦敦（与主要的世界城市和亚太地区相联系）和利兹（主要与本地城市有较强的联系）之间的对比。纽约与亚太和美国等地有较强的关联，并与除巴黎外的主要世界城市都有强联系。相比之下，罗利较强的关联非常本地化：其所有主要的强关联城市都在美国。另外，罗利与除了纽约之外的世界城市都没有强联系，并与亚太及前东欧集团没有任何强联系，这表明它与新出现的世界经济重心以及转型后的前苏联国家地区的关联相对较弱。

伦敦与纽约代表了“全球导向”的网络腹地，利兹和罗利则代表着“地方导向”的网络腹地。这两类之间的差异似乎是全球网络中“城市

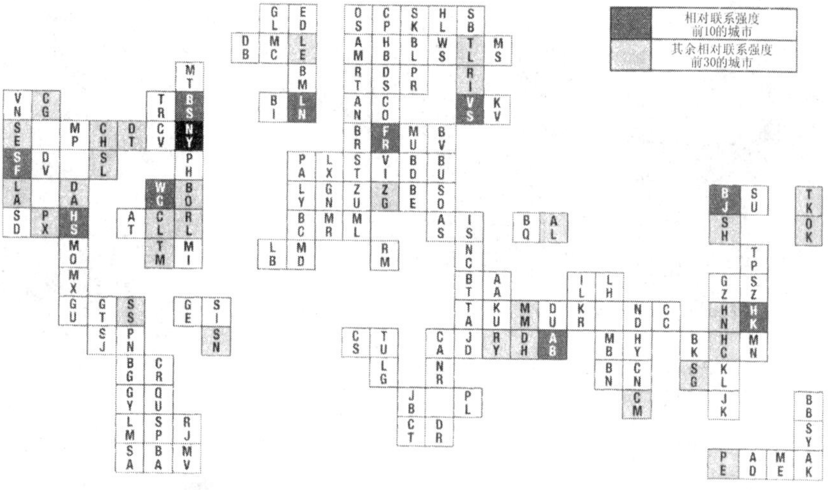

图 6.5　纽约的相对网络腹地。城市代码与图 5.1 相同

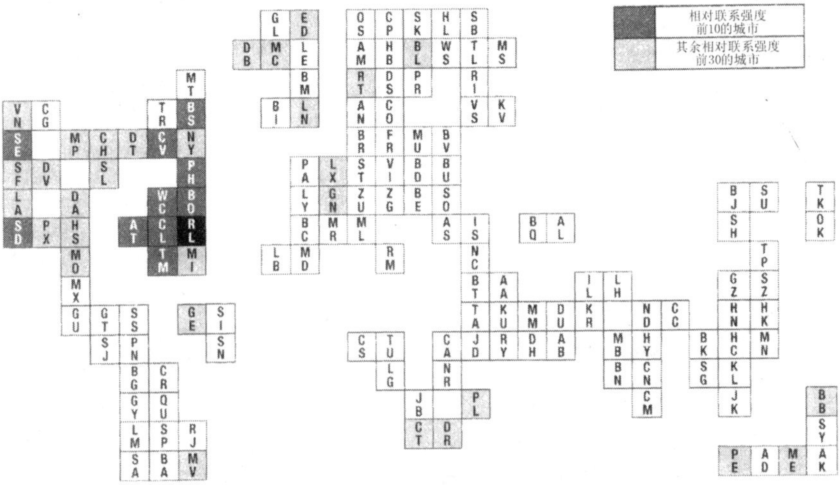

图 6.6　罗利的相对网络腹地。城市代码与图 5.1 相同

对"分析的普遍现象。图 6.7 和图 6.8 详细描述的法兰克福和科隆的网络腹地也证实了这一点。法兰克福一方面与德国及欧洲城市有着相对较强的联系，另一方面与主要世界城市如伦敦、纽约、香港、东京和北京等也有强关联。对比之下，科隆的相对联系强度排名前 30 的几乎都在欧洲，前 10 名中有五个德国城市。当我们关注第二层次的世界城市如洛杉矶和悉尼（图 6.9 和图 6.10）的"城市对"时，这种兼具层级与区域特性的对比变得有趣而且复杂。例如，洛杉矶的网络腹地包括了与美国其他城市的强关联，但也与亚太地区城市有着较强的联系（包括大阪、东京、香港、深圳、北京）。当然考虑到洛杉矶长期希望成为美国与亚太之间的门户城市（Keil，1998），这不足为奇。然而，这一点在一般的全球城市分析中很少得到如此清晰的展示，这也同时说明了网络腹地分析的潜力。洛杉矶并不是唯一的亚太地区外部服务的提供者，悉尼在这一地区也扮演了重要的角色。这可从虽然基于全球视角下规模相对较小的澳大利亚经济却仍然有着较强的全球网络连通性这一点看出。然而网络腹地分析却加入了一个空间层面，揭示了悉尼网络连接的地理格局：在

悉尼的网络腹地中，除了与澳大利亚其他城市和奥克兰有着较强联系外，还有亚太地区以及大部分主要的世界城市（新加坡、东京、香港、北京）、包括海湾地区的城市有着强联系（阿布扎比、多哈、麦纳麦、吉达、利雅得）。

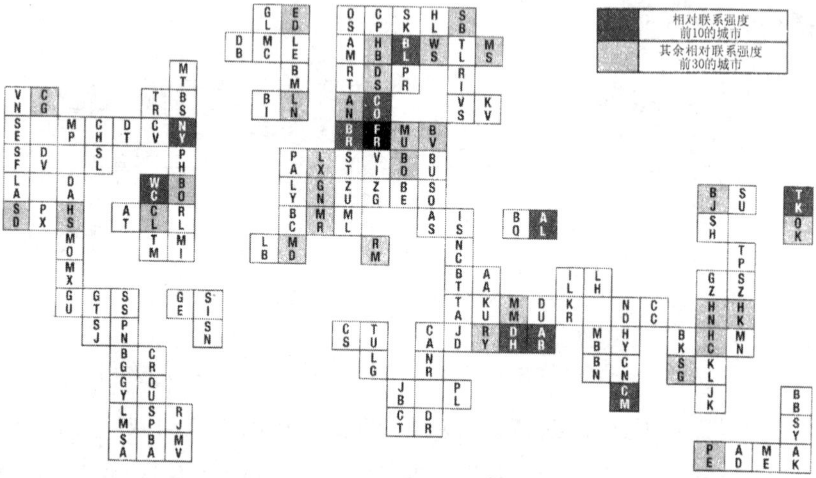

图 6.7　法兰克福的相对网络腹地。城市代码与图 5.1 相同

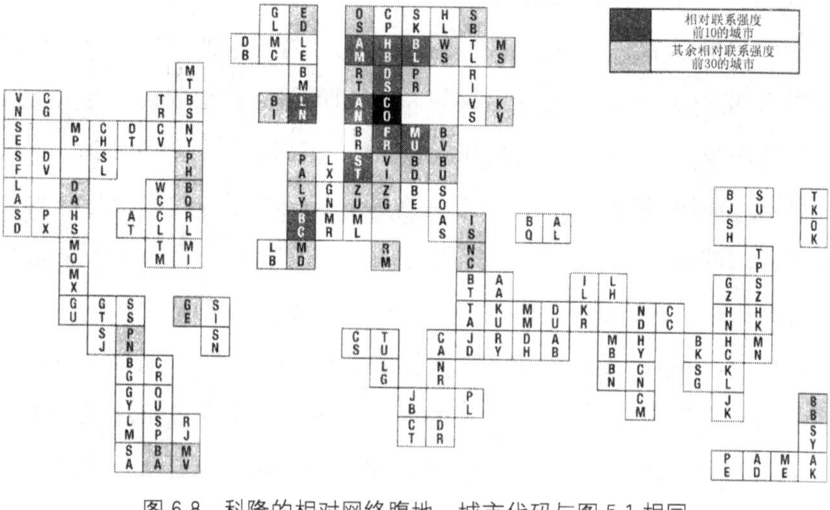

图 6.8　科隆的相对网络腹地。城市代码与图 5.1 相同

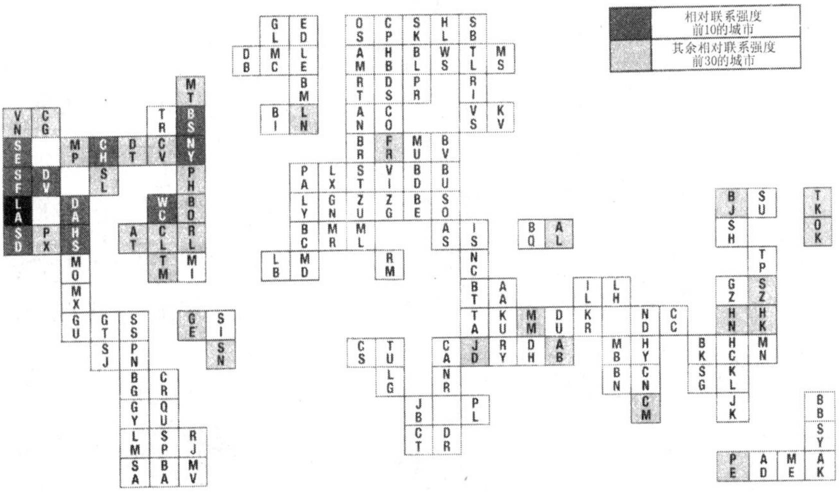

图 6.9　洛杉矶的相对网络腹地。城市代码与图 5.1 相同

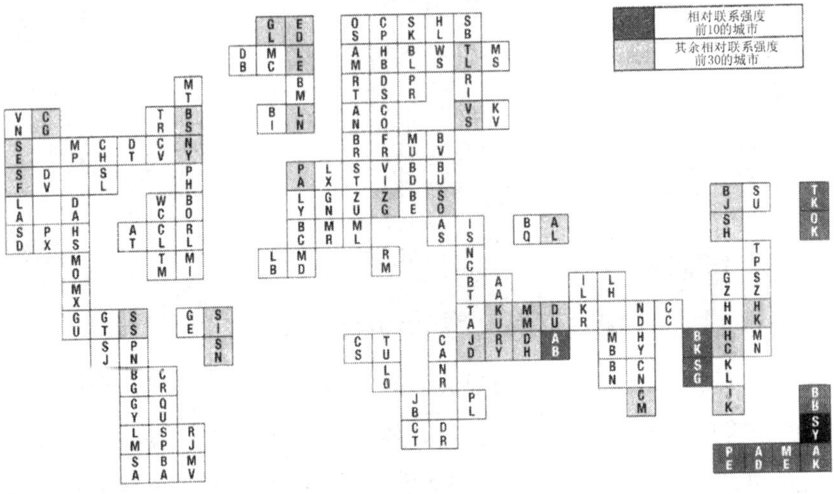

图 6.10　悉尼的相对网络腹地。城市代码与图 5.1 相同

我们将以另外两个例子来结束本小节：布宜诺斯艾利斯和深圳（图 6.11 和图 6.12）。布宜诺斯艾利斯的网络腹地主要体现了其网络连接的区域性：圣地亚哥、波哥大、圣保罗、里约热内卢，还有墨西哥城，它是与布宜诺斯艾利斯相对联系最强的城市。然而这里有另一个显著的地理

特征：布宜诺斯艾利斯与我们分析中的所有伊比利亚的城市有着强联系，如马德里、巴塞罗那和里斯本。与利兹网络腹地中有着和旧英联邦中城市较强的连接类似，这表明了殖民地时期所产生的城市之间关联的持久性以及所伴随的文化和语言上的（相对）相近性。很多服务型企业在全球化过程中，倾向于选择它们认知上较为“相近”的城市。在我们当前的例子中，拉丁美洲和伊比利亚的城市间有着相对强的联系（此地理格局也存在于拉丁美洲及伊比利亚半岛的双向移民流动中[见 García Ballesteros and Jiménez Blasco，2013]）。

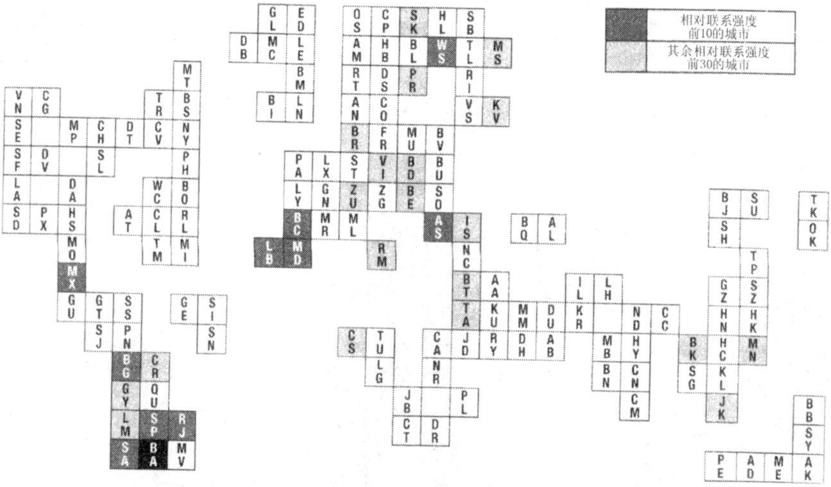

图 6.11　布宜诺斯艾利斯的相对网络腹地。城市代码与图 5.1 相同

深圳的网络腹地由中国及亚太地区（以及作为环太平洋门户的洛杉矶）的强联系城市构成。然而，让人意外的是，它与我们研究中的一些较小的城市存在较强联系，包括开曼群岛的乔治敦、卢森堡和日内瓦。简要回顾深圳的城市发展就能证明此结果的合理性。深圳是中国快速城市化的典型代表，是经济转型的试验区之一，由 20 世纪 80 年代的小城镇迅速发展成为如今中国的主要城市之一，其人口已超过 1 000 万。最初，深圳的经济繁荣得益于全国第一个“经济特区”的地位，这使得深圳转变为世界上领先的电子制造业城市。近年来，中国政府决定将它作为

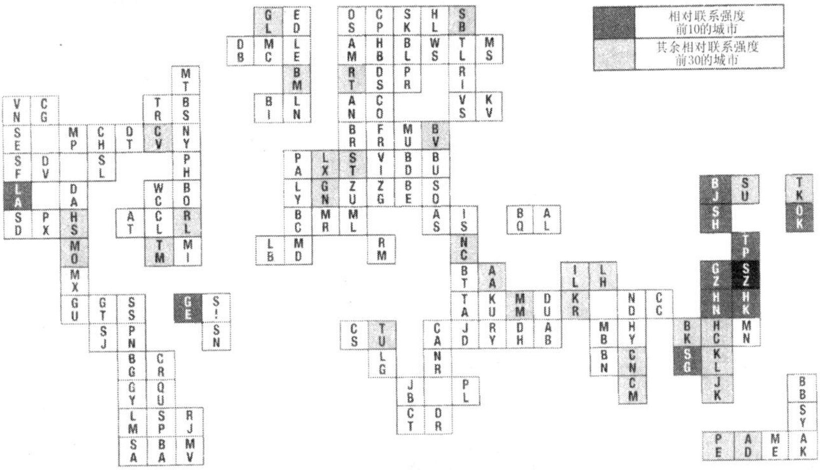

图 6.12　深圳的相对网络腹地。城市代码与图 5.1 相同

与全球金融体系整合的试验区。换句话说，为了避免在香港规管制度下进行此试验，也避免由此可能产生的问题，深圳被选择成为一个“迷你香港”。虽然如今深圳的股票市场规模仍然比上海小，但通过一波中国企业的上市潮，深圳已经超越伦敦和香港，成为全球最活跃的“首次公开募股”中心(Reuters，2012)。这波上市潮随着金融服务企业在深圳的出现与发展。这些公司往往也在卢森堡、巴拿马城、日内瓦和乔治敦有办事机构。在连锁网络模型中，这样的办事机构分布格局使得深圳和卢森堡、日内瓦、乔治敦之间存在较强的服务联系，至少强于基于单个城市全球网络连通性水平所产生的预期。

本小节所展示的结果与巴西案例中出现的结果(Rossi et al，2007)类似。然而，网络腹地分析使我们能对“城市对”进行系统的评估，并对其进行解释：

1. 有很多世界城市是真正的全球联系(如纽约和伦敦)；
2. 城市间的联系仍凸显着区域性(如洛杉矶和布宜诺斯艾利斯)；

3. 这个“区域性”可能是国家内部区域(如罗利、科隆)和/或经济融合的主要区域(如悉尼、科隆);

4. 这与一些功能性的格局相补充,包括殖民地遗产(如利兹、布宜诺斯艾利斯),以及与金融中心的相互作用(如深圳、卢森堡)。

以上只讨论了我们选出的152个世界城市中的10个网络腹地。由于网络腹地是一个城市所拥有的全球化生产者服务业公司的特定组合,每一种组合都反映了无数历史的、区域的和功能的过程以及(对应城市)在当代世界城市网络中的位置;因此,这一章可能会让那些对这里未能提到的世界某个具体的城市有兴趣的读者失望。然而要在正文中提供152个城市的网络腹地图是不可行的,放在附录中也许更明智一些。由于本书并不期望成为一本图集,这么做可能仍有些浪费篇幅。因此我们的解决办法是将网络腹地图在GaWC的网站上以虚拟地图集的方式发布,具体网址为www.lboro.ac.uk/gawc。这里有所有152个城市一系列更详细的网络腹地的描绘。用户可以利用这个虚拟地图集对比任意城市,无论是“国内竞争者”如休斯顿与达拉斯,还是伊斯坦布尔与雅典,或者在更小的国际金融中心之间做比较,如巴拿马城与卢森堡。

• “城市对”的总体格局

城市网络腹地为“城市对”的分析提供了切入点,然而网络腹地包含的信息量可能过大(以至于不方便读者理解):每个城市都有151条信息需要考虑。这对我们提出了一个问题:如何通过更简明的指标从城市网络腹地中提取出总体格局。比如,在世界城市网络的背景下,我们可以利用某种综合测量来刻画纽约与其他美国城市的连接强度,而不需要对纽约与每一个美国城市的连通性进行考量。为此我们有不少选择:我们可以探索首都之间是否存在强联系(例如律师事务所通常在这些城市共存),或是新老殖民地格局在“城市对”中是否明显(例如英国公司在全球化进程中倾向于紧密关联英联邦城市;或是中国公司在全球化过程中倾向于关注撒哈拉以南的非洲城市)。

接下来我们将介绍两个不同的例子,说明如何将“城市对”中的信息归纳成一个更简明的指标。首先我们通过考量“城市对”在世界各个主要地理区域/单元的地理分布。其次,对于每一个城市,我们评估其与第一层级世界城市(这里称为“全球化”)的联系及其与同一个国家内其他城市的联系(这里称为“地方化”)之间的相对平衡。敏锐的读者会注意到我们这里的主要逻辑是判定单个城市的网络腹地中是否具有某种连接趋势,从实证上来说,这一思路也可以被应用于检验其他趋势的存在。

城市间关系的区域特性

只要简单地看一下利兹的网络腹地,我们就会观察到这个城市与亚洲和拉丁美洲的城市有着相对弱的联系,而与欧洲城市有着较强的联系。同时,布宜诺斯艾利斯与澳大利亚、亚太地区城市有相对弱的联系,但与拉丁美洲的城市有强联系。当然这些总体的趋势中也存在着特例:利兹与瓜达拉哈拉联系相对较强,与柏林联系较弱;而布宜诺斯艾利斯与马尼拉联系相对较强,与基多联系则相当弱。有些模式可能比较特殊,这取决于某些特定企业在不同城市的存在。因此,为了找到“城市对”中的整体地理趋势,我们可以在世界区域层面概述它们的强度(Taylor et al,2010b)。

城市 a 与世界地理区域/单元 WR 范围内的城市联系强度 WR_a 可由以下公式计算:

$$WR_a = 100 \times \left(\frac{\sum_{i=1}^{WR} CDC_{a-i}}{\sum_{i=1}^{525} CDC_{a-i}} - \frac{\sum_{i=1}^{WR} GNC_i}{\sum_{i=1}^{525} GNC_i} \right) \quad (6.3)$$

公式(右侧括号内的)第一部分计算了城市 a 与世界区域 WR 范围

内的城市的连通性 CDC_{a-i} 占城市 a 总连通性的比例，第二部分计算了世界区域 WR 范围内所有城市的总网络连通性占全世界所有城市总网络连通性的比例。WR_a 值为正，意味着一个城市在区域 WR 内联系相对较强；负值意味着城市 a 与 WR 区域内的城市联系相对较弱。WR_a 绝对值越大，此趋势越明显。对前面章节详细介绍的所有九个世界区域使用计算公式 6.3，可得到一个城市网络腹地中不同区域趋势的概览。

表 6.2 显示了对伦敦和利兹进行世界-区域分析的结果。伦敦在不同世界区域的得分说明：它与亚太、北美地区的城市有着较强的联系，与拉丁美洲城市联系较弱，并且与欧洲的联系也相对弱。这与利兹相反，利兹与欧洲城市联系最强，也与北美的城市有较强的联系，与亚太地区城市联系则非常弱。除了表格中的结果，我们也能从雷达图中概括一个城市连接的世界-区域分布——伦敦和利兹如图 6.13a、图 6.13b 所示。在雷达图中，峰值对应着较大的 WR 正值，接近中心点的谷值则对应着较大的负值。因此可以很快识别伦敦和利兹连通性分布的区域性：伦敦与北美和亚太地区联系较强，利兹则与欧洲城市联系较强。为了进一步显示此方法的可能性，图 6.13c—图 6.13j 展示了之前小节中所讨论的城市雷达图。重要的是，每一个雷达图都为图 6.5—图 6.12 中所体现的区域地理格局提供了快速而简便的概括。例如布宜诺斯艾利斯与拉丁美洲、欧洲的联系，以及洛杉矶与北美、亚太地区的联系。

雷达图的解释能力取决于对“世界区域”的定义：例如利兹与欧洲城市的较强联系实际上是利兹与英国城市的强联系，因此其他分析方法也将是对世界-区域分析的有用补充。

表 6.2 伦敦和利兹“城市对”的世界-区域层面

	伦敦	利兹
澳大拉西亚	0.32	0.17
欧亚大陆	−0.26	−0.11
欧洲	−0.93	2.68

续 表

	伦敦	利兹
拉丁美洲	−1.03	−0.16
中东和北非	−0.25	−0.41
北美	1.28	0.46
太平洋亚洲	1.53	−1.83
南亚	0.06	−1.00
撒哈拉以南非洲	−0.72	0.20

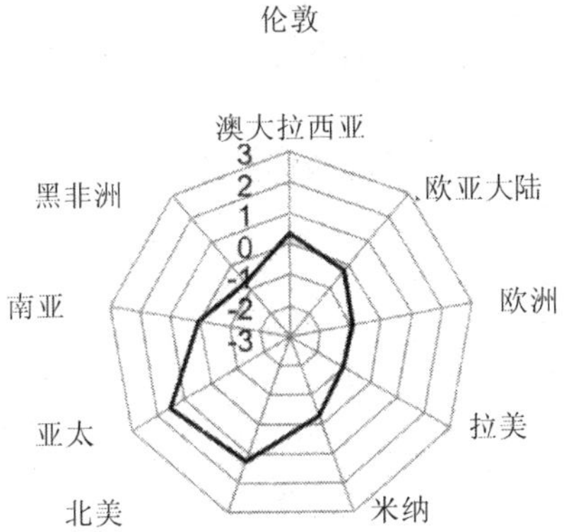

图 6.13a 城市间关系的世界－区域层面(伦敦)

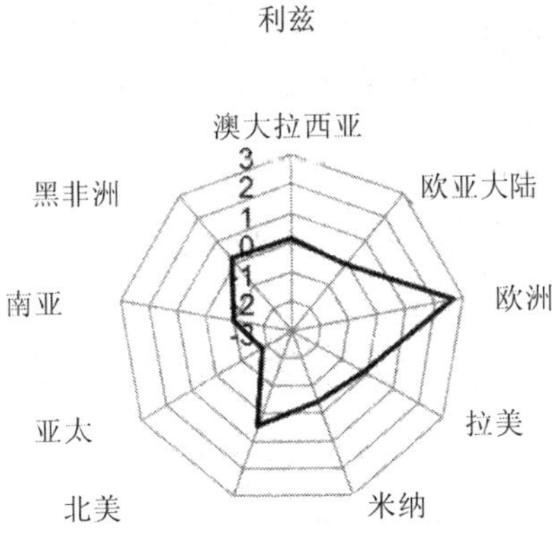

图 6.13b 城市间关系的世界－区域层面(利兹)

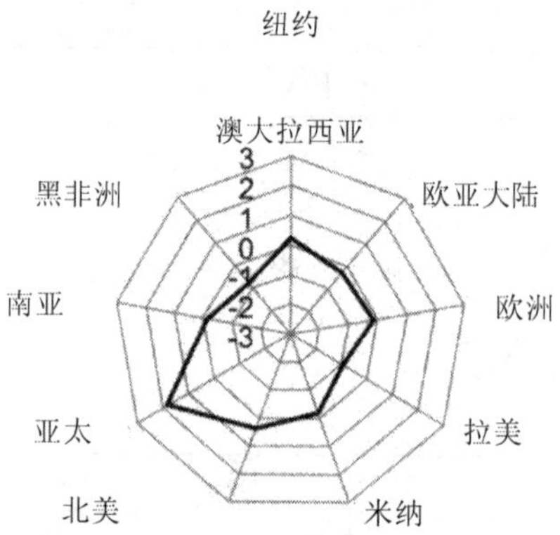

图 6.13c　城市间关系的世界-区域层面(纽约)

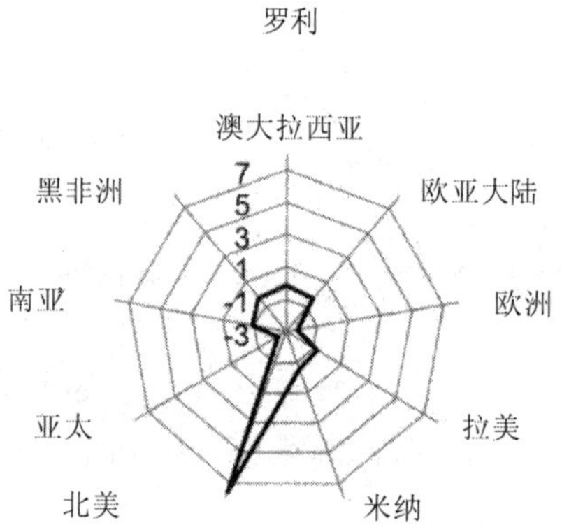

图 6.13d　城市间关系的世界-区域层面(罗利)

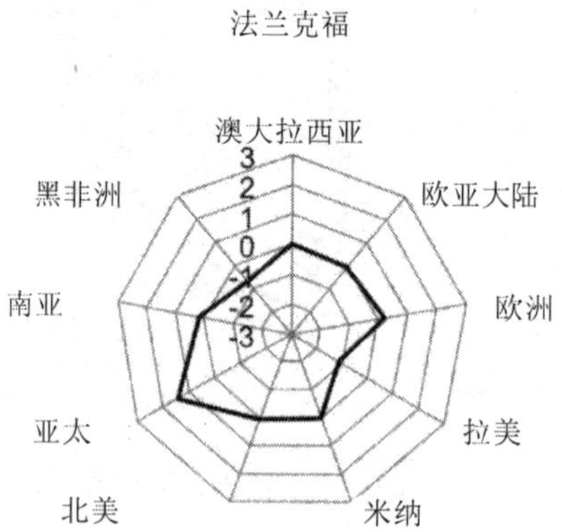

图 6.13e　城市间关系的世界-区域层面(法兰克福)

科隆

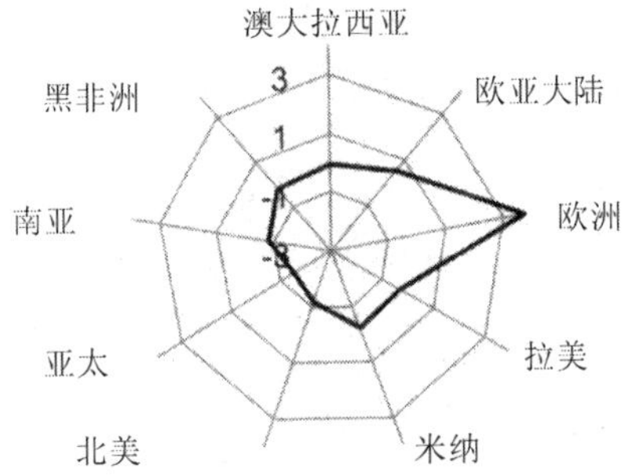

图 6.13f　城市间关系的世界-区域层面(科隆)

洛杉矶

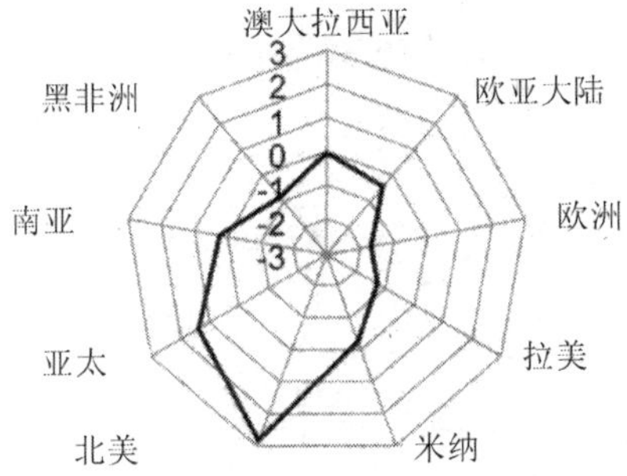

图 6.13g　城市间关系的世界-区域层面(洛杉矶)

悉尼

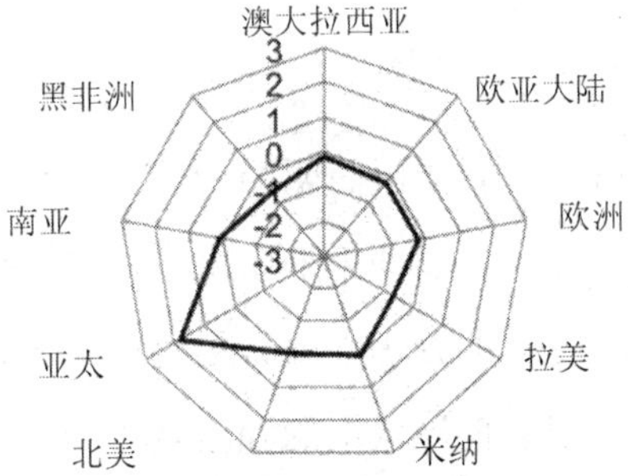

图 6.13h　城市间关系的世界-区域层面(悉尼)

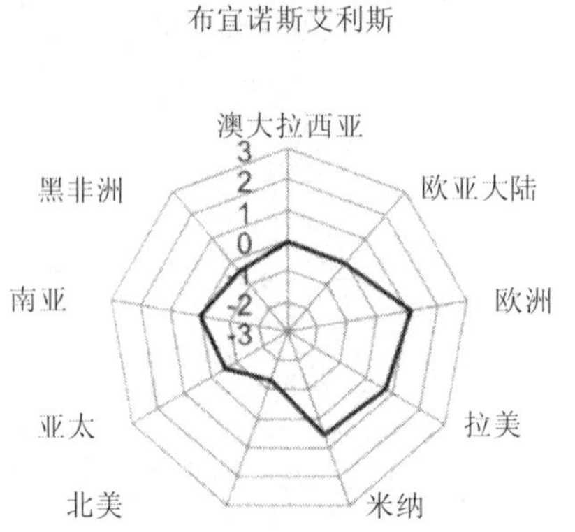

图 6.13i　城市间关系的世界-区域层面(布宜诺斯艾利斯)

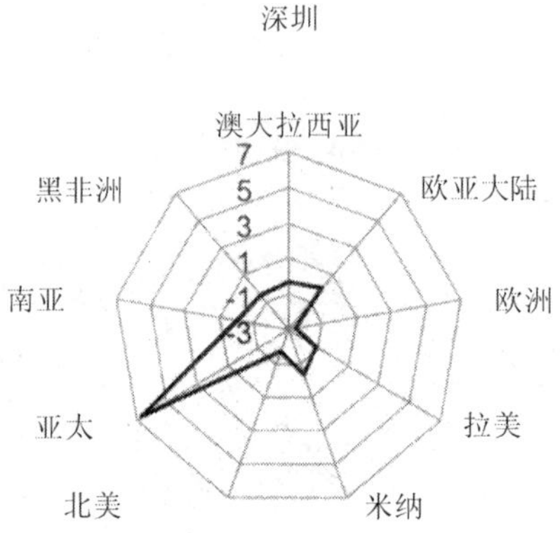

图 6.13j　城市间关系的世界-区域层面(深圳)

全球化与地方化

雷达图中显示的区域格局可以说是对之前变形地图的直接概括。但当我们开始关注其他格局,使用简明的指标而不是探索性的变形地图时,这种优势就显现出来了。这里我们将构建一个指标,用于比较一个城市的本地相对联系强度(地方化程度),更严谨地表述是与本国其他城市的联系,以及它与主要的世界城市的相对联系强度(全球化程度)。关于伦敦,我们可从图 6.1 中发现,它与全球网络连通性排名前 10 的其他城市的联系强度都在平均水平之上。而利兹则相反，平均水平以上的联系城市只有四个在全球排名前10位(其中包括了与伦敦的强联系)。我们能看到伦敦较强的全球化程度与较弱的地方化程度，但有的城市并不如此：纽约不仅与领先的世界城市有很强的联系(全球化程度)，还与美国其他城市有相对较强的联系(地方化程度)。全球化与地方化本身就为探索“城市对”的分布提供了一个有趣的窗口，但它们也可以被合成为一个考量二者之间平衡的测量：如果全球化强于地方化，一个城市的“城市对”表现为“外向型”；如果地方化强于全球化，一个城市的“城市对”则表现为“内向型”。

我们将全球化程度(Globalism)测量为：一个城市与世界上排名前10的最强联系城市的相对连通性，地方化程度(Localism)测量为：一个城市与国内其他城市的相对连通性，于是有了下面的式子[①]：

$$Globalism_a = 100 \times \left(\frac{\sum_{i=1}^{Top10} CDC_{a-i}}{\sum_{i=1}^{525} CDC_{a-i}} - \frac{\sum_{i=1}^{Top10} GNC_i}{\sum_{i=1}^{525} GNC_i} \right) \tag{6.4}$$

$$Localism_a = 100 \times \left(\frac{\sum_{i=1}^{same-country\ cities} CDC_{a-i}}{\sum_{i=1}^{525} CDC_{a-i}} - \frac{\sum_{i=1}^{same-country\ cities} GNC_i}{\sum_{i=1}^{525} GNC_i} \right) \tag{6.5}$$

此方法的解释类似于世界-区域例子中的描述：$Globalism_a$的正值或负值意味着城市a通常与主要世界城市分别有相对强或弱的联系；$Localism_a$的正值或负值意味着城市a通常与国内其他城市分别有相对强或弱的联系。另外，绝对值越大，趋势越明显。两者结合可计算城市a连通性的全球导向指数(global orientation)：

$$Global\ Orientation_a = Globalism_a - Localism \tag{6.6}$$

① 注意与之前的例子类似，不同的实证选择会得到略微不同的结果。我们可以用纽约-伦敦为基准来测量全球化，也可以用世界区域来测量地方化，但是实验结果显示在这些不同的实证设定下，我们所要表达的主要观点依然成立。

$Global\ Orientation_a$的正值意味着城市 a 的“城市对”有外向型属性,$Global\ Orientation_a$的负值意味着城市 a 的“城市对”有内向型属性。绝对值越大,趋势越明显。

表 6.3 和表 6.4 展示了我们操作名单中 152 个城市部分结果的概览。表 6.3 分别显示了全球化指数、地方化指数、全球导向指数值最大的前 10 名城市,表 6.4 显示了美国、英国和中国(包括台北和香港)的部分城市的指数值。

表 6.3 中最明显的格局是高全球网络连通性与主要世界城市强连通性(全球化指数)之间的正相关关系:考虑到后者是一个相对的测量,纽约、伦敦和新加坡的最强“城市对”都连接着其他主要的世界城市,此结果确实引人注目。上海、北京都在全球化指数的前 10 名,然而由于与国内城市的强联系,并未列在全球导向指数前 10 名。一些小国家中的城市如新加坡、迪拜、布鲁塞尔,因为与世界主要城市的强联系,以及与国内城市完全或是相对缺乏的联系,拥有着世界城市网络中最强的全球导向。在地方化指数前 10 名中,只有一个不是美国城市。表 6.4 系统地介绍了美国、英国和中国城市的得分。英国和美国表现出相似的格局,只有一个城市有很强的全球导向,其余城市都是本国导向。关于美国城市地理格局的解释,泰勒和兰(Taylor and Lang,2005)在对 2000 年左右此格局的分析中指出,美国是最大的单一专业服务市场,并且境内城市众多。这个解释得到了证实:毕竟非美国的服务公司为发展全球区位战略倾向于首先设在纽约,其他分公司根据需要分布在华盛顿特区、芝加哥、洛杉矶和旧金山。由于高昂的成本以及来自本地公司的竞争——这从美国企业产生的很强的国内联系中可以看出——这些公司一般不会再继续深入美国市场。在英国和中国也能观察到类似现象。在之前的例子中,对比十分明显——与纽约相比——伦敦完全忽视了本国的其他城市!中国的模式证实了这个测量方法,因为香港和台北在联系中是最弱的:诸种因素导致中国台北与内地城市的联系不强,香港也比较边缘化,

考虑到它们与主要世界城市的强联系，这个结果表现出非常外向型的特征。广州，尤其是深圳市，与主要世界城市有着相当强的联系，但由于很强的国内联系，因此保持着稳定的内向型特征。

表 6.3 全球前 10 名的全球化指数、地方化指数、全球导向指数

排序	全球化指数	地方化指数	全球导向指数
1	纽约	坦帕	伦敦
2	香港	夏洛特	新加坡
3	新加坡	凤凰城	巴黎
4	伦敦	西雅图	纽约
5	法兰克福	罗利	法兰克福
6	上海	巴尔的摩	迪拜
7	北京	圣路易斯	东京
8	东京	丹佛	悉尼
9	华盛顿	圣地亚哥	布鲁塞尔
10	巴黎	深圳	莫斯科

表 6.4 美国、英国、中国主要城市的全球化指数、地方化指数、全球导向指数

	全球化指数	地方化指数	全球导向指数
纽约	3.38	0.21	3.17
洛杉矶	2.22	2.73	−0.51
芝加哥	2.25	3.25	−1.00
迈阿密	1.09	2.48	−1.39
旧金山	2.16	3.97	−1.82
华盛顿	2.71	5.03	−2.32
波士顿	1.53	4.82	−3.29
休斯顿	1.62	5.30	−3.68
亚特兰大	0.94	4.65	−3.71
达拉斯	1.11	5.05	−3.94
费城	−0.18	4.79	−4.97
明尼阿波利斯	−0.81	4.27	−5.08
底特律	−0.39	4.73	−5.11

续 表

	全球化指数	地方化指数	全球导向指数
圣地亚哥	−0.59	5.77	−6.36
克利夫兰	−1.42	5.01	−6.44
丹佛	−0.59	6.07	−6.66
巴尔的摩	−0.58	6.69	−7.27
圣路易斯	−1.12	6.30	−7.42
西雅图	0.08	7.65	−7.56
凤凰城	−0.84	7.74	−8.58
罗利	−1.63	7.61	−9.25
夏洛特	−0.93	8.73	−9.66
坦帕	−0.94	8.75	−9.69
伦敦	3.06	−1.38	4.44
曼彻斯特	−0.48	0.91	−1.39
爱丁堡	−0.55	1.45	−2.00
格拉斯哥	−0.98	1.39	−2.38
伯明翰	−1.08	1.77	−2.85
利兹	−1.09	2.13	−3.22
布里斯托	−1.84	1.67	−3.51
香港	3.24	0.06	2.65
台北	1.29	−0.02	1.31
上海	2.94	1.62	1.31
北京	2.90	2.14	0.76
广州	0.76	2.47	−1.70
深圳	0.21	5.53	−5.32

• 新进展:"城市对"的分类方法

前一章的最后一部分,我们阐述了世界城市网络的文献较少用到更多较新较先进的中心性分析方法。我们解释了其中一个原因,连锁网络模型作为世界城市网络文献中的主要方法之一,制造了一个(几乎)完全连接的网络:此模型认为只要两个城市有同一个公司的分支机构,那么“城市对”就出现了。由于会计和金融服务企业地毯覆盖式的选址策略,导致几乎所有的“城市对”在我们的城市间矩阵中都是相联系的;因此网络腹地分析关注的是“城市对”之间的相对联系强度,而不是它们本身的绝对强度。

如同亨内曼和德鲁德(2014)在他们的文章中表明的,更高级的中心性分析需应用简化网络的方法。这里需对什么是一个有意义的“城市对”提出更严格的定义。例如,在网络腹地分析中,“强”联系并未从统计学角度得到正式定义。尼尔(2013b,2014)曾对该方法缺乏统计学基础感到遗憾,并随后提出了一些可替代方法来处理这个问题。这里我们讨论其中的一个,作为“城市对”分析的新进展。我们分为两步:首先,我们将阐述基本原理以及这种新方法的具体设定;其次,我们用这个方法对本章前面阐述的世界城市网络中的“城市对”进行补充分析。

选择排序法:一种新的分析方法

为了理解尼尔(2013b)“城市对”新分析方法的出发点,我们需要回顾图 6.1 和图 6.2 的网络腹地图。散点图突出了网络腹地计算的特有方法:在“强联系”与“弱联系”之间存在着大致的平衡。确实,我们研究的每个城市大约都有 75 个强“城市对”和 75 个弱“城市对”,并且对城市的连接进行排序意味着每个城市都必然会有前 10 名最强的“城市对”。在布宜诺斯艾利斯(图 6.11)的例子中,这使得雅典和华沙(分别排名第 9 和第 10)被包含进了相对较强联系的城市列表中。更简单地说,用排序法来定义网络腹地中的强“城市对”,从而与其他“城市对”进行比较,容易导致错误的设定。例如,一个城市可能有少数或没有(绝对)强联系的城市,另一个城市有很多,然而之前的分析中却会对两者都列出其“最强”的十个连接。这就需要重新思考一个“强”的“城市对”与其他“城市对”相比到底“强”在哪里:从统计学角度来定义城市之间的关联强度则是一个创新的办法。

对于连锁网络模型解释的局限性使得尼尔(2013b)提出世界城市网络中“城市对”的其他构建方法。他将强“城市对”定义为由两个以统计意义上非偶然概率而共同拥有许多不同公司的分支机构的城市组成。一个典型的例子是黎(Lai,2012)对中国世界城市形成的定性研究。她在研究中指出,上海和北京之间存在专业分工(上海是中国大陆国际贸易的门户城市,北京是一个对经济有着较强规管的国家的首都)。因此生产者服务业公司一般都会同时出现在中国大陆的这两个城市,从而使上海和北京之间成为“强”联系“城市对”:在上海有分支机构的公司往往也会在北京有办事处(反之亦然),从而在两个城市之间形成较强的联系。这个模式确实在我们的数据中出现过:在北京网络腹地中,上海排名第三,位于深圳和香港之后。在上海网络腹地中,北京排名第三,位于新加坡和深圳之后。但我们所有城市都有前三名的强关联,这就很难比较北京和上海之间的连通性与世界城市网络中其他“城市对”连通性的相对强度:我们的网络腹地分析排除了全球网络连通性对“城市对”的影响,但是却无法比较世界城市网络中“城市对”的相对“统计”强度。

所以这里的问题是如何在世界城市网络中选出统计学意义上更重要的“城市对”。尼尔(2013b)的解决方法是在给定的概率下,设定可以被认为是企业非随机选择(sorting)的城市而产生“城市对”的联系水平。黎(2012)观察到生产者服务业公司几乎在北京和上海都有一个主要办事处,这就是一个“选择”过程的例子。从区域上来看,城市专业中心的联系、主要世界城市间的强联系等,是“选择”方法的其他例子。重要的是,在尼尔(2013b)的方法中,这些模式被认为是假说,需要进行统计验证。

为了简化,尼尔(2013b)提出应首先将原数据简化为简单的二进制数据。因此转换后的服务值矩阵 V 仅仅反映了某个城市中的一个公司是否出现(1) 和缺失(0),因此城市 a 的城市服务值 C_a 简单地成为了城市 a 中公司的数量,而 CDC_{a-b} 是在城市 a 与 b 中均有办事处的公司数量。为了得到二进制值 V,有一个关键问题:在一个特定城市中,公司的服务值要有多大才能表示其“存在”? 对此问题的不同答案,意味着对于城市相互作用中什么是最重要的有不同的理解,并将产生不同的结果。我们这里采用尼尔(2013b)的做法,如果一个公司在某个城市有服务值至少为 3 的办事处,则认为这个公司在这个城市记录为“存在”。这样的做法将使我们关注一个企业当中最重要的地点和分支机构如总部功能、多个办事处、专门办公室等。在最终解释结果的时候,这些假设与实证选择也应该被纳入考虑。

对于“非随机性“的定义需要考虑两个重要参数:城市容纳公司的能力以及有多少企业将会选择进入不同的城市。首先,每个城市都有一定的容量 C 来作为公司分支机构的服务场地。一些城市如纽约、伦敦等能容纳很多公司,而其他城市如罗利和利兹只能容纳少量的公司。第二,世界城市网络包含有限数量的生产者服务业公司 N,这些企业将选择进入到不同的城市中。当这两个变量被确定,对于区分城市间的联系是来自随机还是非随机的分类过程,就可被认为是概率问题:如果 N 公司中的 C_i 公司是随机分入城市 i 的,并且 C_j 是随机分入城市 j 的,那么通过连锁网络模型评估的城市 i 与城市 j 之间的联系大于 X 的概率是多少?此问题可通过以下的累积分布函数来解答:

$$1-\int_0^X \frac{\begin{pmatrix}N\\X\end{pmatrix}\begin{pmatrix}N-X\\C_i-X\end{pmatrix}\begin{pmatrix}N-C_i\\C_j-X\end{pmatrix}}{\begin{pmatrix}N\\C_i\end{pmatrix}\begin{pmatrix}N\\C_j\end{pmatrix}} \tag{6.7}$$

此方程由一系列二项式系数得到,以下形式:

$$\left(\frac{A}{B}\right) \tag{6.8}$$

这式子读作“A 选 B”,表示可以从一个总体 A 中选出大小为 B 的子集可能的方式数量。在这个例子中,分母表示 N 个公司中 C_i 个公司选择

进入城市 i 的所有方式数量，以及 N 个公司中 C_j 个公司选择分入城市 j 的所有方式数量总和。分子表示如果 N 个公司中 C_i 个公司分入城市 i，N 个公司中 C_j 个公司分入城市 j，它们共同含有 X 个公司的方式数量。因此整个分数的意义是：如果公司选择进入不同城市的过程是随机的，那么在考虑各自城市对于公司的容量 C_i、C_j 和公司总数 N 的情况下，有 X 个公司在城市 i 和城市 j 都出现的概率是多少。通过计算所有理论上的 X 值（在我们的例子中从 0 到 175）对应的概率，我们将得到实际观测到的 X 值的对应可能性。

在这里我们用北京和上海的例子来说明。在我们的数据中，之前介绍的累积分布函数的三个变量分别是：$N=175$，$C_{Shanghai}=61$，$C_{Beijing}=48$，观测值 $X=33$。换句话说，（我们的数据集中）选取的被认为是形成世界城市网络的 175 个公司中，有 61 个和 48 个公司分别在北京和上海有分支机构，其中有 33 家公司在两个城市中都有分布。图 6.14 展示了（根据 N 和 C 值）所有可能的 X 值对应的累计分布函数值，并且表示了（在随机的假设下）通过连锁模型而得到一个大于实际观测值 33 的北京和上海之间联系强度（用垂直的虚线表示）的概率。图 6.14 说明，考虑到上海和北京容纳企业的能力，如果我们选取的全球化生产者服务业公司是随机选择城市开设分支机构，那么从统计意义上来说，将会有 10—22 个公司共同出现在这两个城市。显然这里的情况并非如此：有 33 家公司选择在北京和上海均设立分支机构，而如果根据我们之前的假设，从统计学角度来说基本不可能（出现此情况的可能性几乎为 0）。这意味着企业选择在这两个城市布局不是随机的，也就是如黎（2012）所说的两个城市之间的分工与联系是有实际意义的。重要的是，并非所有在网络腹地分析中的“强关联”都会被这种方法识别为强联系。另一方面，对于其他（未被网络腹地分析识别为强联系的）城市，可能有很多这种统计学上显著的关联，因此这种方法可以作为我们之前介绍方法的补充。在本章最后一小节中，我们将系统地对 2012 年数据应用此方法进行分析。

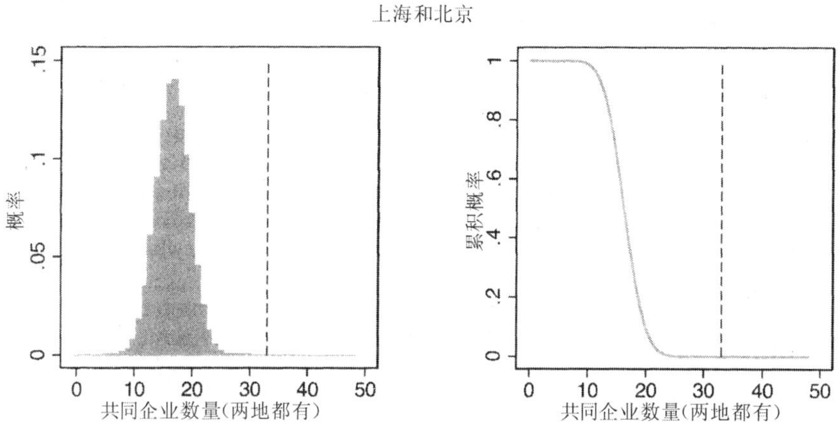

图 6.14　上海-北京“城市对”的选择排序过程

世界城市网络中显著的“城市对”

尼尔(2013b)在 Stata 统计软件平台中编写了一个程序来实现之前所述的统计方法。这个 ONEMODE 程序可通过在 Stata 命令中输入“ssc install onemode”下载并安装。图 6.15 展示了对 2012 年数据进行选择分类分析的结果。在图中,只显示了显著水平 $\alpha=1E-06$ 的“城市对”。α 值如此精确主要有两方面原因:第一,是为了展示方法的目的,我们只要描绘那些可能代表特别“强选择”过程的“城市对”:在两个城市中,有非常系统化的共同存在的生产者服务公司的主要办事处;第二,我们之所以需要采用严格的统计精度,是因为数据特性当中存在可能影响统计显著性的偏向。在我们所收集的数据中,第二层级的城市往往有少量或几乎没有法律或咨询管理行业的公司,但几乎拥有了所有主要的会计事务所及金融服务公司。对于后者这种用地毯覆盖式选址布局的公司,我们在区分公司的种类/大小上做了很多努力,由此得出数据中这类公司往往有很多服务值为 3 的分支。这样的结果就是:对于那些只有十几个公司的主要办事机构的城市(也就是说这些城市既不是连通性最强的，也不是最弱的）往往聚集同一组公司的办事机构，例如普华永道、毕马威等。在选择分类法中，这种情况往往导致统计学显著水平的偏差，所以需要用非常严格的 α 值来确定一个可信的分类方法。

图 6.15 的世界城市网络中，有 67 个统计意义上显著的“城市对”。首先应注意的是仅有相当少的城市出现在这个描述中：网络腹地分析显示了城市之间网络连接的相对强度，但我们这里显示的是统计意义上“更强”的那些连接。有趣的是，之前分析识别出的世界城市网络中主要的联系在当前分析中依然在统计意义上显著。比如，纽约-伦敦-香港之间的铁三角，以及北京-上海之间的强联系都在这一分析中得到了体现。总的来说，主要的区域模式在这里也出现了。例如，识别出来的网络中，关于网络主体独立的部分往往由非常密集的区域或是国家的联系组成：布达珀斯与布加勒斯特、伯明翰与曼彻斯特，以及旧金山/芝加哥和洛杉矶之间的强联系。这幅图的其他部分再次出现了这种强区域性，如米兰、维也纳与布拉格、墨尔本与悉尼、阿姆斯特丹/布鲁塞尔与巴黎、莫斯科与华沙、布宜诺斯艾利斯/墨西哥城与圣保罗（还有再次出现的马德里）等城市间显著的联系。

图 6.15 最有趣的特点是在“区域总部中心”之间的跨地区强联系，例如迪拜、孟买、新加坡、约翰内斯堡、米兰和莫斯科，这些是有着我们这里识别的“超强联系”数量最多的城市，并且趋向于互相紧密联系。从理论上说，这个实证结果指向那些全球化的生产者服务业公司，这些公司往往在这些城市布局中有重要的分支机构（区域总部、多功能办公室、有专业人员的办公室等等）。因此莫斯科与其他一系列城市的服务联系要强于那种主要依靠办事处数量而形成的联系：在莫斯科有重要布局的公司，在迪拜、孟买、圣保罗也会有较强的存在，并以此来促进所需的高质量服务。这样的格局往往隐藏在连锁网络模型的“强制联系”方法中，但将加强我们对世界城市网络地域性的理解。

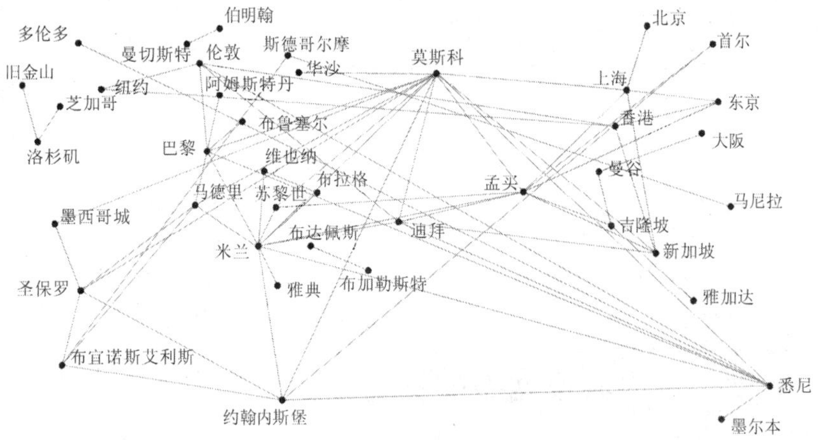

图 6.15　选择排序法所生成的世界城市网络

与其他测量全球城市间关系的新方法一样，这里介绍的新分析方法（包括 Neal[2014]、Hennemann 和 Derudder[2014]提到的其他替代方法的发展）提出了世界城市网络分析中应当沿袭哪条实证主义道路的问题。然而，尼尔（2013b：1286）强调这不应该被理解成简单的选择与偏好问题。他认为没有观点是“正确”的。

> 然而，它们为理解城市如何参与网络构建以及网络所使用的结构提供了不同的、潜在的补充性方法。同时思考这两种不同的观点和它们所隐含的网络设定，将有助于我们借鉴二者的长处。

这也是我们对此问题的立场。

第七章　世界城市网络的格局

- **由生产者服务业企业构建的新的世界区域地理**

  当代全球化的区域地理

  关键格局：作为一种数据简化策略的主成分分析

  四种地理格局

- **“城市对”形成的广泛的和集中的全球化**

  广泛的全球化和集中的全球化

  世界城市网络中的美国城市

- **新进展：世界城市网络的可视化**

  当代的“世界地图”

  密集空间网络的可视化

虽然跨国公司是全球化的急先锋，但当我们考虑到跨国公司活动的地理格局时，就会发现它们的活动其实更多体现了区域化而非全球化。

(McCann and Acs，2011：25—26)

在前两章中，我们通过网络的两种主要组成部分研究了世界城市网络：网络的节点（城市）和联系（城市对）。但仍有第三种研究世界城市网络的实证视角：研究世界城市网络的总体格局（configuration）。我们之前的部分分析已经展现出世界城市网络中的等级性、区域性和功能性的一面。但之前的分析我们仅仅关注部分的城市和“城市对”，缺少对整体的等级、区域和功能等格局的系统评价。本章我们将揭示和讨论世界城市网络中的主要格局，并思考它们是如何增进我们对当代全球化的理解的。

本章由三节组成。在第一节中，我们系统性地考量世界城市网络中的等级、区域和功能的趋势。为此，我们将主成分分析运用到了我们所关注的152个城市中，并根据结果来讨论由高级生产者服务业企业日常活动构建的世界城市网络中的区域地理。在第二节中，我们对所关注的城市之间的联系进行了一个类似的不同行业尺度的分析。这有助于讨论另一种格局：我们认为在世界城市网络中存在两种不同的全球化——广泛的和集中的。随后我们将利用这一观点来解释除了纽约、芝加哥和洛杉矶之外的美国城市较低的全球连通性。在第三节中，我们探索了将网络大数据可视化的新进展应用到世界城市网络可视化中的可能性。增强的可视化使得我们能够更有力地表达世界城市网络中的各种格局，而这也成了相关文献中一个令人兴奋的新方向。

• 由生产者服务业企业构建的新的世界区域地理

在本节中我们将揭示在生产者服务业企业的选址实践中产生的世界区域地理。这些区域地理是我们将要讨论的世界城市网络格局的一部分。这里的分析本质上是重复之前的分析，当时应用的是2000年和2010年的数据集（Taylor et al，2002；2013）。这里我们用了最近的2012年的数据集；得出的结果和之前的研究有明显的连续性，并提供了更多详细信息。而不同年份数据所披露的格局变化则是下一章的主题。

在接下来的第一小节主要介绍我们当前的研究在有关(新)区域地理文献中的地位。第二小节则概述了我们所采用的实证方法:运用主成分分析作为探索性的数据简化方法,并以此揭示生产者服务业企业所追求的主要策略。在第三小节我们详细讨论了主成分分析所识别出的17个重要策略。我们将不同城市和企业分别对应到这些策略上面,并研究哪些总部城市对策略的形成起到了关键作用。

当代全球化的区域地理

地理学传统上因为帝国统治和教学的需要将世界划分为不同区域,这样的世界区域观念现在仍然是地理教材的一个重要特征。然而,除了路易斯和威根(Lewis and Wigen,1997)批判性地使用"大陆"来构建全球对话是落伍的之外,几乎没有现代全球化语境下的世界区域化(regionalization)这一概念的辩证思考。阿格纽(Agnew,2013:7)最近对这一现象做出了解释,他假设了一个悖论,就是当代全球化使得全球尺度的区域概念变得不那么重要。阿格纽准确地指出全球化中的区域研究更多关注以城市为基础的中观尺度的"区域"(例如 Scott,1998;Amin,2004;Florida,2008),但是这不能排除在全球尺度上研究区域化。因此我们通过关注高级生产者服务业企业和它们的办公网络来回应阿格纽所提出的悖论。

经济地理和区域研究方面有关全球化中经济活动的文献指出:虽然有全球化的趋势,但大部分经济活动仍有明显的区域尺度的特征。举例来说,鲁格曼(Rugman,2005)和赫加齐(Hejazi,2009)证明了世界上大多数大型跨国企业实际上是大型的"区域性跨国公司"。我们之前的分析已经指出了区域性在高级生产者服务业企业办公网络中的重要性。因此我们在此研究的具体的经济全球化过程,即世界城市网络的形成过程,并不支持如弗里德曼(2005)"世界是平的"等全面的全球化进程的观点。但是我们的分析也不支持佛罗里达(Florida,2008)用来回击弗里德曼的观点而提出的“世界是尖的”。我们的分析认为世界比佛罗里达提出的更加具有全球有序性:在之前章节的结论中已经显示出新的世界区域地理是为了满足多样化的服务需求而产生的。

在日常工作开展的过程中,许多生产者服务业企业制订了自己的(选址)策略,而这些(选址)策略催生了新的区域格局。显然我们研究的这些企业并不一定要制订区域策略,但是我们确实可以从它们的选址策略中识别出区域格局。主要的高级生产者服务业企业采用在全球范围内的主要城市设立分公司来服务顾客的选址策略,从而回应并影响经济全球化。从空间上看,它们是网络的创造者而不是区域的构建者,但是它们为全球资本服务过程中所创建的世界城市网络反映了其服务市场的不均衡以及各个企业来源的区域特征,从而产生了由生产者服务业企业构建的新的世界区域地理。这里我们会更加系统地揭示这些区域格局的主要特征,并把它们解释为空间组织的一种形式,即“世界区域”。

正如我们将要看到的,要说这种“世界区域”的地理格局非常复杂,一点也不夸张。它包含的世界区域并不具有明确的地域界线,而是包含了不少似乎和总体趋势不符的跨区域的延伸。此外,虽然区域性的趋势在世界城市网络格局中最为突出,但仍有其他的趋势与区域性共存,并使得整体格局更为复杂。这里主要包括了等级趋势和功能格局。例如,在之前的章节中,等级趋势体现在两个重要城市(例如,纽约-伦敦“城市对”的绝对和相对连接强度)之间的强联系,而功能格局则被认为是立法中心(如北京-布鲁塞尔-华盛顿)和专门化的金融中心(如深圳-日内瓦-卢森堡)之间的强连接。

复杂的世界区域的地理格局兼具等级趋势和功能格局,这一概念与其他尺度的关于区域过程的本质辩论十分相关。这些辩论由多琳·马西(Doreen Massey,1979,1993;Allen et al,1998)和安西·帕西(Anssi Paasi,1986)首次提出。阿格纽(2013)提供了关键问题的最新综述。过去对区域进行划定的实证分析,在很大程度上将区域化等同于分类,从而形成一种简单的、镶嵌式的地理区域格局的整齐划分。这种注重绝对边界的传统观点受到了关注关系研究视角的质疑(Jonas,2012;Harrison,2013),如阿明(Amin,2004)就认为"区域无边界"。我们这个动态世界内在的混乱和复杂正在被意识到并被重视,因此我们跟随这一转变来识别"无边界的世界区域"。但我们认识到需要平衡地方/固定性和流/关系(Passi,2004:542;Jones,2009:488)。尤其是根据卡斯特尔(1996)的社会空间理论,我们认为边界既模糊又可渗透,前者是从"地方空间"的角度,后者是从"流动空间"的角度。这些预期与我们之前在地理格局中找到的大量重叠性大体一致。这些重叠需要我们认识到一个新的概念领域:我们发现不仅区域边界是模糊多孔可渗透的,区域中心同样也是模糊可渗透的;同时区域边界经常被特定的功能格局所挑战并被跨越。幸运的是,这种重叠性有一些稳定的特点,这有助于我们对此进行解释。

为了理解这种极端重叠性,我们设定了一个自定义的区域架构,它包括两部分:主体区域和全球延伸。区域化的推动者,即高级生产者服务业企业,通常有它们的原产地和总部所在地,并通过代表它们全球化策略的遍布全球的分公司来提供服务。为了描述这种"主客场"地理,我们引入以下的定义:

1. 主体区域的概念相对简单。我们定义发源区域为地理上一组集中的城市,这些城市中有着类似的一组生产者服务业企业的集合。然而,很重要的一点是,不能将这些区域看作是类似城市组合而成的同质化空间。有一些城市虽然空间上在发源区域内,却并不是相应区域构成的一部分,因为它们在区域中没有占主导地位的服务业企业。

2. 全球延伸由发源区域外的城市构成,而这些城市有着与发源区域类似的生产者服务业企业组合。几乎所有我们识别出的发源区域都有全球延伸。

关键格局:作为一种数据简化策略的主成分分析

为了揭示世界城市网络的关键格局,我们采用了主成分分析法(PCA)来分析我们所选取的 152 个城市和 175 个企业。主成分分析法是简化数据的一种方法,它通过将相似变量重新组合成新的共同变量——主成分——从而使一个大的数据矩阵变小来精简数据。将这一方法运用到服务值矩阵中,变量是企业的选址策略,而主成分则代表了具有相似的跨城市办公网络地理的企业群构成的共同选址策略。在数据集很大的情况下,总会有企业有独特的选址策略,因而找不到和它相似的企业;这些企业在任何共同选址策略中都不会体现得很明显。因此主成分分析通常会将数据分成两部分来解释:一部分用来定义主要的共同选址策略,另一部分则用来定义特殊的选址策略。这个方法主要侧重于前者,希望用少量的主成分就可以解释数据矩阵的大多数变量。因此我们将主成分分析视为从大量数据集中挖掘出共性的简化工具,更为具体地说,是我们将利用主成分分析从 152 个主要世界城市中的 175 个高级生产者服务业企业办公网络中找出共同的选址策略。

在主成分分析中,我们主要关注以下三部分关键信息:

1. 主成分/选址策略的重要性。在主成分分析中,各个成分是根据其在数据中“重要性”的大小次序提取出来的,包含信息越多、方差越大的成分则“重要性”越强。我们这里主要关注最重要的主成分。

2. 将具体企业和选址策略联系起来。主成分载荷(loading)给出了一个企业办公网络和主成分/策略之间的关联度。和相关变量一样,载荷值的范围从+1.0 到−1.0。我们这里主要关注主成分载荷是正值且较高的企业。我们将那些载荷值超过 0.4 的企业挑选出来，并认为它们组成了对应的共同选址策略。

3. 将具体城市和选址策略联系起来。每个城市在主成分/策略上的重要性由主成分得分判定。主成分得分是标准化后的变量；这意味着它们的平均值为 0，有较高分值的城市表示在一个给定的主成分/策略中是比较重要的。得分高于 0.5 的城市则被认为与对应的选址策略关联。但是我们为了对结果进行更好的可视化，将会区别高分值和低分值并将重点放在前者。

为了保证清楚定义主成分即“单一结构”(Rummel，1970：376—381)，我们采用了方差极大旋转。我们从数据中提取出了 17 个主成分，定义了 17 种不同的区位选址策略。将 175 个企业各自的选址策略归类成 17 个共同策略，统计上证明是相当成功的：这些主成分集中包含了原始数据中 66%以上的方差。在统计学上，这是一个非常好的精简结果——这意味着即使将数据量减少 90%多(即从 175 列减少到 17 列)，仍有超过三分之二的信息被保留下来。我们将这 17 种共同的选址策略解释为世界区域地理。

在描述具体结果之前，我们在主成分分析方法里又新添了一种方法来增强我们的解释。除了每个城市的主成分得分可以用于描述选址决策的地理格局，这里还有第二种地理格局：决定选址策略决策过程的地理格局。这来自于那些对主成分有贡献的企业总部所在的位置。由载荷值确定权重并将所有城市的统计叠加，这就提供了一个研究每种选址策略对应总部功能的方法。那些在合计中分值超过 0.5 的城市被选定为总部/控制中心城市，被用来识别 17 个共同策略。

四种地理格局

表 7.1 呈现了 17 个主成分的总结。对于每一个成分，我们列出了对

应的可解释方差的百分比，最高主成分载荷和主成分得分的城市/企业，还有最高总部得分的城市。结合表7.2和图7.1—图7.17，这份总结大致展现了世界城市网络的关键格局。表7.2呈现了主成分载荷超过0.4的一个概述。图7.1—图7.17通过将主成分得分超过0.5的城市在我们的变形地图上标示出来，用于阐释主成分的地理格局；总部城市的对应矩形外框加粗。基于这些信息，我们给每一个主成分附上了标签。

如表7.1所显示的，主成分分析的结果一般按照主成分重要性的递减顺序而加以讨论。然而，为了更好地表达我们的观点，我们选择性地围绕一般格局组织了讨论结果，因此为了便于讨论，对图的顺序进行了调整——并在必要时我们会回过来参考表7.1、表7.2。这17个主成分的格局大致归为四类：

1. 由长期的世界经济核心产生的行业地理。这一组包括的四个主成分很明显缺少一个明确的主体区域。但因为总部一般设立在长期的世界经济核心(美国和西欧)，所以这些主成分里有体现发源区域的一面。这类地理分布主要由行业的特殊性所驱使：广告、法律、金融服务和管理咨询因各自的区位选址策略而具有不同的特征，不能被简单地视为其他主成分中的一种全球-区域格局。这些行业特殊性反过来导致了略微不同的主体区域和差异明显的全球地理延伸。

2. 美洲。这里有五个主成分集中在美洲，其中的三个主成分有一个广泛的主体区域：一个延伸广泛的北美成分，一个加拿大成分，一个拉丁美洲成分。从可解释方差的百分比中可看出后两个区域在世界经济中的重要性相对较小，这明显反映出这两个区域对决策产生有影响的企业较少。第四和第五个主成分更加特殊，分别反映了设立在芝加哥和亚特兰大的总部服务业企业。

3. 亚洲。这里有四个亚洲的主成分：一个相对宽广的亚太成分，一个在空间上较集中的中国成分，一个澳大拉西亚成分，还有一个印度成分。同样，从解释方差来看，也是后两个成分在世界经济中的重要性比较小。而且，这两者的主体区域概念也有一定的问题，因为伦敦在产生这些地理格局中起着重要作用。

4. 欧洲。最后有四个欧洲的主成分：它们是德国、英国、斯堪的纳维亚，还有东欧的策略，后两个较为突出，因为这种地理格局是从主体区域之外产生的——总部设立在米兰和维也纳的企业产生了这些策略，形成了区域（的中心）——就像印度和澳大拉西亚一样——变得模糊和可渗透。

在这节的余下部分，通过参考表 7.1、表 7.2 和图 7.1—图 7.17，我们将会更加详细地讨论这些主成分。

表 7.1 主要策略及其控制中心城市

成分	标签	可解释方差的百分值（%）	最高主成分载荷	最高主成分得分	最高总部得分
1	广告业	28.47	奥美	纽约	纽约
2	法律业	7.20	年利达律师事务所	华盛顿	伦敦
3	北美	4.58	法戈	西雅图	纽约
4	中国	3.23	恒生银行	上海	北京
5	金融业	2.70	法国巴黎银行	日内瓦	苏黎世
6	澳大利亚	2.48	西太平洋银行	墨尔本	悉尼
7	管理咨询业	2.18	健康提升责任有限公司	波士顿	波士顿
8	芝加哥	1.98	剑桥集团	芝加哥	芝加哥
9	北欧	1.94	丹斯克银行	斯德哥尔摩	斯德哥尔摩

续表

成分	标签	可解释方差的百分值(%)	最高主成分载荷	最高主成分得分	最高总部得分
10	印度	1.85	战略决策小组	伦敦	伦敦
11	拉丁美洲	1.75	Banco Itaú	圣保罗	圣保罗
12	亚特兰大	1.64	太阳信托	亚特兰大	亚特兰大
13	德国	1.56	史蒂夫·莫希·莫希	科隆	科隆
14	太平洋亚洲	1.33	热线	东京	东京
15	加拿大	1.27	加拿大帝国商业银行	多伦多	多伦多
16	英国	1.21	哈利法克斯	利兹	利兹
17	前东部国家	1.19	ERSTE 银行	维也纳	维也纳

表 7.2　产生主要策略的公司(主成分载荷)

广告业		法律业	
企业	载荷	企业	载荷
奥美	0.79	年利达律师事务所	0.75
DDB 广告公司	0.78	富尔德律师事务所	0.75
葛瑞广告	0.77	霍金豪森律师事务所	0.75
麦肯	0.75	佳利律师事务所	0.74
李奥贝纳广告	0.75	瑞生国际律师事务所	0.74
博达大桥国际广告传媒有限公司	0.72	安理律师事务所	0.74
上奇广告	0.71	高伟绅律师事务所	0.72
黄禾广告	0.70	美国苏利文·克伦威尔律师事务所	0.68
扬雅广告公司	0.70	伟凯律师事务所	0.67
智威汤逊	0.68	世达律师事务所	0.64

续 表

广告业		法律业	
企业	载荷	企业	载荷
睿狮广告公司	0.68	吉普森,邓恩 & 克拉彻律师事务所	0.64
哈瓦斯通讯社	0.66	维尔律师事务所	0.62
TBWA 广告	0.66	众达律师事务所	0.62
益普索	0.62	孖士打律师行	0.59
阳狮广告	0.60	威尔默卡特勒皮克林黑尔和道有限合伙公司	0.58
VISA	0.58	摩根路易斯律师事务所	0.55
电通	0.57	盛德律师事务所	0.52
美国运通	0.51	高盖茨律师事务所	0.50
国富浩华国际	0.51	史密夫·菲尔律师事务所	0.48
万事达卡	0.48	欧华律师事务所	0.48
普华永道	0.41	诺顿罗氏集团	0.46
花旗银行	0.41	科尔伯格-克拉维斯	0.46
科尔尼	0.40	凯易律师	0.45
		Censeo Consulting Group	0.42
		贝克·麦坚时律师事务所	0.42
		荷兰合作银行	0.42
		奥纬咨询公司	0.41

北美		中国	
企业	载荷	企业	载荷
富国银行	0.78	恒生银行	0.92
美国银行	0.72	中国花旗银行	0.90
加拿大皇家银行	0.71	上海浦东发展银行	0.90
Ameriprise 金融公司	0.70	分众传媒	0.89
明德精算咨询公司	0.69	商业抵押担保证券	0.89

续 表

北美		中国	
企业	载荷	企业	载荷
拉玛广告公司	0.68	招商银行	0.79
奥迈企业顾问公司	0.66	交通银行	0.70
纽约梅隆服务	0.66	中国农业银行	0.66
美国合众银行	0.64	星展银行	0.55
瑞银集团	0.62	中国建设银行	0.53
贝莱德	0.61	中国银行	0.45
满地可银行	0.60		
Point B	0.58		
格林伯格特劳里格	0.55		
大通银行	0.54		
摩根大通公司	0.52		
埃森哲	0.51		
高盛	0.51		
高盖茨	0.49		
PNC 金融服务集团	0.45		
道明银行	0.43		
摩根路易斯律师事务所	0.43		
Clear Channel International	0.41		
美国众达律师事务所	0.40		
金融服务业		**澳大拉西亚**	
企业	**载荷**	**企业**	**载荷**
法国巴黎银行	0.67	西太平洋银行	0.88
法国东方汇理银行	0.59	澳大利亚联邦银行	0.87
德意志银行	0.55	澳大利亚国民银行	0.84
汇丰银行	0.55	澳新银行	0.79

续 表

金融服务业		澳大拉西亚	
企业	载荷	企业	载荷
花旗银行	0.54	史密夫·菲尔律师事务所	0.58
摩根大通	0.47		
巴克莱银行	0.46		
渣打银行(香港)	0.45		
麦肯锡	0.45		
苏格兰皇家银行	0.44		
瑞信银行	0.43		
荷兰国际银行	0.42		
摩根士丹利	0.42		
日本野村控股公司	0.40		

管理咨询业		芝加哥	
企业	载荷	企业	载荷
健康提升责任有限公司	0.84	剑桥集团	0.86
美国国际集团	0.80	Strategos	0.53
安诺析思国际咨询	0.71	凯易公司	0.53
基石研究咨询公司	0.66	Novantas LLC	0.46
Censeo Consulting Group	0.61	孖士打律师行	0.43
威尔默卡特勒皮克林黑尔和道有限合伙公司	0.54	致盛咨询	0.42
美世咨询公司	0.50	West Monroe Partners	0.42
Novantas LLC	0.44		

北欧		印度	
企业	载荷	企业	载荷
丹麦银行	0.92	战略决策小组	0.76
北欧银行	0.89	OC&C Strategy Consultants	0.68
挪威银行公共有限公司	0.79	美世咨询公司	0.52

续 表

拉丁美洲		亚特兰大	
企业	载荷	企业	载荷
伊陶银行	0.87	太阳信托	0.87
巴西银行	0.74	BB&T	0.79
巴西布拉德斯科银行	0.50	Jabian Consulting	0.71
桑坦德银行	0.41	PNC 金融服务集团	0.41
德国		**太平洋亚洲**	
企业	载荷	企业	载荷
STROER	0.85	Moshi Moshi Hotline	0.85
德国商业银行	0.57	三井住友金融集团	0.52
CMS Legal Services	0.50	瑞穗金融集团	0.48
加拿大		**英国**	
企业	载荷	企业	载荷
加拿大帝国商业银行	0.68	哈利法克斯	0.80
美国道富银行	0.49	劳埃德银行集团	0.76
满地可银行	0.44	巴克莱银行	0.42
加拿大皇家银行	0.42		
前东部国家			
企业	载荷		
奥地利第一储蓄银行	0.85		
裕信银行	0.70		
兴业银行	0.48		

- 由长期的世界经济核心产生的行业地理

法律(7.2%,图 7.1)和广告(28.5%,图 7.2)主成分是我们分析中最重要的两部分。表 7.2 中所记录的两个主成分中载荷值最高的企业使得这两个主成分的命名变得简单明了。我们可以看到这两个主成分中排名前 10 的企业分别来自法律和广告业。法律成分的地理格局比广告成分的更为集中，这体现在两个方面：这里所涉及的城市较少(24 个城市对比 61 个城市)，但同时这些城市大多数得分却很高(法律主成分中有七个城市的主成分得分超过 2，而广告主成分仅有两个城市如此)。意料之中的是，城市载荷值的地理格局和第五章里讨论的行业地理格局相似。这表明对广告业而言，除了总部所在的城市，美国和西欧城市并没有很好地得到体现。在长期的核心之外，还有很多其他的存在推动着全球区位策略的形成。这些存在通常是国家媒体中心，尤其在国家的首位城市中体现得明显——确实从图 7.2 上也很难找出次重要城市。法律的地理格局，也在制定法律法规的城市中高度集中，比较明显的例子包括华盛顿、巴黎、布鲁塞尔和北京。

金融服务(2.7％，图 7.3)和管理咨询(2.2％，图 7.4)成分解释了原始数据中较少的方差。金融服务成分在它对应的城市里并没有明确的主体区域，但是也反映出一定的区域性：产生金融服务成分的企业总部一般在欧洲的各个专业银行中心(爱丁堡、苏黎世、阿姆斯特丹、法兰克

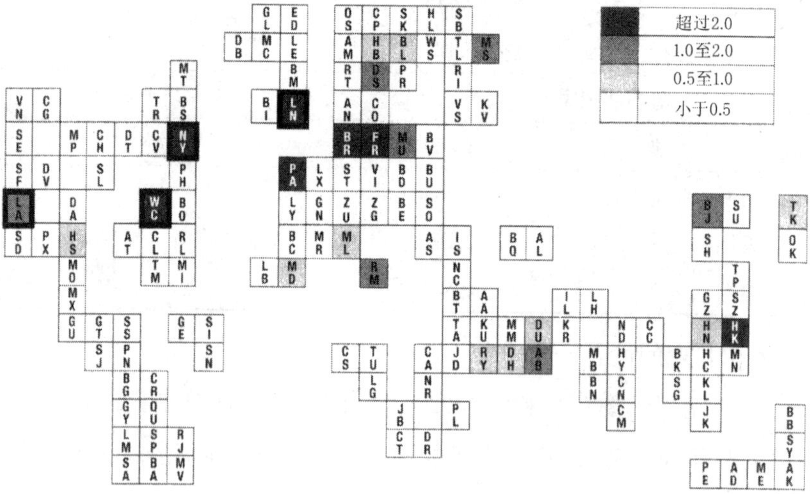

图 7.1　主成分得分和法律主成分的控制中心城市。城市代码与图 5.1 相同

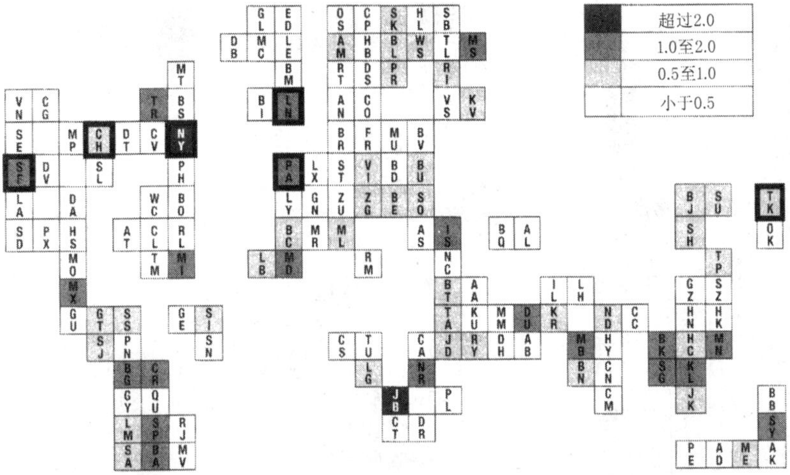

图 7.2 主成分得分和广告主成分的控制中心城市。城市代码与图 5.1 相同

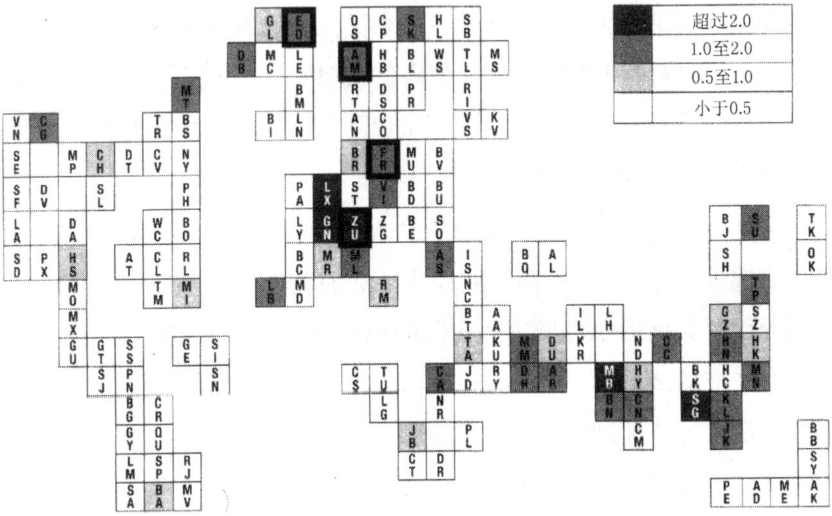

图 7.3 主成分得分和金融服务主成分的控制中心城市。城市代码与图 5.1 相同

福)。虽然其他欧洲专业金融中心,如日内瓦和卢森堡,在这一主成分中得分也较高,但是我们决定在行业地理而不在其他欧洲主成分中讨论当前主成分。这是因为这一主成分比欧洲主成分有更广的全球延伸(前 20

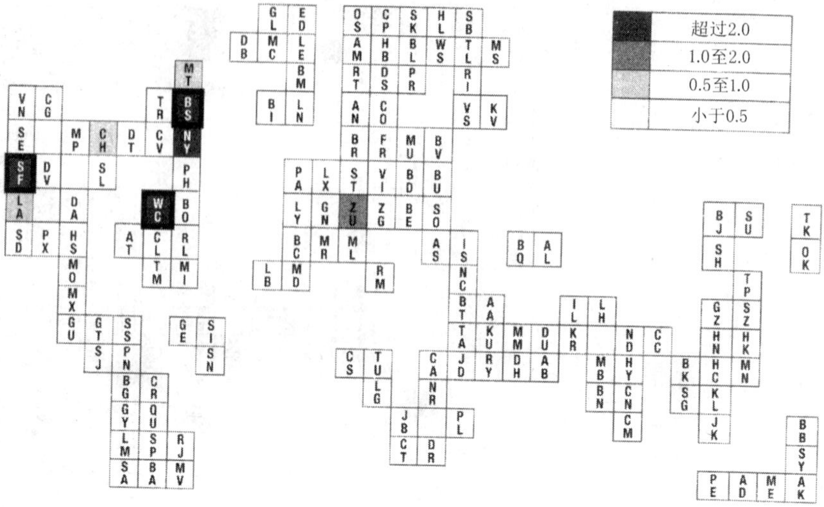

图 7.4　主成分得分和管理咨询主成分的控制中心城市。城市代码与图 5.1 相同

个服务型城市里有 12 个不在欧洲，基本来自其他世界区域)。除了广告成分，这一主成分也对应着数量最多的(主成分得分较高的)城市。因此，尽管这一格局是由欧洲银行产生的，但它确实在全球有很大的延伸，几乎横跨整个世界经济。

管理咨询成分更加集中也并不令人意外。作为美国商业服务中最具代表性的行业，管理咨询行业的主成分有着特有的美国特色。这一主成分仅有美国的总部城市和有限的包括苏黎世和蒙特利尔的地理延伸。和之前的金融服务主成分一样，尽管它的区域性很明显，但我们仍然决定在行业地理中讨论这一主成分。这是因为表 7.2 中所列的企业明确显示出这一格局主要由行业而非地理所决定——这里的地理格局只是行业附带着产生的。因此我们所关注的五个行业中已经有四个有了它的特殊地理格局，这些地理格局不能如接下来讨论的主成分一下被简化到某一主题区域。会计行业在这一讨论中被剔除了：会计的企业网络可能很广，但是从世界经济这一层面来说，它缺少了显著的地理格局。

• 美洲

美洲专业服务市场的规模大小可以从这一主成分是第三重要的主成分这点反映出来(4.6%,图 7.5)。在所有企业总部有一个特殊的主体区域,这些企业的总部不是位于美国城市和多伦多,就是位于伦敦,其他大多数这个成分对应主成分得分高的城市都位于美国和加拿大。对外延伸较少体现了这些企业北美“国内市场”的绝对规模。和前面金融服务成分的讨论一样,大多数企业是金融服务企业。然而,与欧洲格局不同(见下文),这些企业在追求其他地理方面的策略诱因更少。因此从城市的数量和地理范围考量,这一行业中企业的延伸显得十分有限。这明显体现了我们所描述的格局的模糊性:这个北美洲成分体现着行业的影响(金融服务),就像金融服务这一成分也有着地理的一面(欧洲总部城市)。这里需要注意的是,即使在主体区域上的相对集中,这一主成分也有广阔的延伸,通常是与一些金融服务比较强的城市,比如都柏林、伦敦、香港、新加坡、悉尼和孟买。

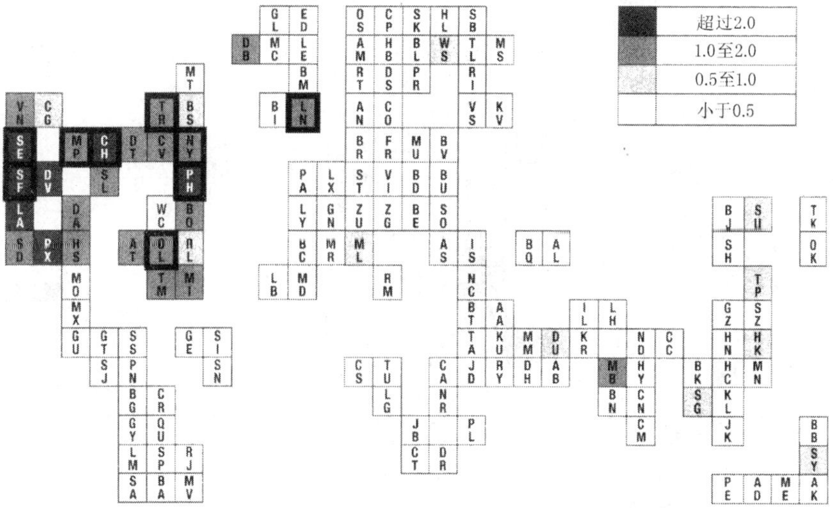

图 7.5　主成分得分和北美主成分的控制中心城市。城市代码与图 5.1 相同

加拿大(图 7.6)和拉丁美洲(图 7.7)成分在地理格局上相对明显:总部分别设在多伦多和圣保罗(以及马德里),大多数主要对应的高主成分得分的城市都在主体区域内。金融服务业在形成这两个选址策略中起到了重要作用。这一点可以在两个主成分对应的地理延伸当中得到反映:加拿大成分中乔治敦和香港的存在,以及卢森堡、巴拿马、苏黎世和东京在拉丁美洲成分中的存在。

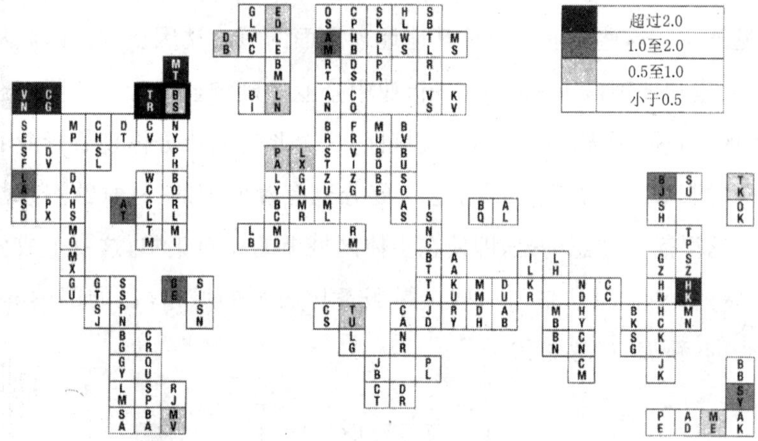

图 7.6 主成分得分和加拿大主成分的控制中心城市。城市代码与图 5.1 相同

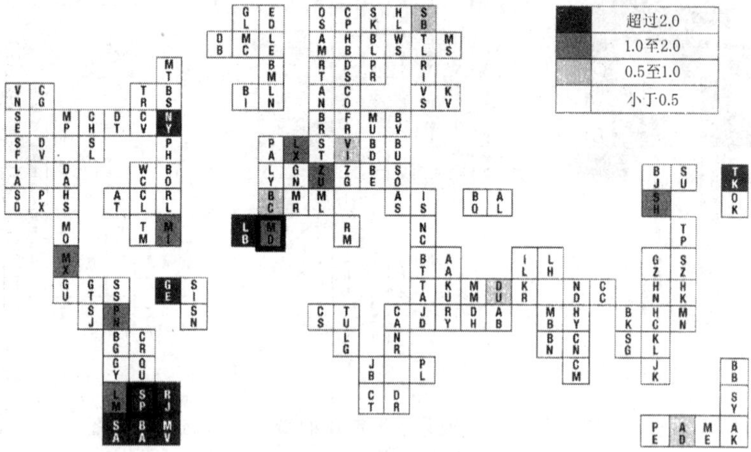

图 7.7 主成分得分和拉丁美洲主成分的控制中心城市。城市代码与图 5.1 相同

一个单一的总部城市可以通过大量的延伸来定义一种区位策略，如“芝加哥”成分(图 7.8)和“亚特兰大”成分(图 7.9)。这两个成分比较特殊，就它们的载荷(法律和管理咨询企业)和得分(除了亚特兰大成分中包含有较多美国东南部城市以外)而言，它们没有明确的地理特点。因此这两个成分都是由企业总部的区位决定的，这反过来影响城市的主成分得分(10.3 之于芝加哥，8.6 之于亚特兰大)。

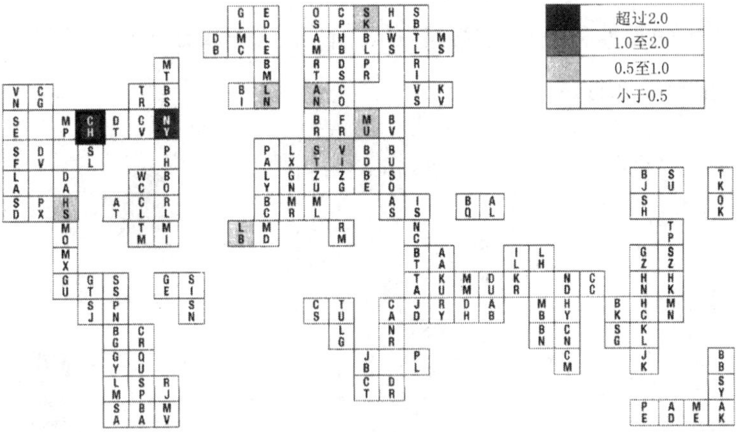

图 7.8　主成分得分和芝加哥主成分的控制中心城市。城市代码与图 5.1 相同

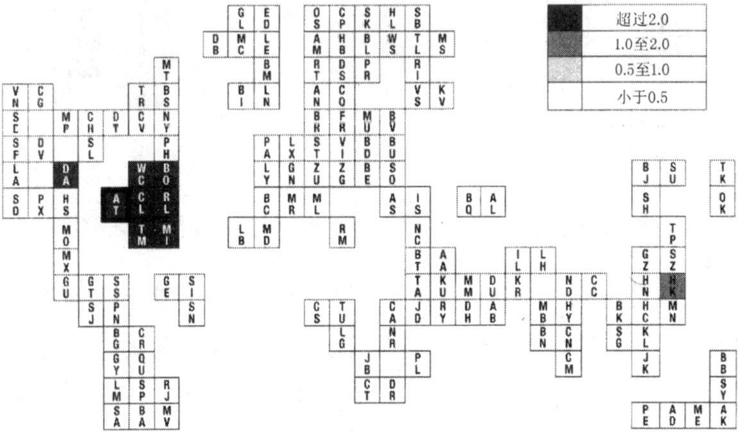

图 7.9　主成分得分和亚特兰大主成分的控制中心城市。城市代码与图 5.1 相同

• 亚洲

中国在世界经济中的崛起不仅仅体现在中国主成分上（本书的第一版对此完全没有涉及），同时也因为整体来看它是第四重要的主成分（图7.10）。这一主成分可能着重说明了一个单一的国家（作为区域的一个特殊例子）是如何对世界城市网络的地理格局产生重要影响的。确实，这个成分内所有企业都是中国的国有企业，并且总部都设立在中国城市，但是这种区位策略体现的不仅仅是世界城市网络的一个中国附加物。除了中国的香港和台北较“缓慢”的一体化，这一成分的延伸还包括了新加坡、洛杉矶和首尔。

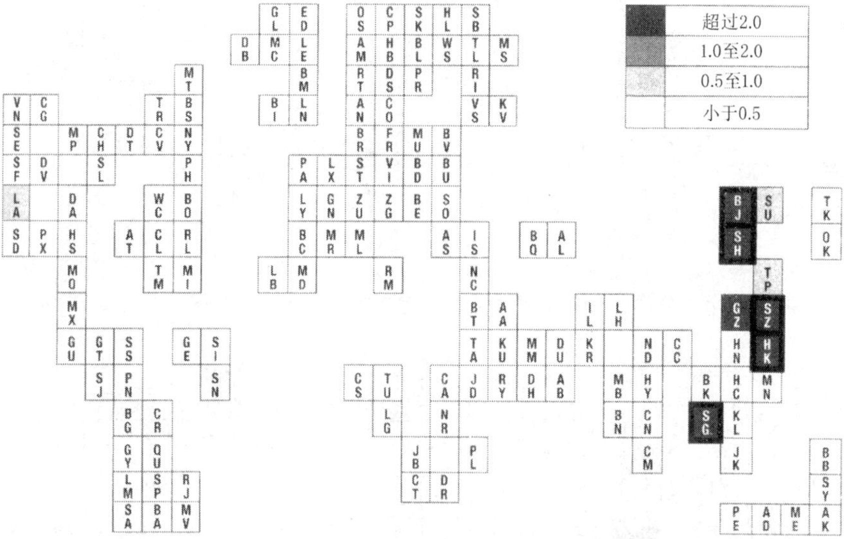

图 7.10　主成分得分和中国主成分的控制中心城市。城市代码与图 5.1 相同

亚太成分也有一个明确的本土区域（图 7.11）。这不仅仅体现在它的服务城市，也体现在它的源头：所有与这一策略相关的企业总部都在东京。然而，如果因此把它归类为“国家策略”就错了。和中国策略相比，它有更广阔的延伸；与大阪相比，河内和曼谷是更显著的服务城市。

在这一成分中，作为美国主要的“太平洋沿岸”城市是旧金山，而不是洛杉矶。

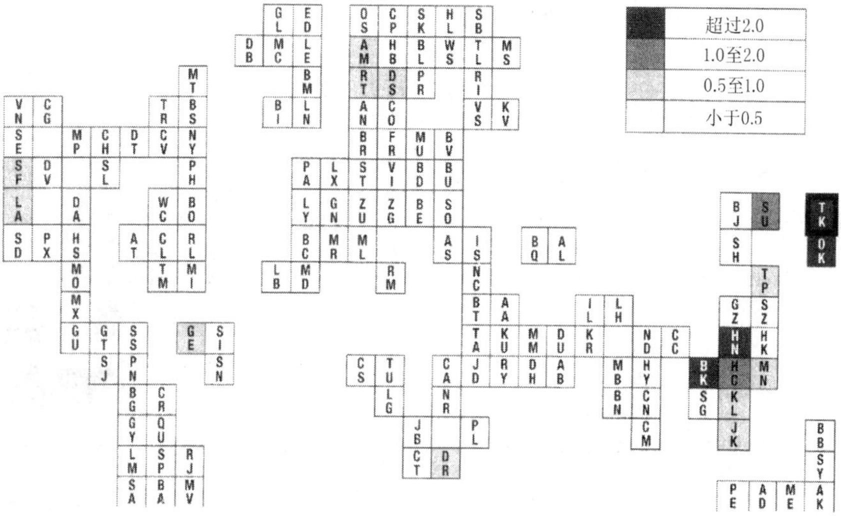

图 7.11 主成分得分和太平洋亚洲主成分的控制中心城市。城市代码与图 5.1 相同

剩下的两个亚洲策略很明显地告诉我们，不仅世界区域的边界正变得模糊和可渗透，世界区域的中心也同样如此。澳大拉西亚成分（图 7.12）和印度成分（图 7.13）所包含的服务城市似乎令这两个成分的命名更加容易。澳大拉西亚集群主要有墨尔本、悉尼、奥克兰、珀斯和布里斯班，而印度成分虽然不是很明显，但主要包含孟买和新德里（还有作为次级服务城市的金奈、海得拉巴、加尔各答和班加罗尔，以及其他一些延伸）。但在以上两个例子中，世界区域格局都在一定程度上产自伦敦，对印度成分来说，影响也来自波士顿和帕洛阿尔托。这清晰地反映了印度在世界经济中的兴起，这也是我们第一次在世界城市网络分析中发现这种趋势。澳大拉西亚成分主要由银行决定，这些银行已超出澳洲相对较小的市场而实现了全球化。在这一成分中，主要的亚洲金融中心体现得较为明显，如新加坡、香港和孟买，同时利兹和格拉斯哥的存在也体现了英联邦的传统。

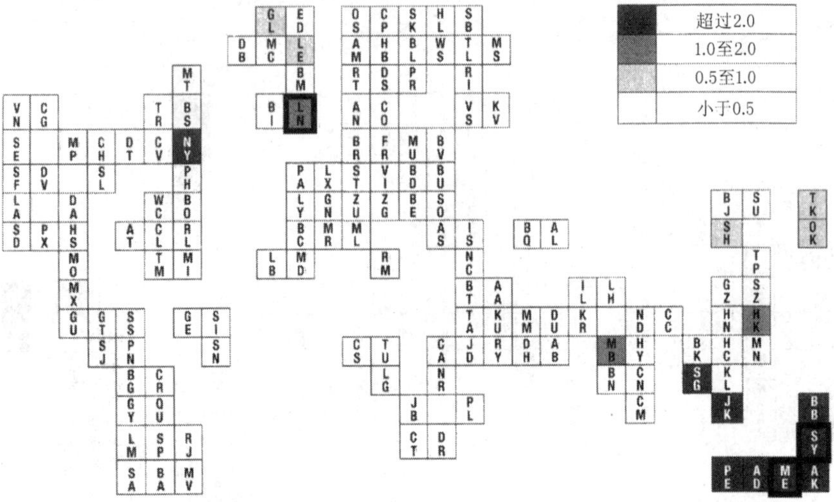

图 7.12　主成分得分和澳大拉西亚主成分的控制中心城市。城市代码与图 5.1 相同

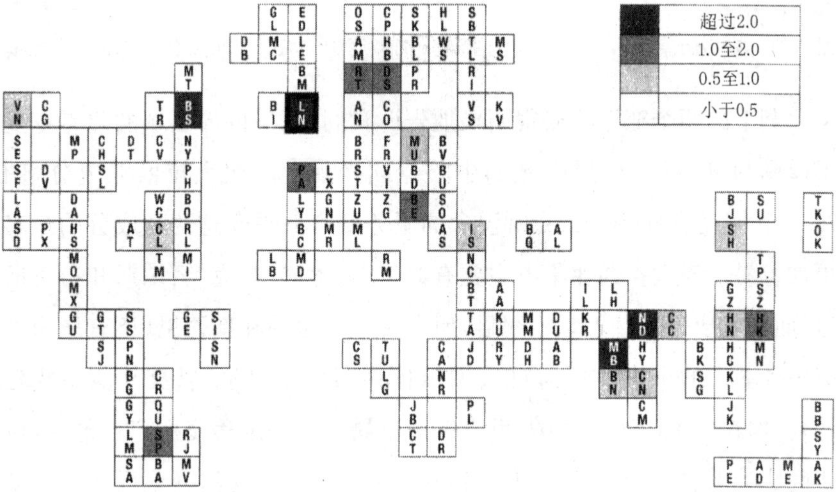

图 7.13　主成分得分和印度主成分的控制中心城市。城市代码与图 5.1 相同

- 欧洲

欧洲成分所解释的方差值相对而言都比较小：很多欧洲城市出现在其他主成分中，而且我们的分析显示剩余方差主要体现在二线城市的集

中区域上。

在德国(图 7.14)和英国(图 7.15)这两个主成分中，主体区域主要对应着这两个国家，反映了相对较大规模的国内经济。在英国的主成分中，有很多对外的延伸，其中欧洲和英联邦的偏向略明显。斯堪的纳维亚策略(图 7.16)则主要反映出这一尺度上区域经济的一体化(参看 Schmitt and Smas ,2012)。形成这一策略的企业是以前的国有银行，它们在斯堪的纳维亚的其他城市开了很多分公司，虽然这些分公司和总公司一起形成了一个清晰的主体区域，但仍然有一些有趣且重要的对外延伸：这反映了因东欧(塔林、维尔纽斯、里加、圣彼得堡和华沙这些服务型城市)的没落而出现的机会。与此同时，斯堪的纳维亚的金融服务企业已经在主体区域之外的主要金融中心开设了办事处(如都柏林、卢森堡和新加坡)。

最后，从我们最后的一个成分中可以明显看出东欧是个充满机会的区域(图 7.17)：维也纳和米兰的金融服务企业已经发展成为以该区域为核心的办公网络，和印度的例子相似。这表明即使对应的服务城市的组

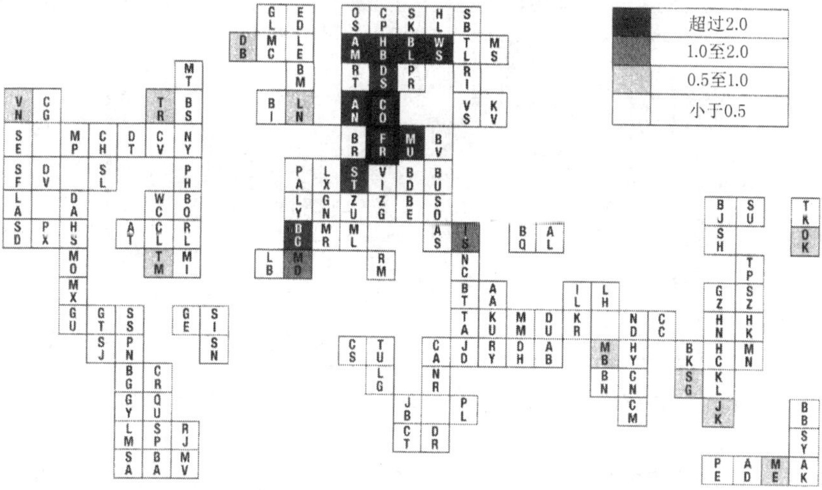

图 7.14　主成分得分和德国主成分的控制中心城市。城市代码与图 5.1 相同

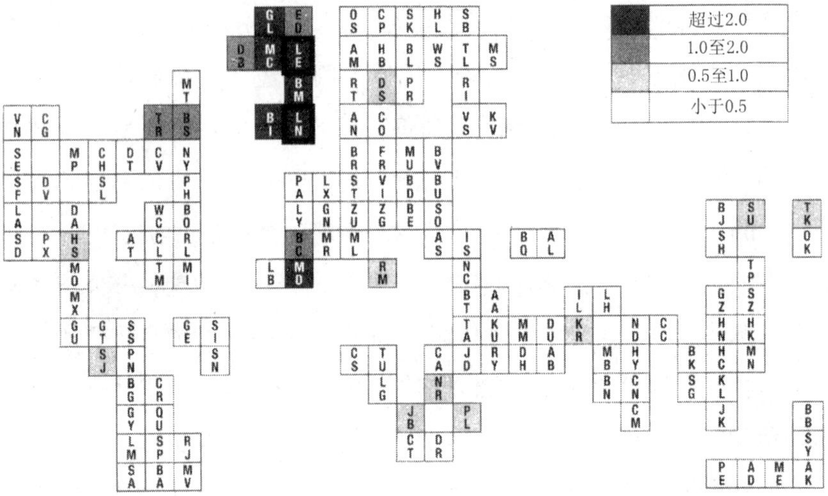

图 7.15　主成分得分和英国主成分的控制中心城市。城市代码与图 5.1 相同

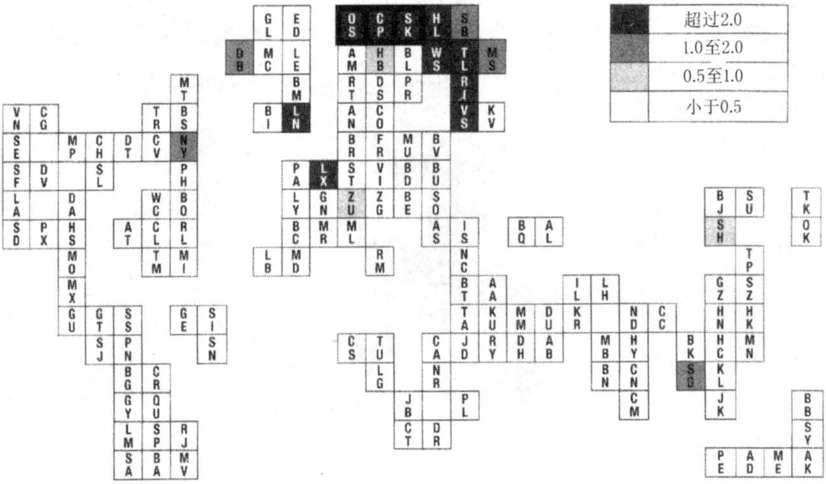

图 7.16　主成分得分和北欧主成分的控制中心城市。城市代码与图 5.1 相同

成十分有序,"主体区域"也可以是模糊的。这里所讨论的区域地理格局可以由区域以外的企业所产生,这些企业的总部设在别处,并着重扩张其总部所在区域以外的区域。除了总部所在城市,这一策略所对应的基

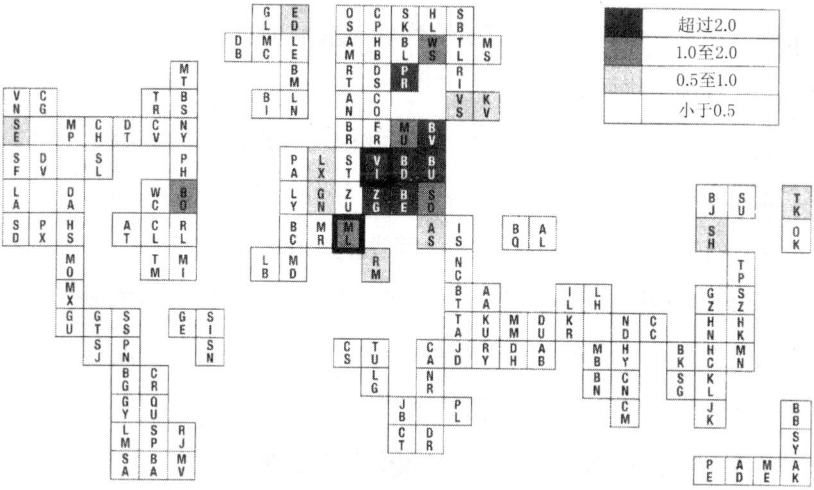

图 7.17　主成分得分和前东欧集团主成分的控制中心城市。城市代码与图 5.1 相同

本都是东欧的首都，包括布拉迪斯拉法、布达珀斯、布加勒斯特、布拉格、萨格勒布、贝尔格莱德、华沙和索菲亚。

• “城市对”形成的广泛的和集中的全球化

在本节中，我们从数据中提取了一个非常不同的世界城市网络格局来对上文描述的行业和区域格局进行补充。为此我们采用了 2012 年最新的数据集，重复了泰勒(2013)等人基于 2008 年的数据曾做过的一次分析。最终结果显示了相似的格局，因此在最初的论文中提出的解释依然成立。我们将利用更新后的数据对结论进行简单总结。基本观点是在世界城市网络形成中有两种全球化的主要类型：集中的和广泛的全球化。为了揭示这两种类型的全球化，我们采用了和第一节类似的方法：运用主成分分析法将繁杂的信息简化，形成基本格局。主要的不同之处在于所用的数据。我们并不是输入 152 个城市×175 个企业服务价值矩阵，而是建立了新的案例和变量：案例是之前选取的数据中 152×151/2

=11 476 个“城市对”，变量是五个行业。即：我们将通过 11 476×5 的矩阵来研究“城市对”连接的强度不均背后的基本模式，并以之解译出另一种世界城市网络格局。

这一节分成两部分。第一小节中，我们将展现两个主成分是如何解释大部分行业城际关系的变异，并将这两种成分解释为集中的和广泛的全球化。对商业服务企业运营中这两类全球化的识别是对前一节的补充，并将有助于我们对经济全球化的进一步理解，而不是简单地认为经济全球化就是企业组织地理尺度的转变。但这一发现也可能有助于理解其他格局，在第二小节中我们讨论了一个值得注意的例子：美国城市在世界城市网络中的相对连通性欠佳很令人意外（见 Taylor and Lang，2005）。

广泛的全球化和集中的全球化

表 7.3 显示 2013 年最强的 20 个“城市对”连通性在不同行业贡献的拆分。纽约-伦敦连通性的主导地位是明显的：这一“城市对”在五个行业里有四个具有最高连通性；唯一的例外是纽约-芝加哥在管理咨询行业具有最强的连通性，虽然这一“城市对”在总连通性排名上只排到 18。除了连通性大小不同，“城市对”之间的分布也大不相同，当我们分别按五种行业比较连通性在前 100 的“城市对”的基尼系数时，这一点就非常明显（表 7.4）。该系数是测量分布不均的一个最常见的指标。本案例显示：目前法律业分布最集中（0.19），金融服务业（0.131）和管理咨询业（0.108）集中程度一般，广告业（0.085）和会计业（0.065）是“城市对”中分布最平均的。整个 11 476×5 矩阵中行业间的不同导致了这些差异，我们将通过主成分分析来探讨这些变化。根据前一节中陈述的逻辑，前两个成分占总方差的 83.73%。这两个成分是接下来小节中的主题。

表 7.3　按行业分类连通性最强的 10 个“城市对”

城市对		会计业	广告业	金融业	法律业	管理咨询业	整体连通性
伦敦	纽约	386	339	748	403	172	2 048
伦敦	香港	361	212	636	282	110	1 601
纽约	香港	287	251	660	256	104	1 558
伦敦	巴黎	356	273	371	293	139	1 432
伦敦	新加坡	294	233	565	181	72	1 345
纽约	巴黎	283	303	372	252	128	1 338
纽约	新加坡	233	270	582	151	70	1 306
伦敦	东京	295	189	521	159	101	1 265
伦敦	上海	294	219	461	176	111	1 261
纽约	东京	241	223	535	140	102	1 241

表 7.4　每个行业“城市对”的基尼系数

行业	基尼系数
会计业	0.065
广告业	0.085
金融业	0.131
法律业	0.190
管理咨询业	0.108

解释和标记主成分的常用方法是使用变量的主成分载荷。如表 7.5 所示。在载荷值中，有四个值较大，分别是主成分Ⅰ的会计业和广告业，主成分Ⅱ的法律业和管理咨询业。因此如果我们只用高载荷的变量来标记，那么主成分Ⅰ就会是“会计业-广告业”，主成分Ⅱ就是“法律业-管理咨询业”。但是标记并不是这么简单直接，因为存在以下情况：(1) 金融服务业在主成分Ⅰ和主成分Ⅱ上的载荷值都高；(2) 会计业和管理咨询业在两个主成分上的载荷值也相对较高。这说明在本案例中不能仅对载荷进行直接解释和标记，因此我们也考虑了主成分得分。

表 7.5 两个主成分在各服务行业的载荷

	主成分Ⅰ	主成分Ⅱ
会计业	0.803	0.403
广告业	0.902	0.205
金融业	0.629	0.665
法律业	0.187	0.919
管理咨询业	0.497	0.748

我们曾预计根据主成分得分会识别出类似之前小节中的“世界-区域”地理格局。但是实际情况并非如此;呈现出来的是一个世界各个区域复杂交织在一起的格局。在表 7.6 中,根据每个主成分的得分排出了前 20 名(从 11 476 中)的“城市对”。两列表中有两个明显的差异:一个是主成分得分的大小,另一个是“城市对”的组成。就得分大小这一差异而言,首先要提出的是,在表 7.6 中所列出的得分比大部分主成分分析要高。由于分值是标准化的(平均值=0,标准方差=1),其取值通常在−3和+3之间。如前文一样,我们一般关注分值超过 2 的“城市对”。但在这次分析中,我们有 11 476 个分值(每一个“城市对”一个得分),因此在数据分布一端(如表 7.6 所列的只是非常大的数据分布的尾端的一部分)我们会遇到一些相当大的数值,比如所记录的主成分Ⅰ。但是主成分Ⅱ的得分就另当别论了。这些特别大的值描述了构成这一个主成分的变量(城市对)的异常分布;这揭示了在分析矩阵中方差的高度集中。当然,因为两个主成分的平均值都是 0,表中所显示的主成分Ⅱ的高分,也意味着主成分Ⅱ比主成分Ⅰ包含了更多的得分较低的“城市对”。两个主成分中分值的分布情况如图 7.18 所示:该图只罗列了分值在 2.5 以上的前 287 个数据。从主成分Ⅱ的“起飞”曲线可以看出主成分得分频数分布主要集中在尾端。

表 7.6　两个主成分得分前 20 名的"城市对"

排名	城市对		分数	城市对		分数
1	伦敦	孟买	6.4	伦敦	纽约	18.9
2	纽约	孟买	6.3	纽约	华盛顿	16.2
3	伦敦	吉隆坡	5.8	伦敦	华盛顿	14.8
4	纽约	吉隆坡	5.8	伦敦	香港	13.4
5	纽约	多伦多	5.7	伦敦	巴黎	12.8
6	伦敦	多伦多	5.4	纽约	香港	12.1
7	伦敦	新德里	5.0	伦敦	法兰克福	11.6
8	纽约	新德里	4.8	纽约	巴黎	10.8
9	纽约	悉尼	4.8	纽约	法兰克福	10.6
10	纽约	布宜诺斯艾利斯	4.8	纽约	芝加哥	9.9
11	伦敦	布宜诺斯艾利斯	4.7	伦敦	芝加哥	9.6
12	纽约	约翰内斯堡	4.6	香港	华盛顿	9.4
13	伦敦	墨西哥城	4.6	纽约	洛杉矶	9.4
14	巴黎	孟买	4.6	伦敦	北京	9.2
15	纽约	墨西哥城	4.5	伦敦	布鲁塞尔	8.9
16	香港	孟买	4.5	巴黎	华盛顿	8.9
17	伦敦	约翰内斯堡	4.4	纽约	北京	8.6
18	伦敦	悉尼	4.4	法兰克福	华盛顿	8.5
19	伦敦	圣保罗	4.4	伦敦	上海	8.5
20	纽约	吉隆坡	4.3	伦敦	洛杉矶	8.4

根据主成分Ⅱ分值的特殊分布，我们将这一主成分定义为集中的全球化。这一想法在研究实际"城市对"在两个主成分之间的差异时得到了有力证实，见表 7.6 和图 7.19、图 7.20，图表选取了每一主成分的前 50 个"城市对"。伦敦和纽约在两种"城市对"图中都占主导地位：只关注两个主成分的前 20 个"城市对"可以发现，纽约和伦敦出现在 17 个"城市对"中。主要的不同之处是这两个主要城市所连接的配对城市。值得注

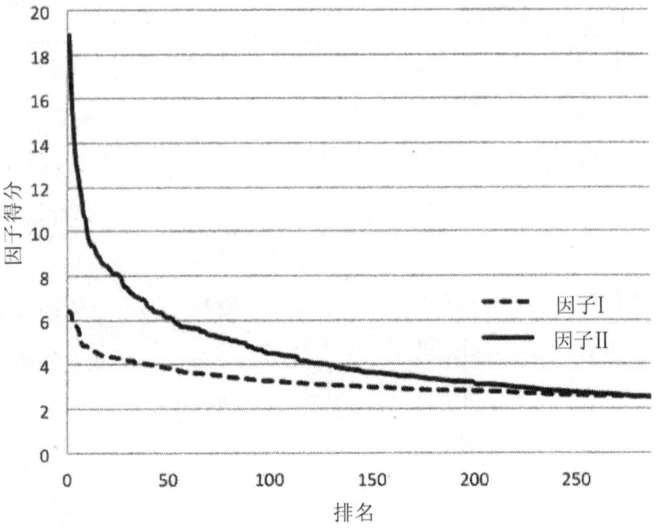

图 7.18　主成分Ⅱ的“起飞”

意的是，表 7.3 上列出的 10 个“城市对”中有五个出现在了表 7.6 的主成分Ⅱ上(包括纽约-伦敦)，但是没有一对出现在主成分Ⅰ中。然而主成分Ⅱ体现的不是高连通性“城市对”的简单混合，而是包含另外三个城市的组合——法兰克福、芝加哥和华盛顿——占主导地位。除此之外，两个主成分都包含了很多亚洲和欧洲的城市，但是关系有明显的不同。在这两个世界区域格局中，主成分Ⅱ比主成分Ⅰ拥有更多重要的城市：比如在亚洲，主成分Ⅱ主要关注中国的重要城市和东京，但主成分Ⅰ则包含孟买、新德里和吉隆坡；在欧洲，主成分Ⅱ包含巴黎、法兰克福和布鲁塞尔，而主成分Ⅰ包含哥本哈根、都柏林和伊斯坦布尔，形成了鲜明对比。因此重要城市的集中对高分值的统计集中做出了补充，这进一步表明主成分Ⅱ的格局是集中的全球化。与之形成对照的是主成分Ⅰ高分区的重要城市非常广泛，因此我们将它定义为广泛的全球化。

通过图表(图 7.19 和图 7.20)的地理格局不难发现两个主成分之间的差别。主成分Ⅱ中“城市对”的地理格局非常明显：“城市对”的连接主要集中在三个世界区域——北美、欧洲和亚太地区——以及一条通向迪拜的连接。而主成分Ⅰ中“城市对”的地理格局比较广泛，包括布宜诺斯艾利斯、约翰内斯堡、特拉维夫、孟买、新德里、吉隆坡、墨西哥城、圣保罗、圣地亚哥和悉尼的连接，在全球都有分布。现在我们再回到表7.5所列的载荷值，可以发现这两种全球化模式背后的进程。基本上是法律服务以及某种程度上的管理咨询服务代表了集中的全球化。那些帮助顾客在世界各司法管辖区游走的大型律师事务所主要集中在伦敦和纽约（Faulconbridge，2007）。它们通常在其他重要的经济和政治中心有相对较小的分支机构来服务于顾客。这一全球化战略方法在管理服务业和金融服务业中同样适用，只不过程度较轻（Taylor et al，2014）。这是因为这些行业（管理服务业和金融服务业）中也有企业采用与广泛的全球化相关的更大的办公网络。举例来说，在金融服务业中，专业投资银行在主要的金融中心发展金融工具，而更多的普通银行和保险公司则将工作重心放在更广阔的市场上。正如我们之前的结果所显示的，会计和广告公司的特点是广泛的办公网络并关注各个区域/国家市场。因此，广泛的全球化是由那些将自己的产品推向全世界的企业构建出来的，而集中的全球化是由那些需要将工作集中在领先城市和区域的企业构建出

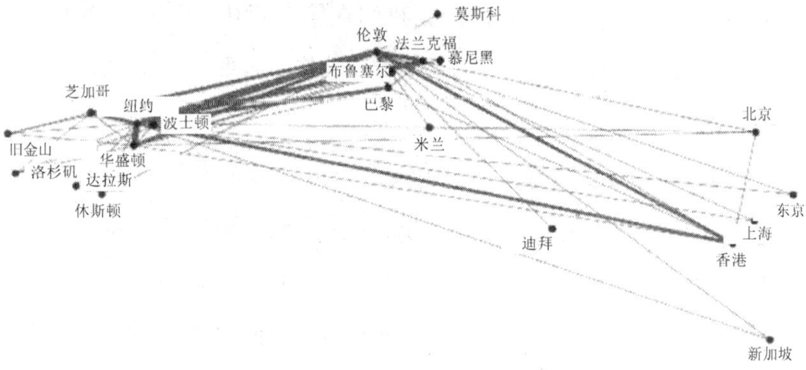

图 7.19　主成分Ⅱ的前 50 名“城市对”（集中的全球化）

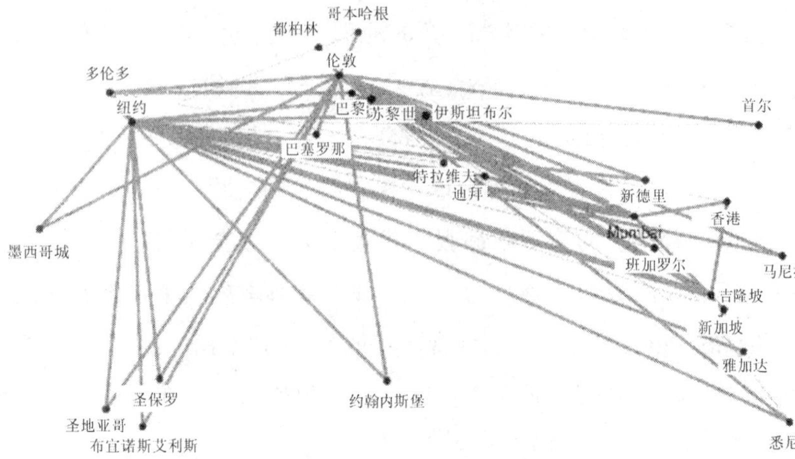

图 7.20　主成分Ⅰ的前 50 名"城市对"(广泛的全球化)

来的。这是对之前的世界城市网络格局的一个补充,并和前文提出的区域性相交叉。在下一节中我们来举一个有关这一交叉性的特殊例子。

世界城市网络中的美国城市

我们的研究在过去几年里已经引起了许多批判性回应,其中有些回应是纯学术的,包含我们研究的本质、范围和应用(滥用),还有很多关于研究过程中具体操作选择的评论。我们在第三章中已经对一些重要的批判做出了相应解释,并在诸多"新进展"章节中听取了有益的建议以推进我们的实证研究。

然而,还有一组其他的回应,主要来自城市政府和活跃在博客上的网民。很多回应令人失望,因为它们只关注我们的研究是否符合它们自己的政治或个人视角。费尔赫芬和莫里斯(Verhoeven and Morris, 2014)给出了一个很好的关于此现象的案例。他们讨论了墨尔本最近对城市排名的着迷,尤其是该市在"世界最佳宜居城市"排名中的领先地位。他们认为这种着迷首先应该理解为"次重要城市综合征"的体现。

排名背后原理的合理性考虑反而变得次要：显得比悉尼更重要才是最主要的。结果，历年来，当面对众多的“世界城市排名”时，只有两个选择：要么宣称胜过悉尼，要么质疑排名过程的可信性。

大概对我们排名过程可信性最普遍的抨击是美国城市的绝对排名和相对排名（例如 http://goo.gl/VFcR1），尽管这项研究成果的最主要目的不是排名。除了“次重要城市综合征”这一特殊情况，这些回应都是现代“狂热列表”里的一部分，只有排名才是唯一重要的。然而美国是一个有趣的案例，因为除了纽约，其他城市的连通性都要比期望值低，这个期望值是人们基于美国经济规模大小及其企业服务的巨大市场得出的。虽然其他国家在我们的研究列表中没有那么多重要城市，但是美国城市——特别是非沿海城市——在全球的连通性要低于欧盟和亚太。比如，大致看一下全球网络连通性排名 100 左右的城市就可以发现：克利夫兰和丹佛的连通性并没有比路易港（毛里求斯）、加尔各答、布拉迪斯拉发和安特卫普高，而后者均是小城市和/或位于明显更小的国家经济体中。泰勒和兰（2005：11）已经对这一现象给出了两个原因：许多非美国服务型企业只在纽约设立分支所引起的“阴影效应”；许多美国服务型企业出于国外投资风险考虑不想放弃巨大的“国内市场”所引起的“舒适效应”。在这两种情况下，美国城市连通性的数量和强度均被限制。但是这一发现和解释是以单个城市为分析单元，而不是基于“城市对”。

在前一小节中已经挖掘出了两种全球化过程，这对于我们解答除了纽约之外的美国城市连通性较低的困惑有了新的认识。在集中全球化的地图上（图 7.19），纽约并不是唯一的美国城市，华盛顿、芝加哥、洛杉矶、旧金山、达拉斯、休斯顿和波士顿也出现了。但是在广泛全球化地图上，纽约则是唯一的美国城市。通过找出在两个主成分中得分相对较高的美国城市，我们就可以进一步探索这一问题。对于每个美国城市，我们统计了两个主成分得分都在 2.0 以上的“城市对”的数量，然后计算了两者之间的相对平衡性，计算结果见图 7.21。从中我们得出了三个基本结论：

1. 在我们名单上出现的 23 个城市中，只有六个城市出现在与广泛全球化相关的“城市对”中：纽约、芝加哥、亚特兰大、洛杉矶、迈阿密和旧金山。这几个城市对美国广泛的全球化有重要影响。然而，除了纽约，与广泛全球化相关的“城市对”只占这些城市连接很小的一部分。

2. 在图 7.21 中，有 17 个城市属于集中的全球化的“城市对”，其中包括波士顿、费城、华盛顿、达拉斯和休斯顿这样的大城市。

3. 在这张美国世界城市网络的全球化图上，有一个巨大的空白区域，它从北部边界延伸到了南部边界，处于明尼阿波利斯/芝加哥和德州之间，通向太平洋沿岸：像圣路易斯、堪萨斯城这样的重要美国城市在图上明显缺失，而且丹佛和凤凰城的得分非常低。

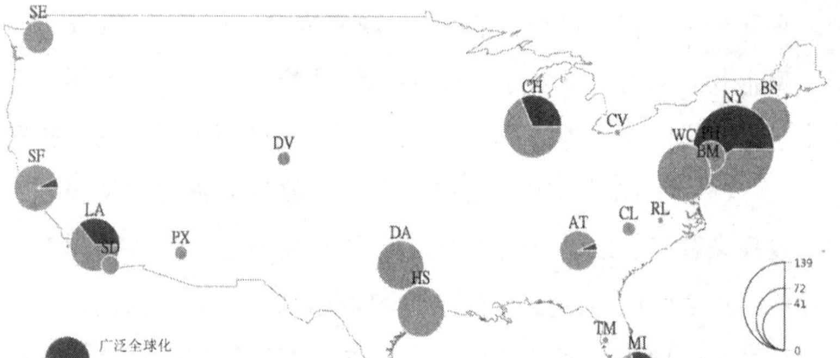

图 7.21　23 个美国城市的集中全球化和广泛全球化的相对平衡

关键在于这一结论表明：与世界其他地区相比，全球化如何在美国展现出某种意义上的反转。正是这一有趣的情况引发了我们对美国城市为何在世界城市网络分析中连通性较低这一疑惑的解答。基于泰勒等人(2013)的研究，我们提出了以下几个观点，对美国城市在全球网络中连通性较低这一困惑提供了一些新看法：

1. 对于全球化城市而言，主要有两种过程促成了世界城市网络格局。

2. 美国城市大部分属于第二种过程，即集中的全球化。除了纽约（以及程度较低的芝加哥和洛杉矶），基本上没有城市在广泛的全球化中起到重要作用。

3. 全球网络连通性的测量方法并不能识别出这两种过程，这一测量结合了两种过程的结果。

4. 在主成分分析中，每一种行业作为变量被赋予同样的权重。但测量全球网络连通性的方法不同于主成分分析，该方法中不同行业的贡献取决于该行业的企业数量（和它们的权重）。

5. 全球范围内，会计和广告公司比律师事务所的办事处数量要多，因此在全球网络连通性分析中贡献比例更大。

6. 会计业和广告业是广泛的全球化的主要构建者，而法律业是集中的全球化的主要构建者。全球网络连通性的程度主要取决于广泛的全球化。

7. 由于美国城市在集中的全球化中作用明显，所以它们在全球网络连通性中并不占有预期的主导地位。

这一观点并没有否定泰勒和兰（2005）提出的解释；事实上还包含了他们的解释，但该观点确实基于世界城市网络格局的新知识提出了一种新的逻辑。

• 新进展：世界城市网络的可视化

在第三章中，我们用思里夫特（1999：271）描述现代流动空间的说法

“风暴般的风暴”来表示本书主题的复杂性。本书的实证章节尝试寻找一个穿越“风暴”的方式来理解这种复杂性。理论上,可视化对于我们解决这一问题非常有帮助。可视化可将复杂的数据用简单直观的图表示出来(McCormick et al,1987;Orford et al,1998)。在世界城市网络格局这一例子中,可视化意味着将城市之间的多种联系变成一个新世界——空间的直观图像。但是好的可视化不仅仅是形成一张图像:数据不仅仅是被动地显示,它通过这样的方式来产生新的知识。这种可视化(从地图到复杂的信息图)的知识生产潜能最近被重新发现了。最近《环境与规划 A》(*Environment and Planning A*)这本重要的学术期刊所设立的“特征图形”(featured graphics)专题就是非常好的例子。关注可视化并不是最终仅仅输出一张图,而是读图者与可视化互动并寻找出新的模式和关系。正是这一特性使可视化如此重要:激发人们在图形展示之外以一种新的方式去思考这个世界。例如,打破世界空间是由国家如“拼图”一般组织起来的这一传统主导思想,而这也是本书的主要目的。

到目前为止,我们的可视化很简单,可能从某种程度上来说过于简单了。世界城市网络的可视化一直仅限于用简单的变形地图来展现世界城市;“城市对”和格局的可视化也一直仅限于在同样的变形地图上分别绘制每个城市或格局,又或是仅仅展示一个特别简化版的特定的“城市对”网络图。使用后一种简化图的原因是网络图对于“城市对”的展示数量有一个最大值限制,否则会因为重叠造成读图困难。当目的是为了表达流的规模大小和复杂性时——思里夫特(1999)的“风暴”——重叠的“城市对”的可视化可以起作用。但在这样的可视化中,可能很快会在所绘制的大量信息中丢失细节。

此外,还有一个实际操作上的问题,即许多用来绘制网络图的通用软件要么只给出有限的选项,要么不考虑网络的空间结构(因为大部分此类软件是为社会网络分析而开发的)。亨内曼(2013:421)总结了这一问题:

有大量的地理实体如城市的网络信息经常以数据的形式用于分析，但很少用有吸引力的形式可视化出来。原因之一是缺少可以处理大尺度的网络范围并将信息准确无误表达出来而不造成视觉混乱的有效软件。

出于这一原因，本书的第一版只用了一页来描述可视化这一章节。章节中认为虽然可视化的潜在教学意义令人兴奋，但是却无法举出实例，因为(社会)科学家刚刚开始这方面的研究(Taylor，2004：125)。十年后，网络可视化已经有了很大进展，其中包括地理网络。在最后一小节中，我们会讨论这方面的一些新进展，这可能对世界城市网络格局的研究有所帮助。

本节分两部分。首先，我们介绍了加强版的标准地理网络可视化方法，比如为了生成简单布局而使用的力向图绘制。我们讨论了文奇盖拉等(Vinciguerra et al，2010)的研究，他运用并补充了这一标准图形绘制的方法，对世界城市网络中美国城市的独特地位作了进一步阐释。然后，我们提出和讨论了用最先进的图形布局算法来揭示一张地图中的世界城市网络基本格局的可能性。这里我们特别参考了亨内曼(2013；Hennemann et al，2015)最近的研究。请注意：在这两种情况中，我们关心的不是技术上的一些细节，而是可视化所提供的新解读。

当代的“世界地图”

通过对世界城市网络格局的讨论，我们已经反复强调不能忽略世界-区域和国家空间：高级生产者服务业企业的办公网络中，作为节点的城市同时也是世界-区域和国家中的城市。事实上，由主成分分析中得出的一个最重要的格局是世界区域和国家对世界城市网络的地理格局有深远的影响。然而，我们需要 17 张统计地图来表达这种整体格局的主要层面！文奇盖拉等(2010)提出了一种可视化图，可以在一张图表中使很多重要的层面显现出来。

图 7.22 呈现了此图，是文奇盖拉等人(2010)制作出来的，被称为**当代的世界地图**。需要注意的是，用来制作这张可视化图所采用的数据来源于 2008 年的数据收集工作，沿用至今的 2012 年数据收集也是采用这一逻辑——我们将在下一节讨论世界城市网络格局的改变时涉及这一点。该图是基于包含 506 个城市的城际矩阵 R，每一个城市在 2008 年至少有一家公司存在(除了平壤和巴格达)。文奇盖拉等人(2010)用 NetDraw 可视化软件(Borgatti，2002)对 506×506 城际矩阵采用力导向算法生成了这张图。该算法的目的是为了使世界城市网络这类大型而且密集的网络在视觉上有层次感。该算法给每一连接赋予了推拉力(force)，在这之后它试图建立两个相反效应之间的平衡：当节点(城市)之间靠得太近时我们采用排斥力，当节点(城市)之间相距太远时我们采用吸引力。这些力的力量是由对应的“城市对”对值得到的；在本案例中

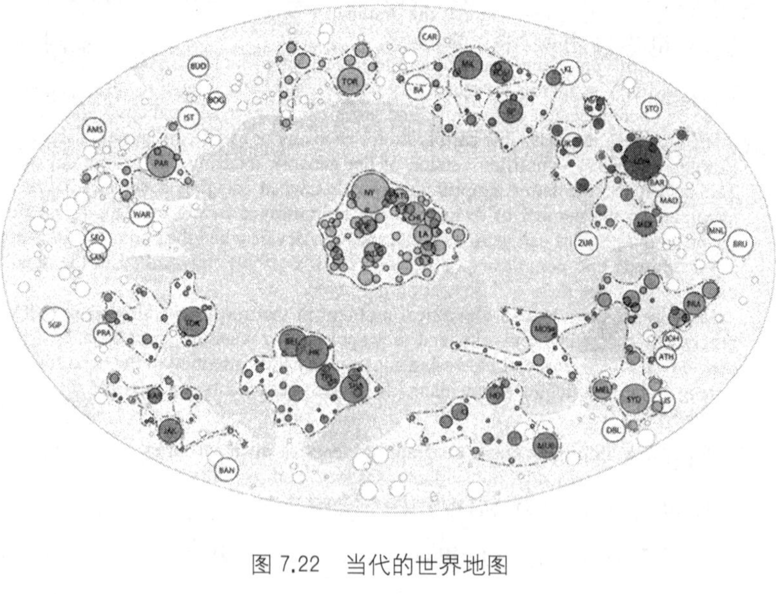

图 7.22　当代的世界地图

城市间的连通性由连锁网络模型得出。在该方法中，节点（城市）在图中的位置因为迭代不断改变，直到达到近似平衡状态（Di Battista et al, 1994）。在这一特殊案例中，当连通性高的城市有组织地较为接近、连通性低的城市有组织地远离时，就达到了近似平衡状态。

文奇盖拉等人（2010）在该图中添加了两个特征。首先，按城市的全球网络连通性比例绘制节点的大小；2008 年连通性前 50 的城市都在图中有所展示。第二，他们通过城市在国家中的位置约束了迭代过程，从而使来自同一国家的城市（节点）出现在相同分组/集聚中。在该方法中，“国家分组”将国家内所有城市的连通性统合，因此连通性最高的国家位于图的中心。为了读图清晰，并没有将所有的国家边界添加到图中；只有城市数量在 7 及以上的 15 个国家添加了边界。城市的不同颜色可以用来识别国家。

这种可视化的潜力在讨论格局的一些细节时变得明显起来。首先最明显的格局是总体上美国城市总的连通性是最强的：尽管之前在讨论中提到美国城市的连通性相对较低，但它们在国家尺度的分析中仍占据主导地位。因此，(i) 在纽约、芝加哥和洛杉矶等主要世界城市之外，分析中也包含了大量美国城市；(ii) 美国城市连接的强烈国内导向这一组合，将这些城市像一个岛一样集聚在一起，岛的周围没有其他城市。由于美国城市的中心地位，文奇盖拉等人（2010）将此图称为当代的“世界地图”。在中世纪，著名的“世界地图”中心是耶路撒冷；而在当代的“世界地图”中美国处于这一位置。其余所有城市形成了远离美国的一个外环。一般来说，亚洲城市在环的“南部”，欧洲城市和拉丁美洲城市一起在环的“北部”。“美国岛”的重心主要在北边的城市，如芝加哥、亚特兰大以及最重要的纽约。北部的欧洲城市中，没有像纽约这样重要的“沿海”城市作为节点。事实上，重叠的国家边界突出了区域性这种模糊可渗透的特殊性质，也说明了这一区域的跨国特性。相反，在“南部”的亚洲城市，这种重叠性很少，而且很多领先城市都是“沿海”城市（即面对中心）。这一情况在中国尤为明显，中国的领先城市似乎要将中国拉向该图的中心；它正在“远离”发展缓慢的日本，面临来自俄罗斯的弱挑战，而印度，特别是孟买，还未开始发力。很多在本章第一节中提到的模式在该图中重新出现，我们将它留给读者思考。

本次讨论的目的有两个关键点：(1) 世界城市网络格局的多样信息在一张图上清晰地得到了呈现——到目前为止，大多数讨论过的地理格局都一次性地呈现；(2) 可视化充满启发性，它为理解世界城市网络格局提供了新的观察(美国城市的总体中心性和强烈区域性以及中国城市正在上升的主导地位和强烈区域性)，因此揭示了高质量的可视化在这一文献中的潜力。

密集空间网络可视化

力向图绘制将网络的视觉层次体现出来了，因而增强了可视化。但是“世界地图”上关键的信息还是被忽略了：城市之间的连通性因为要有层次感而隐约有所展示，但随即为了减少视觉混乱而被取消。此外，这一可视化的主要解释力要归功于作者给初始图添加的特征，尤其像区域或国家这种地理元素。这也促使亨内曼等(2013,2015)研究在可视化中保留更加明确的地理元素和/或“城市对”信息的可能。我们通过讨论亨内曼等人(2015)阐述的其他选项中的一项来总结这一章。

无论可视化有多复杂，可显示的连接数目总会有上限。之前在亨内曼等人(2015)的研究中提到由亨内曼和德鲁德(2014)提出的“区域化专业知识库”方法首先被用来进行网络的去密集化(见第四章)。我们先在一张经典地图上呈现出去密集化后的网络以显示我们所面临的问题(图7.23)。与亨内曼等人(2015)相比，本书采用的世界-区域方式，用有颜色的节点表示流的起点。

解决视觉混乱这一问题的可视化技术包括制图标准方法，如抽象和归纳(比如对边界进一步抽样、合并空间上临近的节点或有意忽略

图 7.23　体现出网络重叠和节点间直接联系的传统世界城市网络制图

来源：基于亨内曼等人(2015)

网络的部分信息)，而这基本上是文奇盖拉等人(2010)采取的方法。另一选择是通过非地图可视化来展现地理空间。一个很好的例子是圆形布局的运用，它作为一种非地图可视化工具，在展示连通性地图周边附加节点信息方面取得了很好的效果。然而，除了在圆周围根据某种地理信息而有次序地安排节点，这一可视化几乎没有表达地理位置信息(见图 7.24；Hennemann，2013)。最近，在绘制网络连接的同时也保留地理信息方面有一些不错的进展。这里我们就来介绍这样一种新方法。

力导向边集束(FDEB：force-directed edge bundling)，这是由霍尔顿和凡维克(Holten and van Wijk，2009)提出的一种图形可视化技术。该技术在优化过程中主要关注边而非节点。和纯粹的基于图形的可视化技术相比——比如文奇盖拉等人(2010)采用的力导向布局算法——这是一个主要的差异。在 FDEB 中，节点保留了原始的位置——这一特征在地图绘制时是必须的，并且在地理学研究中运用普遍。为了减少视觉混乱，捆绑了相似或相邻的边，例如，从视觉上来看它们像合并了一样。这种交互可通过若干参数来控制，比如边的"刚度"，同时考虑角度和位置的路径相似性阈值，或是用来模拟静电型和弹簧型效果的连接段(seg-

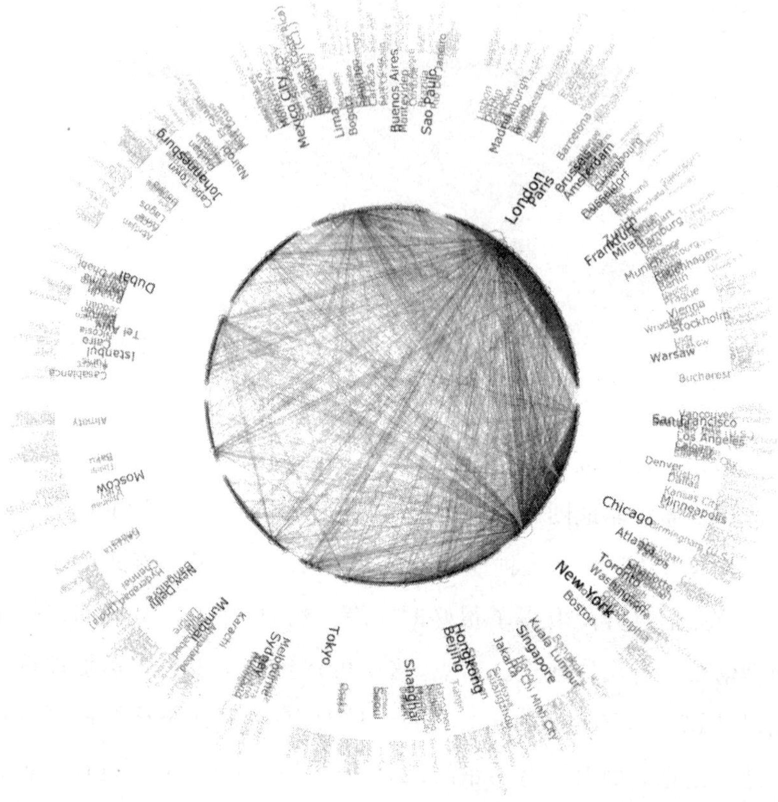

图 7.24　以世界城市网络的循环流动可视化作为空间网络的非制图可视化方法

来源：基于亨内曼(2013)；亨内曼等(2015)

ment)的数量。布局通过网络连接路径的迭代计算来优化，将参数不停地进行重计算，直到达到预定的迭代次数为止。

图 7.25 展示了 FDEB 的应用结果。地图展示了最基本的世界区域，并在地图上绘制出了所有的边。注意：被捆绑的边并没有穿过国际日期变更线，因为这样容易追踪连接。与之前的可视化不同，这一系列地图使得我们能对世界城市网络中一些重要的地理格局有一个直观的评估，包括：

图 7.25　FDEB 可视化呈现的世界城市地图

来源:基于亨内曼等(2015)。基于亨内曼和德鲁德(2014)的主要城市连接算法的网络。边构建过程使用的可视化算法是基于霍尔顿和凡维克(2009)在 D3.js 中的应用(Bostock, 2013,D3js.org)

图 7.25a

图 7.25b

图 7.25c

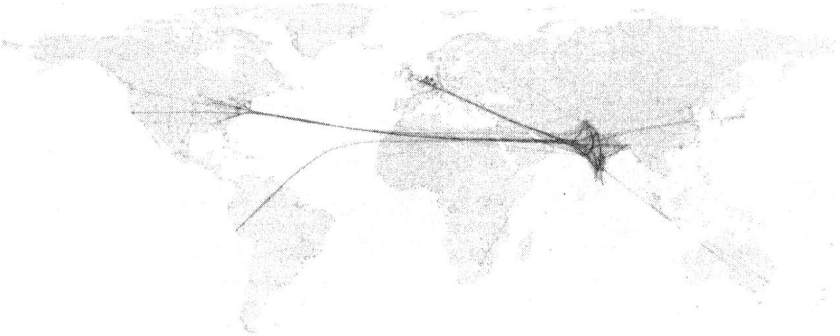

图 7.25d

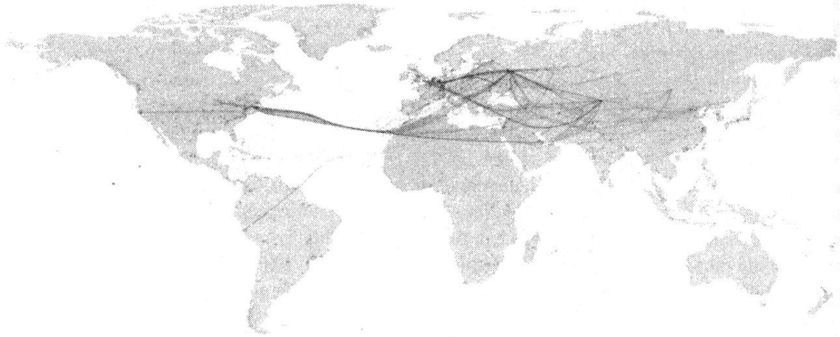

图 7.25e

图 7.25f

图 7.25g

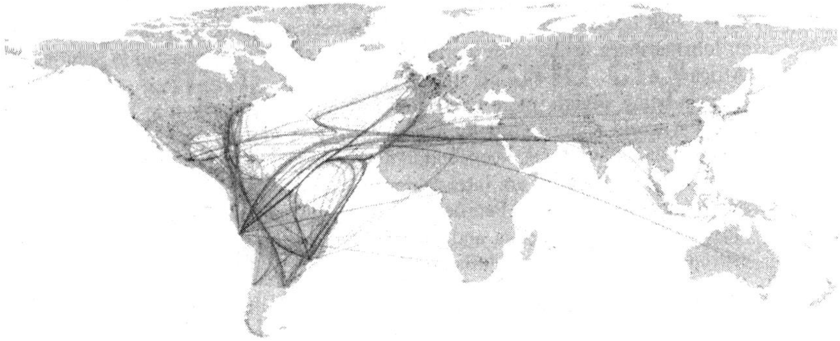

图 7.25h

图 7.25i

1. 城市之间连接的强区域性；

2. 欧洲和北美城市之间的密切交流；

3. 从接收和发出的连接强度来说，北美东海岸在与区域内和区域外的联系方面都是热点区域；

4. 北美洲和拉美之间交互强烈，而拉美与欧洲（除了与伊比利亚的联系）和东亚之间交互水平较弱；

5. 欧洲有着类似的与东亚和拉美之间的强连接；

6. 撒哈拉以南非洲地区除了和欧洲（特别是伦敦和巴黎）以及北美有一些连接外，基本没有其他连接。仅有约翰内斯堡这一个强的区域中心。其他世界区域和撒哈拉以南非洲地区基本没有连接；

7. 欧亚大陆和北美之间的连接略多于欧洲，而其他世界地区和欧亚大陆几乎无连接；

8. 南亚的区域外连接主要集中在北美，而这一区域的连接基本都在区域内部；

9. 亚太地区的连接比较多样化，但仍主要限于澳大拉西亚、北美和欧洲。亚太的连接热点主要位于中国东部和日本。

最后的全球图在整体上展示了世界城市网络的复杂性，但是从某种程度上而言，在复杂如动态漩涡流般的细节中更容易区分区域内与区域间的连接正是标准制图方法(见图 7.23)做不到的。很显然，可视化技术发展的潜力并不止于此。相较于图表和其他分析结果的展示方式，可视化的主要优点在于可以提供一个数据基本模式的快速概览。然而，当论到细节时，这些静态地图还是有一定的缺陷。这一问题可以通过使用基于网络的动态可视化来解决，其中部分通过全球化与世界城市研究网络的网站提供 www.lboro.ac.uk/gawc。

第八章　世界城市网络的演变

- **数据(收集)的演变**

  变动中的数据结构

  初步分析:变动的排名,增强的连接

- **世界城市网络中连通性的变化**

  变化测量的标准化

  世界城市网络中高连通性节点的相对变化

  连通性变化的节点和区域模式

> 城市网络的演化是理解当代世界变化的基础。
>
> (Gottmann,1984:1)

在之前的章节中,我们从多个视角逐步探索了 2012 年的世界城市网络。本书之前的版本(Taylor,2004)是基于 2000 年的数据,与此相比,我们不仅使用调整后的方法来探索世界城市网络的地理格局,也对这些地理格局进行了更新。拥有不同时间的世界城市网络的快照也允许我们系统地分析单个城市和区域的轨迹，这也是最后实证章节的主题。通过详细考察世界城市网络的演变，我们能够回答以下问题：哪些城市在2000年到2012年期间连通性增加或减少得最多？现在中国所有主要的城市在世界城市网络中的连通性比2000年更高吗？如果是的话，中国城市连通性的变化率都一致吗？世界城市网络中不同世界区域的轨迹是什么样的？

这一章包含两节。第一部分，我们讨论数据收集方法在2000年到2012年间的演变，并具体讨论所选取的企业和城市方面的变化。随后我们将介绍世界城市网络变化中两个最显著的模式：在世界上连通性最强的城市排名较为稳定的背景下少数城市连通性的大幅度增加，同时世界城市网络连通性水平整体上升较大。更详尽的对变化的评价需要尽可能保持数据结构的一致性，所以第二部分我们提出并应用一种方法来消除2000年和2012年数据收集中的不一致性，从而在城市、国家和世界区域三个层次上进行更加精确的变化评价。对世界城市网络结构变化的探索是本书实证部分一个顺理成章的结尾。

• 数据(收集)的演变

本书实证章节用到的大部分数据基于对各个城市在全球生产者服务企业办公网络中的重要性进行评价。这种实证视角在GaWC所进行的大多数定量研究中一再出现：我们已经完成了2000、2001、2004、2008、2010和2012年的数据收集工作。虽然各种数据收集的前提没有变化，但选择企业和城市的总体框架一直在修正和改进。在这里我们从两方面来讨论和揭示这些变化：第一，对数据收集主要修正方案的评价；第二，简单概述连通性最高的城市间位序的变化，以及2000年到2012年间平均连通性水平的演化。

变动中的数据结构

在第三章中我们详细描述了2012年数据的收集过程。在本书的第一版2000年的数据收集也用到了相似的方法,但当时的企业和城市的选择标准却有显著不同。那次数据收集是强调"全球性的",例如"高级生产者服务业企业"需要在15个或以上的不同城市拥有办事分支机构,且至少有一个在北美、西欧和亚太这三大区域中。符合这些标准的企业将从不同服务行业领先的企业中来选取,此外还有一个纯技术上的考量:在企业的网站上是否能够找到充分的信息。最后,确定了六个行业100家企业:18家会计企业、15家广告企业、23家银行/金融企业、11家保险企业、16家法律企业和17家管理咨询企业。城市的选择则比较随意,都是基于之前GaWC全球办公室网络的研究经验来进行选择。除了小国家之外的其他所有国家的首都,以及大国家中其他许多重要的城市都被纳入。总共选取了315个城市。最终的结果是一个有31500个服务值的315个城市×100个企业的矩阵,它们成为本书第一版分析的基础(Taylor,2004)。

2004年的数据收集以2000年的数据作为起点,本质上是看这100个生产者服务业企业的办公室网络在2000—2001年和2000—2004年间分别是怎样变化的(Taylor and Aranya,2008)。在这个过程中,这种方法随着时间的推移,问题也越来越多。原因是全球经济的变化使得最初选取的企业的相关性随着时间的推移变得越来越小。在泰勒和阿那亚(Taylor and Aranya,2008)使用的数据中(在2000年的分析中所选取的),100个企业中有20个无法与2000年的数据进行匹配,因为它们已经破产或与其他企业进行了合并。很明显这种方法从长期来看是不可取的:企业数量的不断减少会降低数据的稳健性(robustness)。此外,使用同一组企业时也忽略了新的企业随着它们全球分布/重要性的增加而可能进入研究视野。一个最明显的例子是卡尔金斯(Calkins,2013)所声称的“中国银行的全球化”。卡尔金斯指出，中国银行全球化的主要逻辑与大量的生产者服务业企业国际化的文献一致。第一，银行为海外扩张的中国业务提供服务(尤其像石油、建设和工程行业，它们需要巨大的信贷额度来为日常的运营提供资金)；第二，进入当地市场。第一条策略直到现在仍占主导地位。一个鲜明的例子是中国工商银行(ICBC)的扩张。卡尔金斯(2013:1)引用了中国工商银行中东区的首席执行官田志平的话，他指出工商银行的“目标区域是那些已经有大量中国业务在运营的地区，这可以使我们在金融中介服务方面扮演关键的角色”。中国四大银行(中国银行、中国建设银行、中国工商银行、中国农业银行)的大部分年营业收入仍是依靠国内的资产运营：目前在中国的主要银行中，海外的运营资产不到它们总资产的百分之十。然而，很多银行，比如中国工商银行，最近已经采取了积极的地理扩张战略。中国工商银行的网站(www. icbc-ltb. com/ICBCLtd/About% 20Us/Global% 20Website/default.htm)显示，到目前为止，它已经在世界范围内 31 个不同的国家和地区设立了超过 200 家子公司和分支机构。同时，中国农业银行也在纽约、中国香港地区、首尔和新加坡开设了分支机构。

当然，这里主要想表达的是我们的数据收集应该反映中国金融服务企业的大幅增长(在规模和地理覆盖范围两个方面)，就像应当处理一些破产企业一样，如安然事件中的安达信会计事务所。因此从 2008 年的数据收集开始，我们采取了一种更加灵活且可持续的方法。2012 年数据收集使用的就是这种方法：即预先确定每个行业选取的企业数量(比如 75 家金融服务企业和 25 家律师事务所)，然后如第四章所讨论的，再根据各个行业的企业重要程度的独立排名来选择具体企业。举例来说，这意味着中国四大银行的确被包含在数据收集中，而像德克夏银行和安达信会计事务所这样的服务业企业在它们倒闭后将不再出现。同样重要的是，改进的方法也解决了最初的企业(以及城市)主要来自“全球北方”的偏见问题，罗宾逊(2005)曾就此问题提出了批评。除了有更多(固定)

数量的企业，我们也对之前的城市列表进行了彻底的修订，加入了很多新的大都市区域，然后依据第四章所述的选择标准，创建了一个 526 个城市的列表，里面包含了另加的来自“全球南方”的重要城市。例如，中国的城市数量从 11 上升到 38，印度的城市数量从 9 变为 34，巴基斯坦的城市数量由 4 变为 9，尼日利亚的城市数量由 1 上升到 5。最终的结果是一个包含 91875 个服务值的 526 个城市×175 个企业的矩阵。在泰勒等人(2010b，基于 2008 年数据)和目前这本书(基于 2012 年数据)的实证研究中，这一新的数据矩阵被作为分析输入的基础。

新的框架使数据收集有了一个新的更加稳定的基础：考虑到每个行业有大量的重要企业，在统计结果上更稳健，与此同时更多的城市能够确保更均衡地覆盖潜在的世界城市。但值得注意的是，尽管有明确的变化(接下来的文字中会有更多讨论)和更加开放的数据收集结构，世界城市网络分析最初的选择反映的不均匀全球化的问题依然存在(类似世界体系分析中的核心过程)。举个例子，只有两个没有出现在 2000 年收集的数据中的城市(Raleigh and San Juan)出现在了第四章所讨论的城市名单中，而且是即将入围。此外，在第五章已讨论过“三大主要全球化区域”(北美、西欧和亚太地区)仍占主导地位。这从我们的数据(表 8.1)中生产者服务业企业总部在世界区域中的地理位置同样能看出来：与 2000 年收集的数据相比，位于北美(−3.8%)和欧洲(−5.7%)的总部有所减少，而位于澳洲(+2.9%)和亚太地区(+2.5%)的总部数量有所增加；但总体来看，在我们的分析框架中，企业的总部区位并没有发生大的世界区域转移。在国家尺度上，这种模式要稍微显著一点，特别是英国(−7%)和美国(−9.7%)的总部数量在减少，而中国(+5.7%)和澳大利亚/加拿大(+2.9%)的总部数量在增加。这也表明虽然亚太地区特别是中国的城市在世界城市网络中的连接程度有所加强，但并没有明显的由西向东转移的迹象。例如，印度的服务企业在全球服务供给版图上并不突出(到目前为止)，然而法国的企业与 2000 年相比显得更加突出。总部区位的变化在单个城市尺度上体现得最为显著：伦敦和纽约的压倒性态势有所减弱。2000年有不少于58%的企业至少在伦敦和纽约中的一个或两个设有总部，而2012年这个比例降到了不到40%。总部数量减少比较多的还有芝加哥、东京和阿姆斯特丹，而北京的出现是因为其拥有大多数中国主要银行的总部。然而，这里主要的趋势是越来越多的城市拥有至少一个或两个企业的总部：在2000年的数据集中，只有22个城市拥有至少一个企业总部；而到2012年，已经有51个这样的城市。

表8.1　2000—2012年间GaWC分析中总部城市的变化

（只呈现数据收集期间排名前10位的城市或者国家）

世界区域	总部城市变化（%）	国家	总部城市变化（%）	城市	总部城市变化（%）
澳大拉西亚	2.9	中国	5.7	北京	6.3
太平洋亚洲	2.5	澳大利亚	2.9	悉尼	2.9
拉丁美洲	2.3	加拿大	2.9	巴黎	2.6
欧亚大陆	0.6	巴西	1.7	旧金山	1.9
南亚	0.6	法国	1.6	法兰克福	0.4
撒哈拉以南非洲	0.6	瑞典	−0.4	苏黎世	−0.1
中东/北非	0.0	瑞士	−0.7	波士顿	−1.3
北美	−3.8	比利时	−1.4	明尼阿波利斯	−1.9
欧洲	−5.7	荷兰	−3.3	阿姆斯特丹	−3.4
		德国	−3.7	伦敦	−6.4
		日本	−6.6	芝加哥	−7.4
		英国	−7.0	东京	−8.4
		美国	−9.7	纽约	−12.1

初步分析：变动的排名，增强的连接

通过观察总部区位的转移来评价数据中反映出来的变化是可行的，但显然只能让我们片面地了解连通性的变化。例如，连通性好的城市，如新加坡、香港和布鲁塞尔都没有出现在表 8.1 中，因为它们拥有很多企业的区域总部而非全球总部（Godfrey and Zhou，1999；Elmhorn，2001）。评估变化最显而易见的出发点是看城市排名和全球网络连通性的变化。表 8.2 分别展示了 2000 年和 2012 年连通性最高的前 25 个城市的排名和全球网络连通性。图 8.1 刻画了 2000 年和/或 2012 年连通性至少达到伦敦的五分之一的所有城市的全球网络连通性变化程度（除了圣胡安和罗利，因为它们 2000 年没有列入 315 个城市中）。

表 8.2 中呈现出的第一个模式是：2000 年到 2012 年间连通性变化既有稳定性又有变化性。稳定性表现在至少有 18 个城市在 2000 年和 2012 年都排在前 25 位，排名前四位的城市也没有变化。最显著的变化是迪拜（从 54 到 8）、上海（从 31 到 7）和北京（从 36 到 10）进入连通性排名的前 10，此外，莫斯科、首尔和约翰内斯堡的连通性也增加较大。排名下降最显著的城市有台北（20 到 42）和旧金山（17 到 31），布鲁塞尔和阿姆斯特丹排名也下降较大。像迪拜和上海这种（相对来说）“总部较少”的城市也都有着很好的连通性，而这种现象还存在着更广泛的引申含义：尽管没有全球生产性服务企业的总部，新加坡和香港仍然保持着它们的地位，同时，伦敦和纽约，尽管目前在本数据集中拥有的总部数量要少很多，但就全球网络连通性来看，它们仍然高于其他城市。下一章，我们将详尽解释这两个城市继续保持主导地位的原因。

表 8.2　2000—2012 年间世界城市网络排名变化

（城市按照平均连通性排名，只显示排名前 25 位的城市）

	GNC2000	2000 年排名	GNC2013	2012 年排名
伦敦	100.00	1	100.00	1
纽约	97.63	2	93.89	2
香港	70.69	3	77.91	3
巴黎	69.91	4	72.44	4
东京	69.06	5	65.22	6

续 表

	GNC2000	2000 年排名	GNC2013	2012 年排名
新加坡	64.53	6	67.63	5
芝加哥	61.55	7	59.80	11
悉尼	57.84	13	62.91	9
米兰	60.36	8	59.30	13
多伦多	59.46	10	58.18	14
洛杉矶	59.95	9	56.33	18
马德里	59.45	11	55.37	19
法兰克福	56.73	14	57.92	15
阿姆斯特丹	59.01	12	53.52	22
圣保罗	54.09	16	57.79	16
布鲁塞尔	55.71	15	53.14	24
上海	42.78	31	64.52	7
孟买	47.66	21	59.42	12
北京	41.97	36	62.19	10
墨西哥城	48.60	18	54.37	20
莫斯科	42.17	34	57.49	17
旧金山	50.75	17	48.67	31
迪拜	36.26	54	63.14	8
苏黎世	48.48	19	49.97	26
吉隆坡	44.48	26	53.52	21
布宜诺斯艾利斯	47.65	23	49.18	29
雅加达	47.66	22	48.53	33
首尔	41.45	41	53.42	23
迈阿密	46.28	25	47.94	34
墨尔本	46.72	24	46.97	35
约翰内斯堡	41.38	43	50.38	25
台北	47.71	20	43.88	42

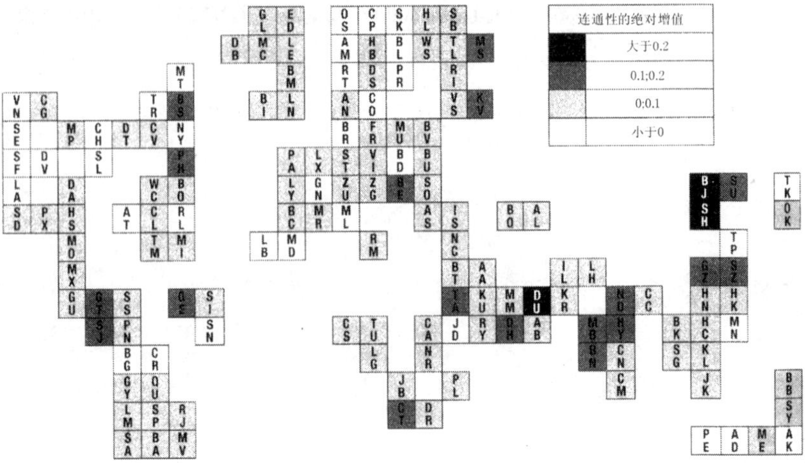

图 8.1a　2000—2012 年间连通性的绝对增值

城市代码如下:伦敦 LN;纽约 NY;香港 HK;巴黎 PA;新加坡 SG;东京 TK;上海 SH;迪拜 DU;悉尼 SY;北京 BJ;芝加哥 CH;孟买 MB;米兰 ML;多伦多 TR;法兰克福 FR;圣保罗 SP;莫斯科 MS;洛杉矶 LA;马德里 MD;墨西哥城 MX;吉隆坡 KL;阿姆斯特丹 AM;首尔 SU;布鲁塞尔 BR;约翰内斯堡 JB;苏黎世 ZU;伊斯坦布尔 IS;华盛顿 WC;布宜诺斯艾利斯 BA;维也纳 VI;旧金山 SF;华沙 WS;雅加达 JK;迈阿密 MI;墨尔本 ME;新德里 ND;巴塞罗那 BC;波士顿 BS;曼谷 BK;斯德哥尔摩 SK;都柏林 DB;台北 TP;慕尼黑 MU;圣地亚哥 SA;亚特兰大 AT;罗马 RM;布拉格 PR;里斯本 LB;班加罗尔 BN;杜塞尔多夫 DS;汉堡 HB;马尼拉 MN;广州 GZ;蒙特利尔 MT;达拉斯 DA;哥本哈根 CP;特拉维夫 TA;开罗 CA;雅典 AS;费城 PH;布达珀斯 BD;利马 LM;开普敦 CT;柏林 BL;卢森堡 LX;休斯顿 HS;基辅 KV;布加勒斯特 BU;贝鲁特 BT;胡志明市 HC;波哥大 BG;奥克兰 AK;加拉加斯 CR;蒙德维的亚 MV;金奈 CN;利雅得 RY;温哥华 VN;曼彻斯特 MC;奥斯陆 OS;布里斯班 BB;赫尔辛基 HL;卡拉奇 KR;卡萨布兰卡 CS;多哈 DH;斯图加特 ST;日内瓦 GN;里约热内卢 RJ;危地马拉市 GT;里昂 LY;巴拿马城 PN;伯拉第斯拉瓦 BV;圣约瑟 SJ; 明尼阿波利斯市 MP;阿布扎比 AB;突尼斯 TU;克利夫兰 CV;内罗毕 NR;拉各斯 LG;河内 HN;西雅图 SE;卡尔加里 CG;索菲亚 SO;底特律 DT;里加 RI;路易港 PL;加尔各答 CC;安特卫普 AN;丹佛 DV;珀斯 PE;安曼 AA;麦纳麦 MM;圣地亚哥 SD;伯明翰(UK)BM;尼科西亚 NC;基多 QU;贝尔格莱德 BE;阿拉木图 AL;鹿特丹 RT;蒙特雷 MO;爱丁堡 ED;科威特城 KU;海德拉巴 HY;深圳 SZ;拉合尔 LH;萨格勒布 ZG;圣彼得堡 SB;吉达 JD;巴尔的摩 BO;伊斯兰堡 IL;德班 DR;瓜亚基尔 GY;圣路易斯 SL;圣多明哥 SI;菲尼克斯 PX;圣萨尔瓦多 SS;科隆 CO;夏洛特(北卡罗莱纳州)CL;阿德莱德 AD;布里斯托 BI;乔治敦(开曼群岛)GE;坦帕市 TM;格拉斯哥 GL;大阪 OK;圣胡安 SN;马赛 MR;瓜达拉哈拉 GU;利兹 LE;罗利(北卡罗莱纳州)RL;巴库 BQ;维尔纽斯 VS;塔林 TL;科伦坡 CM。

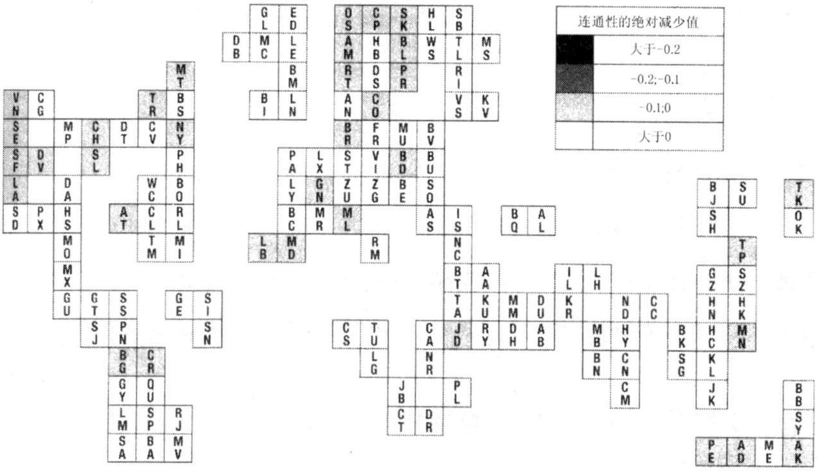

图 8.1b　2000—2012 年间连通性的绝对减少值。城市代码与图 8.1a 相同

本书一再强调城市之间的关系并不是简单的零和博弈。在我们的方法中，企业而非城市才是变化的推动者。这意味着城市间关系的“本质”是城市之间全球服务企业办公网络之间的合作，而不是城市之间为了资本、资源、知识等进行的相互竞争。这并不是说城市之间就没有竞争（见 Begg，1999：807；Taylor，2012b），而是在本书的论述中优先强调合作过程，因为它保证了城市之间关系基本的再生机制：城市存在于城市网络之中，城市网络也只有通过互补的城市才能存在。这种观点与一般组织理论是一致的，即认为竞争和等级不同于网络和合作（Powell，1990；Thompson，2003）。从我们的视角来看，所有这些都意味着变化不仅仅是城市的“上升”或“下降”。表 8.2 和图 8.1 反映了第二个模式：连通性的水平普遍有所提高。例如，那些在排名中“下降”幅度最大的城市在现实中其连通性并没有降低：尽管布鲁塞尔和旧金山的排名有显著的下降，但它们基本上仍保持着绝对的连通性水平。本章所描述的地理变迁模式主要反映了一种相对的变化：我们既讨论保持了它们的连通性水平的城市，也讨论了连通性水平比以前更高的城市。这从很多相关的地

方可以看出来：连通性达到最大连通性的五分之一的城市才被纳入本书关注的城市列表中，而这些入选城市的平均连通性已从2000年的30.1%上升到2012年的34.6%，并且现在进入列表的城市达到152个，而非之前的123个。2000年，多伦多和迈阿密分别排名第10和第25，全球网络连通性分别为59.5%和46.3%。2012年，北京和约翰内斯堡分列第10位和第25位，全球网络连通性分别为62.2%和50.4%。因此更广泛的全球经济一体化过程在世界城市网络结构中也可以看出来，越来越多的城市在全球生产者服务业企业的办公网络中连接越来越紧密。

• 世界城市网络中连通性的变化

探索排名的转变和全球网络连通性的变化水平对识别世界城市网络中一些变化模式是很有帮助的，然而，作为一种关注相对变化的方法，仍存在一些严重的限制。我们从过去的纵向分析（Derudder et al，2010）中汲取灵感，提出了一种可以更细致地评价世界城市网络变化的方法。我们将在第一小节中解释这个方法；在第二小节中，我们应用这个方法从单个城市的层面来对连通性变化提供更加详细的叙述；在最后一小节中，我们将检验更广泛的地理变化模式。

变化测量的标准化

简单地看，用百分比表示的连通性变化程度最大的局限性是形成了一个封闭的数字系统。不管其获得多少额外的网络连接，全球网络连通性最大的城市仍然无法用这些测量方法增加其连通性，因为最大的连通性值始终为1（100%）。更通俗地说，就是可能低估现有较高连通性的城市中的变化。这个问题包含两个方面：（1）测量问题。排名较高的城市增加它们连通性的余地更小，因为它们接近测量尺度的极限（比如一个城市的全球网络连通性是95%，它最多只能再增加5%，而伦敦则完全不可能增加)。(2) 概念问题。排名较高的城市其市场接近饱和,所以获取更多/更大/更重要的分支机构的余地很小(比如一个城市,所有主要的服务企业在这里都有一个主要的办事机构,这就很难再使这个城市在这些企业的办事处网络中变得更加重要)。平均连通性的上升可以作为这个概念问题的一个侧面反映,因为它尤其能反映出连通性低的城市增加了新的连接。

此外,还有第三个实际操作问题,即分析中不同行业间企业的比例(在不同年份)发生的变化。在第五章中我们已经表明不是所有的服务业对城市连通性的贡献都是一样的。2012 年的数据比 2000 年的数据包含相对更多的金融服务企业,这意味着在金融服务企业网络中,那些高于平均连通性的城市(见图 5.5b)连通性的变化可能会被夸大,因为数据中包含更多这类企业。例如,考虑到金融服务行业对北京、上海和香港这类城市的重要性,表 8.2 中的变化至少有一部分是由新的行业组合造成的。理想情况下,当比较我们名单中城市的连通性时,这三个问题需要加以控制。

表 8.3 2000—2012 年间 GaWC 城市在行业内分布的变化

行业	2000	2012	2012(%)
会计业	18	25	14.3
广告业	15	25	14.3
法律业	16	25	14.3
管理咨询业	17	25	14.3
金融业	34	75	42.9

德鲁德等(2010)设计的解决方案包含三个连续的标准化过程来逐一解决这些问题。第一,关于不同服务组合的实际问题,通过调整 2000 年连通性的计算结果,使其与 2012 年有相同的“服务组合”(见表 8.3)。例如,2000 年收集的数据中,在办公室网络中产生联系的 15 家广告企业占到了整个企业数的 15%(=15/100);而在 2012 年收集的数据中,它们

占 14.3%(=25/175)。同样,2000 年收集的数据中,在办事处网络中产生联系的 34 家金融服务企业(定义为银行业和保险企业)占到了整体企业的 34%(=(23+11)/100),而在 2012 年收集的数据中,它们占到了 42.9%(=75/175)。也就是说:在本次实证中,为了与 2012 年的行业组合保持一致而对 2000 年的城市网络连通性进行了重新校正,这样才能保证变化的测量不会受到不同行业组合的影响。

第二,对于封闭数字系统的测量问题,采用一种连通性变化的标准化测量来解决。为此,我们通过以下公式来计算 2000 年和 2012 年的标准化全球网络连通性 $SGNC_a$:

$$SGNC_a = \frac{(GNC_a - GNC_{average})}{\sigma_{GNC}} \tag{8.1}$$

其中

$$GNC_{average} = \frac{\sum_i GNC_i}{n} \tag{8.2}$$

$$\sigma_{GNC} = \sqrt{\frac{\sum_i (GNC_i - GNC_{average})^2}{n}} \tag{8.3}$$

通过这两部分,可以产生一个以 0 为中心的开放数字序列。一个城市的连通性变化 CC_a 可以按以下方法来计算:

$$CC_a = SGNC_{a(2012)} - SGNC_{a(2000)} \tag{8.4}$$

最后,将 CC_a 自身转换为标准化连通性变化 SCC_a:

$$SCC_a = \frac{(CC_a - CC_{average})}{\sigma_{CC}} \tag{8.5}$$

其中

$$CC_{average} = \frac{\sum_i CC_i}{n} \tag{8.6}$$

$$\sigma_{GNC} = \sqrt{\frac{\sum_i (CC_i - CC_{average})^2}{n}} \tag{8.7}$$

现在只剩下第三个问题：概念性问题。即2000年连通性很好的城市的市场可能趋于饱和。图8.2展示了一个散点图，Y轴表示2000—2012年间157个城市的标准连通性变化SCC_a，这些城市在2000年和2012年两版书中所详细关注的城市名单上都至少出现过一次；X轴表示2000年的城市全球网络连通性GNC_a。虽然这张图给人一种直观的、有趣的印象，城市分布忽上忽下，并不固定，但它也反映出这两个指标间确实存在实际很小但统计上显著的负相关性($r=-0.19$)：世界城市网络中连通性的分布变得更加“扁平化”，因为普通的城市，尤其是那些最初连通性很小的城市，也都更强地整合进了全球服务企业办公室网络中。解决这个问题的一个简单方法就是使用图中回归线的标准残差作为我们变化的真实测量值。也就是说，可以认为我们下面所论述的SCC_a测量值反映了我们对主要的服务节点认识不足，但市场饱和过程从统计来看十分显著。

这种三重转化产生了一个标准正态分布，其平均值为0，标准差为1，且统计检验也表明这个分布确实可以认为是正态分布(见Derudder et al,2010)。最终我们的变化测量可以理解为z得分。例如，城市的SCC_a绝对数值≥2时，被认为是超常的连通性变化；而城市的SCC_a值接近于0时，表示其连通性变化与总体分布的变化一致。关键是它也能很好地评估纽约、伦敦和香港这些城市的变化，而这些“国际金融中心”的连通性变化不能简单地被认为是因为数据当中包含了更多的金融业企业。在讨论结果之前，我们需要强调的是，SCC_a应该被看作是相对于整个分布来说一种相对性测量：有可能出现这种情况，当世界城市网络的连通性整体上升时，一个排名较低的城市在最近几年连通性有所增加，但其SCC_a值却是负的，这是因为相对分布中的其他城市平均值而言，连通性增加得更多。因此这种测量补充而非取代了前面部分得出的结果：“排名下降”的城市通常保持着与2000年一样的连通性本身就是一个重要的观察。

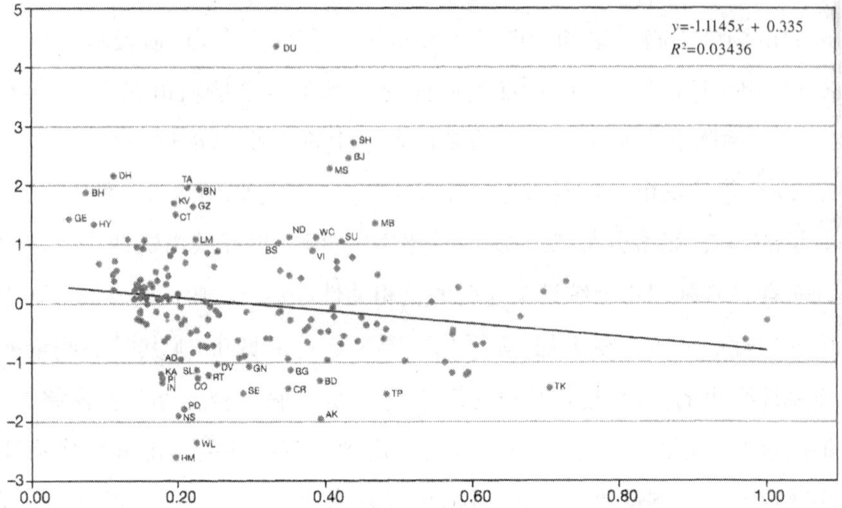

图 8.2　全球网络连通性对连通性变化的影响

世界城市网络中高连通性节点的相对变化

表 8.4 列出了 2000 年或 2012 年排名前 25 位城市的标准连通性变化。表 8.5 也依次列出了相对增长最大和下降最大的 20 个城市。

我们首先发现有四个城市进入了前 10 位(迪拜、上海、北京和莫斯科;阿根布莱特[Argenbright,2013]详细讨论了莫斯科的转变)。这几个城市同时也经历了最大的连通性增长。虽然表 8.5 表明在整个分布中城市的连通性都变得更好,但这四个主要节点在连通性增长方面明显更加突出。是这些"新进入"而不是连通性降低的城市代表着连通性高的城市的主要变化模式:在表 8.4 中,有六个城市的 SSC 大于 1,只有一个城市(台北)的 SCC 小于－1。迪拜的表现很突出,其标准连通性变化达到 4.45,在统计意义上表明它属于超常变化。尽管阿库托(Acuto,2014:1732)最近的评估认为迪拜在世界城市研究中已经"从标题中消失了",但与 2000 年(Bassens,2013)相比,它明显已经成为全球生产者服务业企业办公室网络中一个十分重要的节点。台北和东京是前25位城市中仅有的或多或少有较为明显下降的城市。就东京来说，日本经济的停滞明显是其排名下降的原因之一。而中国台北，一个合理的解释可能是：与中国大陆的“开放”及与之伴随的城市连通性的上升相比，台北大致处于这个进程之外。

表8.4 2000—2012年间至少有一次排名前25位的城市标准连通性变化

排名	城市	SCC
1	迪拜	4.45
2	上海	2.94
3	北京	2.65
4	莫斯科	2.44
5	孟买	1.57
6	首尔	1.21
7	吉隆坡	0.96
8	香港	0.86
9	约翰内斯堡	0.86
10	墨西哥城	0.70
11	巴黎	0.65
12	悉尼	0.60
13	伦敦	0.52
14	圣保罗	0.31
15	新加坡	0.20
16	纽约	0.16
17	迈阿密	−0.06
18	布宜诺斯艾利斯	−0.14
19	法兰克福	−0.14
20	墨尔本	−0.19
21	多伦多	−0.21

续　表

排名	城市	SCC
22	苏黎世	−0.22
23	芝加哥	−0.32
24	米兰	−0.37
25	雅加达	−0.39
26	布鲁塞尔	−0.70
27	旧金山	−0.73
28	马德里	−0.84
29	阿姆斯特丹	−0.87
30	旧金山	−0.88
31	东京	−0.97
32	台北	−1.33

表 8.5　2000—2012 年间世界城市网络中连通性上升/下降最大的城市

排名	城市	SCC	城市	SCC
1	迪拜	4.45	哈密尔顿	−2.73
2	上海	2.94	惠灵顿	−2.44
3	北京	2.65	纳索	−2.02
4	莫斯科	2.44	波特兰	−1.90
5	多哈	1.98	奥克兰	−1.86
6	特拉维夫	1.91	西雅图	−1.52
7	班加罗尔	1.89	印第安纳波利斯	−1.47
8	贝尔格莱德	1.66	皮尔斯伯里	−1.41
9	基辅	1.61	加拉加斯	−1.39
10	广州	1.57	科隆	−1.34
11	孟买	1.57	堪萨斯城	−1.34
12	开普敦	1.42	台北	−1.33
13	华盛顿	1.24	鹿特丹	−1.27

续 表

排名	城市	SCC	城市	SCC
14	首尔	1.21	圣路易斯	−1.21
15	新德里	1.18	布达珀斯	−1.21
16	乔治敦	1.18	丹佛	−1.08
17	海德拉巴	1.13	日内瓦	−1.07
18	波士顿	1.09	波哥大	−1.06
19	利马	1.03	阿德莱德	−1.05
20	维也纳	1.01	东京	−0.97

第二个发现是，在控制了可能存在的市场饱和后，“纽约-伦敦”的连通性是有所扩大的。巴森斯和梵·米特仁(Bassens and Van Meeteren, 2015)最近将这个作为“增强世界城市假说”的一例，他们提出世界城市是且依然是一个为了相对保证资本收益的强制通行点。他们整合最近有关金融化过程的研究，将高级生产者服务综合体认为是领域化的共构知识的创造者，这些知识涉及运营和金融机构重组、新的价值循环和资本转换。虽然世界城市网络日益延伸到一些明显的国际金融中心候选名单之外的城市，但与其他城市相比，伦敦和纽约明显继续保持着中心地位。巴森斯和梵·米特仁(2015)认为，在服务和全球资本组织方面，伦敦和纽约尤其已经发展成为“强制通行点”。不管全球生产者服务业企业的起源地和主要的(地理)市场地如何，它们在这两个城市有足够的存在似乎是必须的。

巴森斯和梵·米特仁(2015)利用克拉克等(Clark et al, 2010)提出的主权财富基金(SWFs)来举例说明其运作原理。SWFs 已经日益从简单的政府债券投资转移到股票、商品期货和不动产的投资中来。生产者服务业企业一直在利用这个趋势，它们通过建立办事处来与 SWFs 总部所在的金融中心保持良好的面对面关系。但这反过来能够以多样的相关的方式产生业务，尤其是在纽约和伦敦：两个城市都有独特的专业知识，这意味着纽约和伦敦的业务会由于海外交易而得到极大的促进，而在这两个城市中，直接的 SWF 投资自身也在不断增长（同样见 Bassens et al, 2013；新“纽约-伦敦的阴暗面”的详细分析见 Wójcik，2013）。采取这样一种关系的视角可以帮助我们理解为什么世界城市网络整体的连通性水平上升得以加强而不是挑战纽约-伦敦在全球服务企业办公室网络中的重要地位。香港是唯一一个连通性很好且有可能缩小（一些）与纽约和伦敦差距的城市。这到底是标志着如最近流行媒体猜测的“纽约-伦敦-香港”三角关系格局的出现，还是仅仅反映中国在世界经济上的腾飞所产生的溢出效应，还有待进一步验证。

“中国效应”使我们有了第三个发现，在连通性增长方面，上海和北京的增长速度超过中国其他城市。这两个城市 2000 年和 2012 年的连通性都很相似，所以在世界城市网络中有着显著相似的轨迹。在我们看来，这再次巩固了黎（2012）的评价，她认为这两个城市在全球资本服务方面扮演着互补而非竞争的角色。广州和深圳（位于香港旁边）的连通性也有所增加，但少于北京和上海。此外，我们注意到虽然现在的实证框架中出现了 38 个中国城市，包括武汉、重庆、天津和成都等大城市，但没有一个城市稳定地出现在全球生产者服务业企业的版图中。因此上海和北京一方面与香港有着显著的差异，另一方面又与其他主要的中国大城市存在显著的差异，这些差异在 2000 年就已经显现了，并在 2000 年到 2012 年间变得更明显。当我们将 2012 年中国大陆城市的全球网络连通性与它们在国内生产者服务业企业网络中的连通性（表 8.6）进行比较时，更加证实了这种解释。后者的测量来自赵等人（Zhao et al, 2015）的研究，他们用 GaWC 的方法来描述中国大陆城市在关注本土市场的生产者服务业企业办公室网络中形成的国家网络连通性（NNC）。

表 8.6　中国城市国家网络连通性(NNC)和全球网络连通性(GNC)的对比

城市	NNC		GNC	
	排名	NNC	排名	GNC
北京	1	1.00	2	0.62
上海	2	0.87	1	0.65
深圳	3	0.72	4	0.24
广州	4	0.65	3	0.39
成都	5	0.55	6	0.17
南京	6	0.55	9	0.15
武汉	7	0.55	12	0.12
杭州	8	0.55	8	0.15
天津	9	0.53	5	0.19
沈阳	10	0.51	17	0.07
重庆	11	0.50	10	0.15
济南	12	0.50	14	0.09
西安	13	0.48	13	0.10
长沙	14	0.46	18	0.06
福州	15	0.46	15	0.08
青岛	16	0.45	7	0.16
大连	17	0.45	11	0.14
郑州	18	0.44	20	0.05
太原	19	0.42	19	0.06
昆明	20	0.42	16	0.08

来源:从赵等人(2015)的研究中摘取的 NNC

这两个排名中有一点微小的差异:在国家服务网络中,北京和深圳分别(稍微)比上海和广州的连通性要高一点。可关键的是,尽管大体上相似,但有一点很有趣,在全球企业网络的连通性中有一个更陡的急速下降现象。图 8.3 绘制了排名与全球及国家网络连通性大小的分布。马和提博莱克(2013)最近发现北京和上海日益增加的全球联系并不预示着它们国家联系的下降。这确实体现了它们在国家服务网络中(持久)的统治地位,但我们的分析也表明两个城市越来越成为全球服务企业办公室网络中的中心节点，它们设法去为那些已经进入和/或尝试进入中国市场的外国客户提供服务。这种与日俱增的支配性反映出也体现为这些城市正在成为国际航空交通最重要的门户(Lin et al, 2012)。需要注意的是，中国的主要银行在两个数据集中都被包括了，且它们在我们名单中的每个中国城市都有办事处(Zhao et al,2015)，城市之间的实际差别可能比这里提到的更加显著。

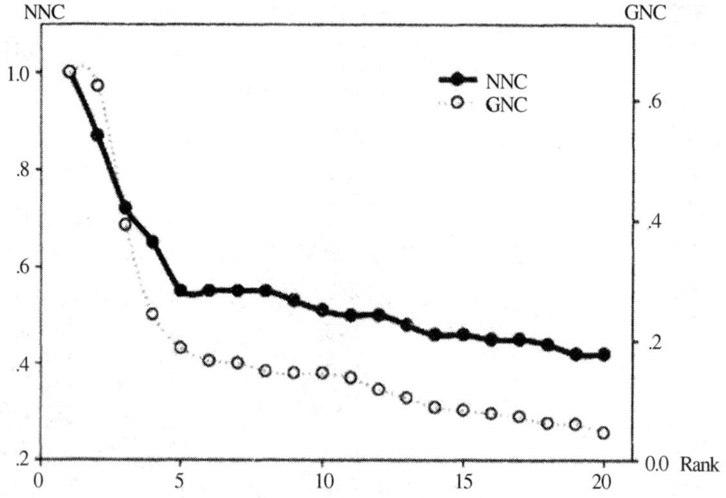

图 8.3 中国国家网络内更均匀的连通性分布
NNC＝国家网络连通性。GNC＝全球网络连通性

连通性变化的节点和区域模式

在前一小节，我们关注的是单个城市的轨迹。这一小节通过将这些变化放在一个更广阔的地理背景下来对本章做出总结。最后，通过一个展示我们操作名单中所有 157 个城市的标准连通性变形地图(图 8.4)和一张表现不同世界区域平均变化的表(表 8.7)来对表 8.4 和表 8.5 的信息做出补充。

文献中经常提到世界经济正处在一个主要的由“西”向“东”的地理

转移中(如 Arrighi,1994,2007;Frank,1998)。我们这里的第一个主要发现是:这个地理转移在城市连通性中也能看出来,虽然不是很清晰。这已被迪拜、上海和北京进入了前 20 位所证实,而且从图 8.4 和表 8.7 中有四个印度城市(孟买、班加罗尔、新德里和海德拉巴)出现在前 20 位也能看出来。同时,连通性下降最多的城市名单主要是美国的二线城市(印第安纳波利斯、堪萨斯城、波特兰、西雅图、匹兹堡、圣路易斯和丹佛),而且大多数西欧城市的连通性也有相对的下降。

当从世界区域的平均水平(表 8.7)来看时,由西向东转移的迹象更明显,虽然结果显示像北京和上海这种引人注目的例子掩饰了其复杂的转移,尤其是欧亚大陆、中东/北非、南亚和非洲撒哈拉沙漠以南地区的城市连通性正变得相对更高。亚太地区的城市连通性也越来越高,但模式更加复杂,比如像雅加达、马尼拉和曼谷这些城市的连通性有所降低。拉美的城市总体上其连通性水平保持不变,而北美、欧洲,尤其是澳大利亚的城市,连通性都有所降低。图 8.4 也显示了这种由西向东转移的迹象存在于欧洲内部,几乎所有的东欧城市在 2000 年到 2012 年期间连通性都有所增加。

然而,第二个模式是——尽管由西向东的转移不可否认——这种变化既复杂又相对有限:前者可以从很多特例中看出(例如华盛顿、波士顿和悉尼的连通性有所增加,而科威特城和加尔各答的连通性有所降低),后者可以从北美、欧洲和亚太地区在连通性的覆盖范围和相对水平均占主导地位这一事实中看出来。因此,第五章到第七章讨论的总体模式与本书第一版中讨论的在本质上并没有多大区别。此外,尽管亚太地区的城市连通性与北美和欧洲的城市相比正变得越来越高,但值得注意的是,至少就世界城市网络连通性来说,它伴随着 20 世纪 80 年代设想的“太平洋沿岸地区”(参阅 Friedmann,1995;Keil,1998)的衰减:洛杉矶和东京,还有台北和旧金山,是这些城市中连通性下降相对最大的。

此外,除了世界城市网络由西向东轻微的转移之外,从数据中还能

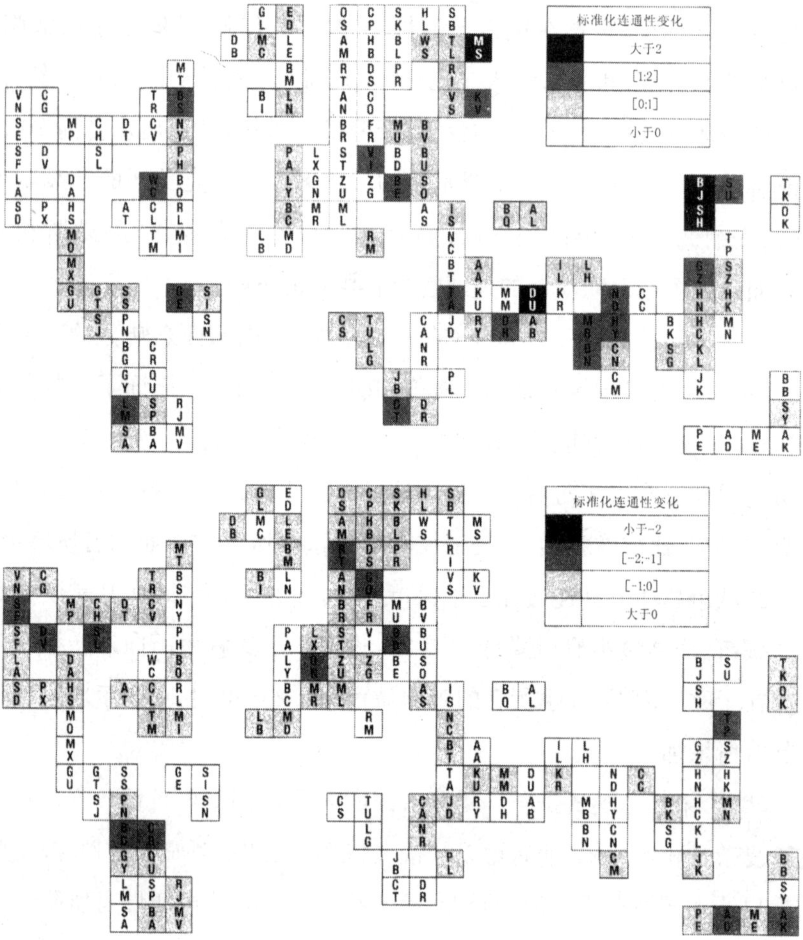

图 8.4a、图 8.4b　2000—2012 年间标准化连通性变化。城市代码与图 8.1a 相同

发现另一个次要模式。尽管首都城市的类型多样，但我们发现有这样一种微弱的趋势，即从 2000 年到 2012 年期间，首都城市与其他所有城市相比，连通性相对来说都是增加的：首都城市的平均 SCC 值是＋0.142，而非首都城市的值为－0.124。用首都城市作为回归分析中的一个虚拟变量，结果显示在 10％水平下在统计上是显著的。布达珀斯在这方面特别有趣，尽管它既是首都城市又属于东欧，但自 2000 年以来其连通性严

重下降。这反过来与邻近的维也纳的上升轨迹形成鲜明的对比。利用对外直接投资地理模式的分析，穆齐尔（Musil，2009）最近表明：铁幕时期结束后，维也纳开始作为东西方之间沟通的欧洲门户。虽然他使用的1989—2005年的数据显示维也纳的世界城市地位在这个过程中并没有上升，但我们的分析表明，到2012年其地位是有所上升的。此外，虽然我们可能需要其他定性数据来证实这个假设，但维也纳的上升也可以解释为什么邻近的布拉迪斯拉发这个最大的东欧国家首都没有出现在我们157个城市名单中。在第七章中，我们表明存在以维也纳/米兰为中心的战略，覆盖了大多数东欧的城市（图7.17）。这其中就包括企业的办公室网络，如总部在维也纳的埃斯特银行，已经成为中欧和东欧最大的金融服务提供商之一，这也证实了穆齐尔（2009）的观点，他认为维也纳正在成为西欧和东欧之间的一个门户。总之，在当代全球化中维也纳的存在使得布达珀斯和布拉迪斯拉发黯然失色。

还有一些其他的变化比较特殊，例如，加拉加斯连通性的降低和贝尔格莱德连通性的升高可能都是由于从2000年到2012年间地缘政治环境的变化导致的。或许让人惊讶的是，德国一直处于相对下降的模式中，尤其是科隆（Taylor and Aranya，2008）。这可能和科隆与杜塞尔多夫在莱茵-鲁尔巨型城市区域的功能分化有关，后者主要提供全球服务，而科隆的增长大部分依赖于国家尺度的服务（参阅Knapp等的表12.1，2006）。然而最特殊的可能要属数据中出现的避税天堂了。帕兰等人（Palan et al，2010）认为三大避税天堂在这些城市中表现出相对很大的变化：在表8.5中，乔治敦（开曼群岛）的连通性表现出相对较好的增长，而哈密尔顿（百慕大）和拿索（巴哈马群岛）在连通性水平下降的城市中位居前三。作为小型专业化的中心，这些城市容易受金融波动的影响，尤其在涉及它们所从事的业务时。在这些城市所从事的金融服务中，乔治敦专业化的保险业比其他两个城市专业化的银行业处境更好。例如，哈密尔顿的银行和信托数量在21世纪早期严重减少，因为新的规管要求托管的银行在岛上必须存在实体机构(Palan et al,2010:60)。哈密尔顿和拿索只出现在变化的数据中,因为 2000 年它们还比较重要,但到 2012 年它们就不再出现在我们的城市名单中了。

在最近的一篇世界城市网络研究综述中,伯格和梵奥特(Burger and Van Oort, 2014)强调,为什么一些城市的全球连通性(没)有强调这个问题在这些定量分析中并没有得到系统的解决。在本章中,我们描述了世界城市网络变化的主要地理特征,但仍然没有充分利用经济地理文献中提到的不断演进的用来研究网络动因的各种可能性分析。布鲁克尔(Broekel et al,2014)最近对这些可能性进行了回顾,并提到分析关系因变量的困难。这一困难使得我们需要新的统计分析方法。解释网络动力机制这一研究主题最近在世界城市网络分析中开始兴起(Liu et al, 2013a,2013b,2015),但方法的技术性使其讨论超出了本书的范围。不管怎样,迄今为止,世界城市网络文献仅仅探索了布鲁克尔等(2014)识别出的网络结构空间动力机制可能性的一小部分。

在本书的实证部分,我们突出并使用了网络分析中最新的研究成果;这为更深入地理解世界城市网络提供了许多可能的研究机会。特别是变化分析在今后几年将是世界城市网络研究中最相关也最令人激动的方向;未来的数据收集将展示本书中发现的复杂趋势是否会继续,或者世界经济的方向是否会再次发生改变。

表 8.7 世界区域平均连通性变化

世界区域	SCC
欧亚大陆	0.93
中东/北非	0.72
南亚	0.53
撒哈拉以南非洲	0.48
太平洋亚洲	0.44

续　表

世界区域	SCC
拉丁美洲	−0.06
欧洲	−0.13
北美	−0.54
澳大拉西亚	−0.83

第三部分　总结性思考

第九章　奇怪的组合:城市与国家

- **两个问题**

  我们可以从香港学到什么?

  一种“应用性”的世界城市网络分析是什么样的?

- **全球空间-经济语境下的世界城市网络**

  全球选址决策中的城市和国家

  全球空间-经济的双层模式

  公司全球化中的世界城市网络

- **乌托邦视野:绿色城市网络**

  不断本地化的城市经济增长

  稳定而又动态:另一种全球空间-经济

任何想理解世界经济的人……都必须关注国家……以及资本和全球流动。

(Therborn,2011:283)

我们全球城市分析最基本的发现是：世界城市网络是存在的，并且具有特定的地理格局。这种当代流动空间将不可避免地会影响未来的社会变迁。然而，本章我们不打算赘述前面章节提到的众多结果和发现。相反，我们非常有选择性地、并借鉴实证分析来探索关于全球化中城市的新知识如何支持本研究的理论基础。更为具体地说，我们此处的总结主要关注当代全球化中的城市/国家关系。在第一章中，我们对世界城市网络讨论的伊始就突出了城市，然而也并未忽视国家的重要性。这使得国家以不同的形式出现在我们之前的分析中，但我们却并没有对国家本身做任何深刻的分析，我们努力在下面部分做到这点。

我们将城市和国家视为"奇怪的组合"，因为它们彼此需要但又截然不同。指导本章的一个核心观点是：要对现代城市有所理解，我们就无法脱离理解城市与国家之间的关系；世界城市网络所代表的国际流动空间同时也是国家间体系所代表的跨国场所空间。本章由三个主要部分构成。我们首先从研究中提出了两个简单的问题，使我们能够进一步探索研究的本质。接下来是本章的主体部分，这部分试图将世界城市网络置于当代全球空间-经济的语境下。我们将研究放在更广泛的背景下并着重讨论我们所处的 21 世纪初期。第三部分与本书其余部分强调实证不同，主要考虑一个乌托邦式的问题：联系到全球环境变化，我们在本世纪后期想要处于何种境地？因为届时世界上大部分人口都将成为城市居民，城市必将处于核心的地位。最后，我们简短地向我们的读者们发出一个挑战邀请。

• 两个问题

我们将提出两个问题，分别对应接下来的两个小节。第一个问题主要是关于香港。作为一个让人惊讶而好奇的现代城市，香港在世界城市网络中不同寻常的地位让我们深受启发，它尤其突出地展示了雅各布斯的理论。第二个问题是关于我们的研究如何能够帮助城市从业人员和决策者。这看起来是一个十分直观的问题，但是却存在一个致命的缺陷，简单地说，城市从业人员认为我们的研究十分有趣，但却不知道如何利用它！

我们可以从香港学到什么？

香港相对突出的地位一直以来都是基于连锁网络的世界城市网络分析中的一个特点，从最初的2000年左右到本书在2012年收集的数据均是如此。萨森（1991）最初的全球城市论文指出了三个“全球城市”——纽约、伦敦和东京，它们分别代表了不停运转的全球市场的一个时区；这三个位于世界城市层级结构顶端的城市在世界城市文献中被广泛认可。然而，在我们的网络研究结果中，香港取代东京成为亚洲领先城市且始终稳定地在伦敦和纽约之后位列第三。很明显，最初将东京定义为全球城市是因为它是日本最重要的城市，而日本在1990年之前的几十年是经济发展最成功的国家。是否有同样的原因使得中国香港获得如此高的全球重要性？坦率地说，没有。事实上，香港的环境似乎并不能为其成功地提供一个有利的平台。1997年之前香港是英国的殖民地，之后其政治管辖权被移交回中国。从帝国主义的“遗产”到成为共产主义国家的一部分，这并不是资本主义世界经济中一个成功城市一般所具有的城市政治发展路径。

我们可以回到简·雅各布斯的著作（1984；以及House，1992），来为这个看似悖论的情况提供解释。她认为，经济/城市进程与政治/国家进程有很大的不同，虽然密切相关，但应分开分析。对于城市来讲，不论现行政治组织如何，成功的关键是需要相对的经济自主权，而这正是香港所经历的。在英国治下，殖民统治更加注重排场，而本地的中国人则集中精力赚钱。1997年后中国政府的治理策略则是务实的：为什么要杀死一只会下金蛋的鹅？中国政府用一国两制的方针赋予香港特别行政地位，这既保留了北京的政治权力，又使其经济高度自治。如此看来，香港的政治发展路径实际上为其成长为全球成功城市提供了理想的经济空间。但这并不是说政治是无关紧要的。尽管香港地区和国家的关系与东京（和日本的关系）有所不同，香港主要作为门户城市而非首都城市，香港的成功明显与中国经济的腾飞密切相关。如果没有 1978 年邓小平的改革开放政策，香港几乎不可能成为门户城市。但这种政治赋能可能不应被简单地看作是有意识的开明的政治决策。芬比（Fenby，2012：171）记录邓小平曾说经济和城市的巨大变革“不是我和任何同志能够预见的，它就这样应运而生了”。在其所有的五年规划中，改革开放后的中国政府有效推动了地方城市经济自主权的发展（Zhang，2003；Lai，2012），并创造了历史上最大规模的由农村到城市的人口流动。香港在中国这一增长中作出的贡献和获得的经济利益是网络互利性的经典例子。这一互利互惠过程首先发生在珠江三角洲地区，再发展到中国各地的城市。

香港经常被拿来同新加坡做比较，并且两者通常被认为是成功的现代城市地区或城市国家（city-state）。这是非常具有误导性的。本书作者中的一人最近写了关于城市与国家关系的概括性文章（Taylor，2013），读者可参看这篇文章，以便从历史和理论的角度来看待这一问题。很重要的一点是，对城市和国家关系的理解会受到“城市国家”（city-state）这一概念的混淆和影响。考虑到雅各布斯（1984；以及House，1992）对城市进程（city process）和国家进程（state process）有所区分，我们必须清楚城市国家是指国家，一种与现代领土国家和传统农业帝国不同的形式，但仍然是一个国家。当考虑到“市长统治世界”的想法时，这个含义就变得清晰了（Barber，2013）。这种偶然的情况将产生另一种国家系统，这个系统中充满竞争，或者有时如彼得雷拉（Petrella，1995：22）所预言的一样会带来战争。事实上，城市国家之间的这种军事竞争有许多历史先例，也许最著名的是意大利 15 世纪的“百年战争”，它将意大利北部合并为四个政治实体——佛罗伦萨、热那亚、米兰和威尼斯(Arrighi,1994)。城市国家现在已经很少(仅有新加坡和海湾国家),因此这一概念在当代分析中变得不再重要。然而,仍有一些当代城市被称作是“国家”(例如,在 Peirce et al,1993;Parker,2004 的著作中),尽管它们并不是国家,但它们受到城市之上的主权的制约。关键是,不应该将“城市国家”这一概念与具有经济自主权的城市相混淆;香港和新加坡是十分不同的——它们分别代表了一个纷杂的城市进程(city process)和一个纪律严明的国家进程(state process)。国家更注重提供政治和军事力量,而城市则专注于创造和维持经济联系(Braudel,1984;Arrighi,1994;Taylor,1996)。

最后,香港的特殊地位引出一个有趣的比较,显示出城市相对自主权如何运作以促进主要国家的经济进程。我们在第六章逐个城市分析(个体层面)和网络分析(系统层面)的基础上进一步对“城市对”进行了分析,当然,世界城市网络的复杂性不仅限于“城市对”之间的联系。香港与北京和上海的关系是城市三角关系的一个缩影(Lai,2012)。很明显,北京是政治权力的中心,上海是经济中心,而香港则类似于一种“外部”权力。后者是一种建立在交易基础上的权力,这种交易对中国本身很有必要,但在中国国内却不可能实现,因此北京和上海并未获得这种权力。这是香港经济自主权带来的重要依存关系。伦敦类似于美国的外部权力,而纽约和华盛顿则分别代表美国的经济权力和政治权力。我们通过用“USAL”一词描述美国和伦敦作为单一经济实体来表明这一整合(Taylor et al,2013)。在当今世界经济环境下,香港和伦敦作为两个大国(中国和美国)直接控制的经济之外的全球平台在运转。因此,城市网络的相互关系在国际地缘关系层级的顶端为国家之间的竞争服务。

一种“应用性”的世界城市网络分析是什么样的？

对前一个问题的探讨是以城市/经济过程与国家/政治进程分离为前提，这显然会使我们的分析存在实际应用方面的问题。尽管本研究的实证分析中多次提到国家这一概念，但是关于它们的政治权力却很少有直接的探讨。政府是政策制定、实施或者反对的地方。社会科学研究致力于为某一特定区域不同层级的政府或行政机构的权力或权威的持有者制定循证政策做出贡献。这一点在城市研究领域尤为突出。例如，国家城市体系学派对于全国范围内政策制定的影响，以及它在城市区域尺度的城市建模的关系。但值得注意的是，简·雅各布斯的城市理论框架源于她在《美国大城市的死与生》(1961)一书中表达的对于城市政策的政治抵触；她抨击了用城市建模来改善市内交通流的做法，并用基于社区的社会知识代替了这一方法。因此，她通常被认为是创建了一种城市规划的范式转变。然而，我们的出发点是她后来的城市经济学，特别是她的学说中有关城市外部关系的部分。因为现代的权力和权威是地域性的，所以将这一(关注城市之间联系的)学说转化成政策是颇为困难的。

因此，我们在此想要解决的问题十分难以回答，因为它需要有超越现代空间表达的想象的飞跃，而“想象的飞跃”通常不会作为制定政策的基础。因此，关于全球化与世界城市的研究一直是“不侧重政策性的”(policy-lite)。事实上我们与城市政策制定者之间的关系一直不那么融洽。我们与世界各地不少城市的咨询和政策制定机构合作过——这些机构通常被称为“经济发展委员会”“国际事务处”“全球事务理事会”“规划署”“全球在地化组织”“市长政策论坛”——但是一般都经历了一些合作的根本障碍。这里有三点非常突出：首先，城市的代表主要从竞争的角度考虑问题——通常他们希望他们的城市能够成为“全球城市”或尽量靠近“全球城市”——这与我们强调的网络或者总体来说与我们研究的目的并不十分契合。其次，他们的权力和权威仅限于他们的司法管辖区范围内，因而认为我们所关注的城市外部关系与政策无关。第三，基于雅各布斯对城市固有的复杂性的认识，我们的研究观点使得我们对政策可能性有不同的理解。关于后者最鲜明的例子是我们在英国财政部给出的作为磋商英国是否应加入欧元区的一部分演讲（HM Treasury, 2003）。我们的演讲之后立刻有人提问："你们的政策杠杆是什么？"我们回答："我们没有！"有效地结束了这一环节。

毁灭总是比创造更容易，我们很清楚意在打乱城市进程的政策是什么样的：封锁。军事围困以控制城市运转可以被看作是这类极端的例子。这种政策的成功完全取决于封锁或围困是否严密。例如在1870年巴黎公社被围困时，城市对外的唯一通讯渠道是靠气球，而这依赖于天气，因此本质上是不可靠的。没有城市能够在如此微弱的空间连通性下生存，巴黎也是如此。然而，在1948年被封锁的西柏林，大量的空运成功地维持了城市的运转。但是，解除边界的封锁使得城市同样被隔离，因为军事藩篱被政治边界所取代，西柏林被敌对的东德国家包围。这种有限的连接在1989年德国统一之前严重影响了西柏林的经济发展。

反过来，这种对城市的破坏性政策突出表明，政治边界的目的正是为了管理和限制经济流动。所有领土权都是为了控制领土内的事物（Sack，1986），而现代国家是通过边界管制来实现这种控制。考虑到本书中所呈现的城市的本质，这样的界线本质上对经济发展是有害的。当然，不是所有的界线都像1989年之前东西德之间的界线一样；政治界线的经济作用会随着国家政策的改变而变化。在接下来的小节中，我们探索这两个社会空间之间的相互作用并将其视为一种全球空间-经济，这种全球空间-经济框架将世界城市网络分析纳入一个更广泛的政治经济体系之中。因此，我们暂时不完全回答这一小节提出的问题，而是在考虑全球环境变化的具体和关键问题时再回到这一问题。而这需要飞跃的想象力，因为我们将主要讨论一个乌托邦式的愿景，而不是城市和国家层面上具体可信的政策。

• 全球空间-经济语境下的世界城市网络

在当代全球化中，城市与国家关系研究主要由三个辩论主导。首先，本书的理论基础之一，即卡斯特尔（1989，1996）提出的“新空间建设论”提出了对社会关系性质的重新思考，并强调了地域之间的流动，从而淡化了国家的重要性。我们在第一章中强调过，这并不意味着国家被忽视，例如，在第四章中，我们强调了国家市场在影响某些特定产业中连接的重要性。其次，“发展型国家论”认为萨森的全球城市进程论并不符合亚太地区的发展路径，并强调了国家的重要性（Hill and Kim，2000；Hill and Fujita，2003）。批评主要集中在弗里德曼和萨森在他们各自的分析中都过分忽视国家的概念。我们要指出的是，在世界城市网络分析中，亚太国家的城市在世界城市网络中十分突出，这强烈意味着这些城市的经济发展已经超出了它们各自的国家。然而，这一观点涉及更广程度上关于全球化与国家经济发展的争论（Hirst et al，2009），同时该观点也在最近与第三章中简要论述的瑟伯恩对世界城市网络分析的批判有关。第三，“尺度重构论”认为，国家正在将经济权力上移至全球尺度，但同时权力也逐渐下放至地方尺度（次国家），如区域和城市。这与新自由主义有关，主要的金融、服务和商品生产者能够利用不同尺度上的活动来确保经济治理能为它们带来经济利益（Brenner，2004；Brenner and Theodore，2002）。这项工作做到了我们未能提供的应用研究。

后面的两种观点都给我们的卡斯特尔式（Castellsian）的方法带来了极大的挑战。我们承认我们的研究提供的实证分析范围很狭窄。因此，尽管我们认为它是构成经济全球化的无数其他经济和政治进程复合体中的一个重要部分，但我们的分析已经“过度解读”了我们的本意。因此，我们将通过我们的调查结果与更大的整体进行关联来解决这些挑战，我们称之为全球空间经济。我们分三个阶段进行，包括一个结合城市与国家的实证说明，一个关于城市与国家之间互动的简单模式的介绍，以及一个关于公司全球化背景下当代城市与国家关系的解释。

全球选址决策中的城市和国家

首先要说明的一点是，全球化研究中关于“城市或国家”的讨论大多是通过政治视角表达的。在作为全球化重要推手的商业领域，城市和国家均被关注，二者在提供经济资产和机会方面被视为同样重要。例如，投资设立新办公室的地址取决于评估城市能提供什么机会，并从经济的角度考量国家的特性；它一直是一种双重评估。

城市和国家在全球选址决策中的相对重要性在不同的城市和国家间有所差异。万事达卡（MasterCard Worldwide）的一项有创意的研究为说明这一城市/国家关系提供了可能。这项研究根据来自 75 个重要城市的 90 种测量（包括全球网络连通性），计算出一个综合的“商务中心指数”，用于对城市的商业吸引力进行排名。这里我们感兴趣的是测量方法而非排名，因为该测量包含了城市和国家两种属性。例如，与“宜居”有关的指标是针对城市的，但法律框架是按国家索引的。有 50 种测量是针对国家的，30 种是针对城市的，还有 10 种是混合的。根据这些数据，我们可以把每个城市的商务中心指数分解为由其城市属性导致的和由其所在国家的属性导致的两部分。

图 9.1 显示了城市和国家属性对城市商务吸引力的贡献，坐标系中的每一个点代表一个城市，横坐标代表对应城市的商务吸引力中城市属性的贡献，而纵坐标则代表对应城市的商务吸引力中国家属性的贡献。该分布图右下角为空：这意味着在不适合商务发展的国家不存在适合商务发展的城市。正如预期的那样，以伦敦和纽约为首的领先世界城市位于图形的右上角——它们在两方面都是最好的：它们是具有商务吸引力的国家中具有吸引力的城市。然而，左边的一列是图形中最有趣的部

分。这里我们发现了一些城市，它们本身均不是十分具有商务吸引力，但它们所在国家的商务吸引力却相差很大。休斯顿和爱丁堡与马尼拉和圣保罗形成了对比：这四个城市的城市吸引力相当，但是前两个城市却因为它们所在的国家而明显更具有商务吸引力。

该结果很容易从地理格局的角度解释。在世界较贫穷的地区，国家架构相对较弱，并不适合商务活动，因而城市在吸引商务活动方面也受到所在国家的拖累。为了理解全球选址决策，这一观察提出了一个有趣的设想：在世界上较富裕的地区的选址决策往往是基于城市属性，而在世界上较贫穷地区的选址决策则主要是基于国家属性。换言之，城市和国家在全球空间-经济的不同部分扮演着不同的角色。

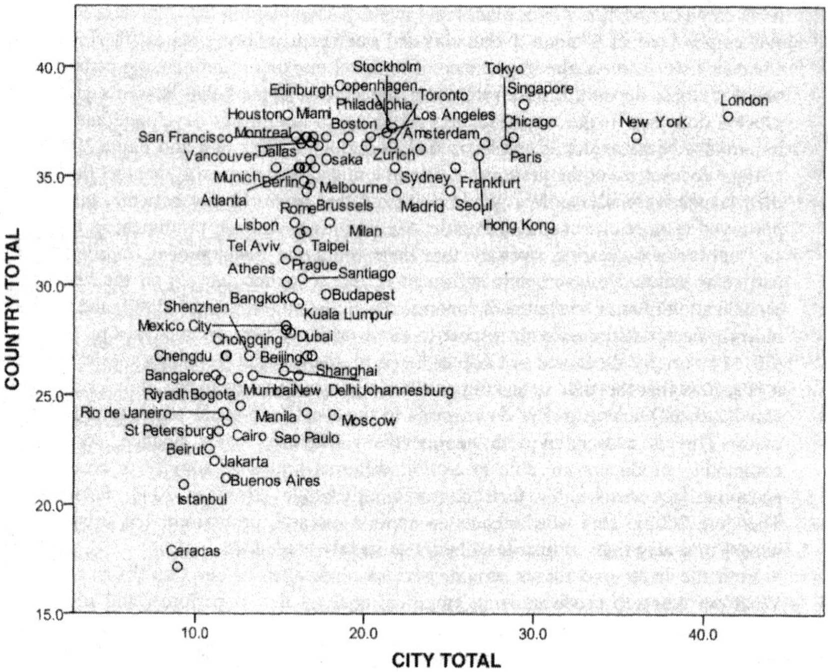

图 9.1　基于万事达卡业务反映的城市和国家商务吸引力贡献的城市散点图

全球空间-经济的双层模式

全球空间-经济是一个以城市为中心的经济进程，但国家可以在其中发挥重要作用。虽然它们可能不会构成经济实体，但是国家可以对商业惯例和流程产生巨大的影响。在当代全球化中，这意味着再次引入"国际化"的概念（一个充满边界的世界），尽管城市仍是经济的实体。现代国家是一个政治实体，它能够通过其边界来控制经济因素的流动，管控其领土内的经济因素，并通过管理预算（和资源）来平衡领土内外事件的影响。最终的结果是，国家也许不是经济实体，但是它们有巨大的经济权力。我们将这种权力称为国家经济管辖区（SEJs），它和城市一样，是我们全球空间-经济的重要组成部分。

关于全球空间-经济初步思考的结果是，它由两个空间的相互作用组成：汇集在城市的流动空间和由国家经济管辖区所组成的地点空间。这是一个两层的模型，如拼图一般的政治空间叠加在充满联系的经济空间之上。前者的动因由政府制定的关税率和劳动法等政策影响；后者的动因是企业参与的集聚和连接的过程。我们用"双层"而非"两层"来强调两者之间的整体连接。这里我们考虑的模型包含着三大过程：拼图般的空间的构建与维持；连接性的构建与维持；两者之间关系的构建和维持。前两者在实践中表现出很大的差异——国家内不同公私力量的对比（Rokkan，1980；Dixon，2011），以及代表不同流量的跨境网络、链条和回路（Coe et al，2010；Derudder and Witlox，2010）——这里我们主要关注地点和流动的互相作用。

麦凯（Mackay，1958）的开创性论文很早就展示了有关这种互相作用的基础知识。他提出了一种用空间相互作用的"距离效应"来校准边界的方法。简单地说，就是在流动空间的起止点之间设置边界可以被视作等同于增加了这些相互作用之间的距离。因为空间相互作用通常被描绘为距离衰减函数——起止点之间的距离越大，空间流动就越弱——这一规律可以用于描绘政治边界的距离效应(图 9.2(i)和(ii))。麦凯主要关注这对具体交易成本的影响,而我们这里的视角更为广阔。在一个充满边界的世界中,我们在本书中描述的城市进程因为城市间流量的减少而相对受到阻碍,这意味着进口替代的减少降低了产生(雅各布斯所指)新工作的可能。

距离效应的大小将随着边界的可透性而变化,而边界可透性的变化取决于国家政策(相关的贸易、移民和通信政策)以及对这些政策的逃避(例如,走私、贩运人口和电脑黑客)。事实上,旨在获得自给自足的经济政策往往与限制城市增长的政策密切相关;20 世纪共产主义国家通常符合这种模式,例如中国在 20 世纪 60 年代城市人口下降。但这种边界管制与国家政策之间的明确联系并不是现代多边界政治世界创造的各种距离效应的必要条件。因此大体上讲,雅各布斯的城市经济增长进程因为流量减少而被抑制了(图 9.2(ii));尤其是国际边界延伸了全球空间-经济。

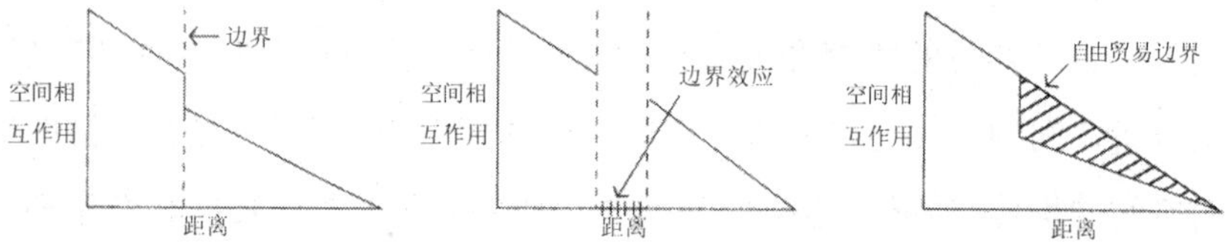

(i) 边界干扰 (ii) 边界效应 (iii) 自由贸易的好处

图 9.2 空间相互作用中的边界

公司全球化中的世界城市网络

麦凯的理论有助于说明全球空间-经济中的流动空间和地点空间之间的联系,但是它并不是现实的写照。表面上看,对于麦凯的距离效应问题有一个简单的解决办法——自由贸易。当边界不再是经济的阻碍时,经济增长将因为所有人的潜在利益而提升。但这并不是我们在当今经济全球化中所发现的真正的纠结之处。虽然当代全球化通过新自由主义旗帜下的自由贸易得到了推动，但在实践中，贸易虽然脱离了国家的管控，但这只意味着管控权力被转移到了一个实体——公司。在公司贸易的实践中，世界以不同的方式被“扩大”了，但是最终的效果仍类似边界的作用。在理想的没有公司进行垄断的自由贸易情况下，空间互动所移动的距离总和将会降至最低，因为所有作为贸易起点的主体都会寻求能够满足它们需求的最近的目的地（图 9.3（i））。相比之下，公司贸易往往是充满公司内贸易、同业联盟内贸易或者常用的供应商。这种版本的自由贸易则是最终导致全球化多地点经济管控策略的根本原因。但这必然意味着跳过大量其他的供应机会（即空间交互模型中的“介入机会”，intervening opportunities），从而增加总的贸易距离。正如边界一样，这有效地扩大了商业世界的范围并使其成为全球空间-经济（图 9.3（ii））。

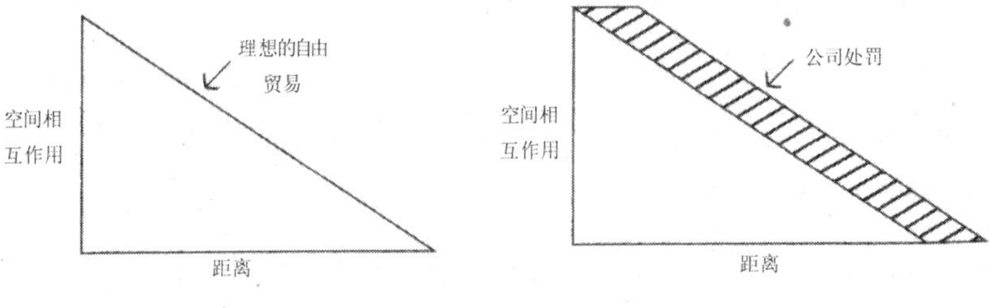

（i）理想的自由贸易　（ii）现实的企业贸易
图 9.3　空间相互作用中的公司

这一观点与更广泛的讨论相关，即现代世界制度的政治体系中垄断和市场的角色（Braudel，1981；Wallerstein，1991；Taylor，2013），但结果是国际边界和公司全球化均不利于经济增长中的城市进程。正如我们所表明的那样，从将全球空间-经济范围扩大而使其效率降低这一点来说，它们是相似的；由于在公司全球化中仍存在国际边界的影响，我们受到了两方面的负面影响！然而，它们与产生（雅各布斯所指）新工作的关系是截然不同的。没有了边界，理想的自由贸易产生了新的流动，并因此刺激了城市中新工作的产生。新工作主要是成功的中小型企业利用城市的连通性和聚集优势发展起来的结果——由巴斯尔特等人(Bathelt et al,2004)提出的著名的“地方蜂鸣和全球管道”(local buzz and global pipelines)错综交织的过程。相反，真正的企业贸易在很大程度上是为了分配(雅各布斯所指)旧工作，从而导致城市受到第一章中所描述的移植经济和其他的负面影响。成功的大企业都是将旧工作控制在能够不受地方影响的尺度下，通过它们在城市中的业务建立起世界城市网络高级生产者服务业企业是连接新工作和旧工作的纽带。它们在整个企业环节就工作实践的合法性、税收效率、审计清洗、洗钱、精简中层管理、反工会政策、生产搬迁、隐藏资产及并购与收购等方面提供建议。后者(收购)以将小型企业得到市场验证后的创新工作纳入大公司的方式使大公司保持活力。

大部分的高级生产者服务业企业十分依赖创新，这也是为什么它们本身是城市新工作的代表。但是世界城市网络作为公司全球化的助推器，最终却抑制了更广阔的全球空间-经济中新工作的产生。作为规范世界经济活动的一种方式，它削弱了创造性的差异，并因此减少了世界经济的复杂性。雅各布斯(1969;97—98)以纽约州的罗切斯特为例，说明了企业统治会降低经济增长潜力。尽管该城市诞生了20世纪最为人熟知的两种品牌——柯达和施乐——但它仍然是美国一个坚持自上而下维护简单城市经济的小城市。用这个当代的例子是为了说明公司全球化最终将导致“全球底特律”的过程。

• 乌托邦视野:绿色城市网络

与继续上述的反乌托邦观点相比;我们倾向于寻求更积极的话题以结束我们的讨论:一个基于我们城市网络思想的乌托邦构想。虽然这偏离了本书的实证本质，但我们直接对以前讨论的知识、证据和概念进行了总结，因此可以视作我们在此应用了我们对城市网络的理解。这也算是我们在本书中最接近基于“应用的”社会科学的尝试。

正如本节的标题所示，我们用绿色城市网络的概念帮助理解了面对全球环境变化的未来世界。我们将后者定义为一个以可持续和创意的方式将生产和消费联系在一起的城市所组成的城市世界。这一概念使我们摆脱了由建筑师和政客大力推动的无数的“可持续城市”的议程。他们用单个城市尺度自上而下的方法，描绘了一个个关于个体的、非常现代的、高科技的“绿色城市”(或者更传统的花园城市，甚或低碳转变的城镇)，但是却缺乏城市间的相互作用，而这必然导致城市经济的停滞。相反，绿色城市网络的愿景本质上是动态的，是一个由紧密联系的创新城市所组成的世界，它代表了人类而不仅仅是“现代专家”的创造力(Easterly，2014)。从更加哲学的角度讲，我们的方法是为了摆脱“现代性”的想象及其时间观念。在特定的早期的地理视角对“后现代性”的理解中，苏贾(1989)认为应该通过空间对社会进行重新构想：绿色城市网络正是未来的一个空间构想，它包括了社会-技术进步构想，针对现代性理论与实践的元指南，目前通过全球化得到了呈现，并引发了全球环境变化。

绿色城市网络并不存在。它只是一个概念，也许它的时代会到来，但目前它只是一个乌托邦式的工具。我们的讨论包含两个论点：首先，利用雅各布斯的经济增长理论阐述了城市的本质是“绿色的”这一概念；其次，我们通过推演前一论点提出了另一种全球空间-经济。

不断本地化的城市经济增长

最近有很多关于将更多的地方经济活动作为可持续发展世界的必要组成部分的提案(如，Hines，2000；Shuman，2000；Goldsmith and Mander，2001；Norberg-Hodge，2002；Woodin and Lucas，2004；Hopkins，2008；

Girardet,2008;Steel,2008),其中,最有影响力的一种是霍普金斯(Hopkins,2008:68)关于将人类聚落“重新本地化”为拥有理想状态的约 5 000 人的小型“过渡镇”的倡议。这种想法有两大局限:一个实证方面的,一个理论方面的。第一个仅与工作相关。根据目前人口的增长趋势,我们将需要为多出来的数以亿计的人口创造工作机会。这必然包含了某种形式的经济增长,而且考虑到问题的尺度,这些工作机会更有可能是通过现有的、正在增长的城市来创造,而非数百万的小型过渡镇。第二点对于本地/地方的强调低估了在较大地理范围内运作的关键过程的重要性。关注本地并不意味着非本地的区域会消失(Sharzer,2012;Taylor,2012a)。这也是为什么城市是如此重要:城市是本地和非本地区域之间的桥梁。这两点都在我们的城市网络方法的基础——雅各布斯的经济增长理论——中有明确的解释。

尽管涉及非地方互动的经济发展已经成为气候变化主义者的噩梦,在雅各布斯的经济模型中它们则是可持续发展的基础。简单地说,第一章中论述的进口替代机制,从概念上来讲,是一种本地化过程:通过提供原先在其他地区生产的产品或服务来创造新的工作,进口越少就意味着空间-经济越绿色。此外,这是创造新工作最重要的一种形式——“爆炸型城市增长”的源泉(Jacobs,1969:145),这意味着个体城市密集的本地化以及一群城市不断的本地化。这就是在构想一个可持续世界中涉及的世界城市网络。

值得注意的是,这并不是可持续发展议程中提及城市的通常方式。采用单一地方空间的视角,有越来越多的文献赞扬城市的物理紧凑性,因为这使得城市成了特别的节能型居住区(OECD,2012)。在《绿色大都会》(*The Green Metropolis*)中,大卫·欧文(David Owen,2009:2)认为纽约是“美国最绿色的社区”。斯图尔特·布兰德(Stuart Brand,2010:33)更大胆地提出“创造环保可持续社会的秘诀就是让我们的城市变得更大”。但是能源效率和城市紧凑度本身并不是全球可持续的“一种解决办法”，最终，是能源的使用方式决定了一切。这让我们又回到了关于城市以及经济发展和流动空间的研究中。

进口替代的本地化不仅是一个机制，用于减少全球空间-经济中的流动，它对维持一个动态的有创造性的世界也很有必要，但更重要的是构建一个可持续的经济体，这也是我们需要引入绿色城市网络的地方。

稳定而又动态：另一种全球空间-经济

可持续性意味着对于全球环境的消耗和补充是平衡的。这通常被构想为一种稳态(steady-state)的经济，这很明显地否定了经济增长。但是，如果对城市及其经济增长不留空间，那么将会出现一个非常沉闷和停滞的世界；一个意想不到的后果将是人类创造力的严重下降。会有一个创意城市的动态绿色网络预测出后碳(post-carbon)地理格局，它充满了活力，因此也富有吸引力，而且是一种稳态的世界经济吗？

至此，讨论似乎出现了一个不合逻辑的推论：雅各布斯(2000：84)所说的“动态稳定”。城市网络如何能够处于既稳定又动态的状态？如果我们继续以当代增长的方式思考城市，认为经济发展主要是促进生产和消费无休止地增长，这种状态当然不可能达到。但是城市新的以及旧的工作并不一定按此构成。城市发展意味着通过城市之间的联系产生新的工作；这包含了物质再生产，但并不一定是在我们今天所经历的大众消费的尺度上。因此，为达到稳定状态的经济再平衡可以涉及新工作，这些工作也许大部分是那些不会增加物质需求的社会文化服务类工作，这些工作或许也可以不在市场中而是基于另一种不同的大都会动态发展的精神(Jacobs，1969：54—55)。

这种另外的发展模式使得城市中大部分的新工作都来自于绿色创新和绿色模仿；大部分将来自于后者，诸如通过最佳实务倡议而实现绿色商品和服务的进口替代等。顺着卡斯特尔(1996)关于网络社会兴起的研究逻辑，这个新的后碳地理格局可以从两方面理解：物流和社会。

前者是网络的技术基础，是使工作形成网络的设施和组织（参看 Vorley et al，2012）。卡斯特尔在此强调电子革命对于信息传递的重要性，但是也提及了人和商品的必要流通：在这方面，城市之间的航空网络被研究得最多。这一级别的政策大部分是关于能源消费中的技术进步的。但是不全面地考虑社会层面的网络是有问题的。技术的进步并不一定会减少能源的消耗，降低供应价格很有可能会增加需求。最明显的例子是20世纪末期大量的节能汽车发动机导致美国消费者购买更大的汽车，因此并没有降低他们的能源消耗。因此不考虑社会领域我们就无法理解高科技设施的绿色性，我们可以从以前对公司全球化的批评中借鉴介入机会的概念找到关于这种可能性的暗示。这可能需要从下列的角度来思考。我们并没有消除全球尺度：考虑到产品原料的地理特性（特殊的原材料、定制的设备和特殊的劳动力），远距离的贸易还是有必要的。这是因为在一个聚落完全相同或者十分相似的世界是不会存在网络的。城市的（各自不同的）位置（niche）使得贸易很有必要，但是这应该受到严格的介入机会指标的检验，即将必要的非本地解释为实际上最近的非本地。结合如何减少城市的生态足迹这一思想，关注绿色城市网络意味着要减少城市网络中的网络生态足迹。

但是更小的网络生态足迹最终也会要求社会关系的根本变化，以取代基于不可持续的物质消费基础上的公司全球化带来的空间-经济。为此而产生的商品、人和思想新的流动将包含绿色城市网络，一个连锁网络过程将涵盖市场行为之外的城市间的联系。我们在第五章中以大型非政府组织为例——它们有遍及世界的多个办公室——对这种构建（连锁）网络的主体进行了说明（Taylor，2005）。这是一个关于雅各布斯非市场（non-market）发展进程的一个例子，但与全球商业相比，全球范围内的非市场工作是微不足道的。我们可以预见宣扬绿色思想的非政府组织将会扩大，但我们无法预期它是否会扩大到与提供金融服务、会计、广告、商业法律服务以及众多咨询服务的当代公司相竞争，并达到取代它们的程度。因此,绿色城市网络不是目前非政府组织的扩大版,相反,它是以现有服务的绿化为基础,如绿色金融服务、绿色会计和绿色广告。这并不意味着现有的高级生产者服务业简单地将自身转变为高级可持续服务业,相反,向动态稳定转变的社会将需要服务业来适应和改变,以满足新的绿色目标。此外,还会有新的服务行业出现;正如广告业和管理咨询行业先后成为新的创新型服务行业导致公司全球化一样,它们将需要新的服务部门来实现和维护城市网络所需的可持续的非本地输入。

因此这是一个乌托邦的愿景:由消费主义主导的一个当代的有毒的物质主义社会将被新的大都会精神所取代,这种新的大都会精神涉及新方法的发明,这些发明主要发生在城市,但是也涉及到国家。这涉及一种新的生产生活方式,也与新的社会创新创造出这些新工作有关。这种创新可以通过城市网络进行扩散,进而使创造性的城市持续发展出复杂的劳动分工,并通过用各种更平衡的发展来替代今天的各种物质发展,缩减物质增长。

绿色城市网络仍然需要治理结构,但是需要的是一个与目前拥有的将近两百个进行竞争性磋商的主权国家的国际体系截然不同的结构。过去几十年中的一系列全球环境会议表明,导致该进程功能失调的主要原因是那些“搭便车的人”(free rider)阻碍了制定一个一致的、有意义的政策来实施共同的行动计划。然而,治理实践仍然十分必要,尤其是在绿色设施方面,例如在管控介入机会方面。但这不能包含现代国家的领土排他性;这不仅是增加边界可透性的问题,我们必须发明一种能够平衡地点和流动以获得持续的绿色增长的政治治理过程。结果是一个稳定状态下的全球空间-经济;它的双层结构包含动态绿色网络下充满活力的创造性城市,以及一个能够将地点和流动结合起来的“去疆域化”(de-territorialized)国家的新的治理方式。

* * *

本书的核心概念是当代城市之间的连通性。本书大部分的内容都是关于它们的测量和分析。我们乌托邦式的探索如何能够结合并扩展这一研究？我们能测量什么样的“绿色”？网络足迹貌似是将乌托邦构想转化为实证研究的最佳方式。我们如何从个体和整体的角度来测量和监控城市的网络足迹？这些并不只是从研究完备性角度来说尚待完成的工作。我们认为它们代表了需要尽早揭示和解决的全球政策的“冰山一角”。我们提出了这一研究/规划/政策/教学/哲学/商业/学习/社区(一个或者多个)方面的挑战,以供读者思考和行动,并以此作为本书的总结。

附表 A：175 家 GaWC 生产性服务业企业

Accountancy[①]

PwC
Deloitte
Ernst&Young
KPMG
BDO
Geneva Group International
RSM International
Grant Thornton International
Praxity AISBL
Baker Tilly International
Crowe Horwath International
The Appleton Group Alliance (TIAG)
PKF International
Leading Edge Alliance
Nexia International
Moore Stephens International
Prime Global
HLB International
Kreston International
AGN International
BKR International
MSI Global Alliance
DFK International
IAPA
Morison International

Advertising[②]

Dentsu
Clear Channel International
JC Decaux
Teleperformance
McCann Erickson Worldwide
Ogilvy & Mather
TBWA Worldwide
IPSOS
DDB Worldwide

① World Accounting Intelligence 对会计企业的排名
② 知名调查机构 Brandirectory 对广告行业价值品牌的分析

BBDO Worldwide
DraftFCB
Publicis
JWT
Leo Burnett Worldwide
HAVAS
Lamar Advertising
Y&R
Saatchi & Saatchi
Harte-Hanks
Focus Media
Lowe & Partners
Moshi Moshi Hotline
Grey
Digitas
STROER

Financial services[①]

HSBC
Wells Fargo
Bank of America
Santander
Chase
Citibank
American Express
BNP Paribas
Bradesco
China Construction Bank
Industrial and Commercial Bank of China
Barclays
Banco Itaú
Deutsche Bank
Bank of China
J. P. Morgan
Sberbank
Agricultural Bank of China
Goldman Sachs
RBC
TD Bank Financial Group
Credit Suisse
MUFG
Standard Chartered Bank
Rabobank
Banco do Brasil
BBVA
Visa
Morgan Stanley
UBS
Scotiabank

① 品牌顾问公司 Brand Finance 评出的金融服务和保险业 500 强

Bank of Communications
Bank of Montreal
Nordea
MasterCard
Capital One
PNC Financial Services Group
Société Générale
State Bank of India
CIBC
U. S. Bank
Commonwealth Bank of Australia
National Australia Bank
UniCredit Group
RBS
BNY Mellon
China Merchants Bank
Sumitomo Mitsui Financial Group
Westpac
ANZ
Mizuho Financial Group
DZ Bank
ING
Crédit Agricole
Nomura
Danske Bank
Shinhan Bank
LLoyds TSB
BB&T
State Street
ERSTE
Shanghai Pudong Development
BlackRock
DnB NOR
Hang Seng Bank
Commerzbank
DBS
Ameriprise Financial
China CITIC Bank
KKR
Banamex
SunTrust
Standard Bank
CMBC
Halifax

Law firms①

Baker & McKenzie
DLA Piper
Skadden, Arps, Slate, Meagher & Flom LLP & Affiliates

---

① 钱伯斯(Chambers)对领先律师事务所的排名

Latham & Watkins LLP
Clifford Chance LLP
Linklaters
Allen & Overy LLP
Freshfields Bruckhaus Deringer LLP
Kirkland & Ellis
Hogan Lovells
Jones Day
Sidley Austin
Herbert Smith Freehills
White & Case LLP
Norton Rose
Greenberg Traurig
Weil, Gotshal & Manges LLP
Gibson, Dunn & Crutcher
Morgan, Lewis & Bockius
Mayer Brown
Cleary Gottlieb Steen & Hamilton LLP
Sullivan & Cromwell LLP
CMS Legal Services
K&L Gates
Wilmer Cutler Pickering Hale and Dorr

Management consultancies[①]

Bain & Company
McKinsey & Company
The Boston Consulting Group, Inc.
A. T. Kearney
Oliver Wyman
The Cambridge Group
Analysis Group, Inc.
Booz & Company
Accenture
Jabian Consulting
Point B
Cornerstone Research
Censeo Consulting Group
Milliman, Inc.
ZS Associates
West Monroe Partners
Alvarez & Marsal
OC&C Strategy Consultants
Putnam Associates
Health Advances, LLC
Novantas LLC
L. E. K. Consulting
Strategic Decisions Group
The Chartis Group
Strategos

① Vault 管理和战略咨询

附表 B：GaWC 的 526 个城市

Aberdeen
Abidjan
Abu Dhabi
Abuja
Acapulco
Accra
Addis Ababa
Adelaide
Āgra
Ahmedabad
Akita
Albuquerque
Alexandria
Algiers
Allahābād
Allentown
Almaty
Amman
Amritsar
Amsterdam
Anchorage
Ankara
Antananarivo
Antwerp
Arhus
Asansol
Ashkhabad
Asmara
Asuncion
Athens
Atlanta
Auckland
Austin
Baghdad
Baku
Baltimore
Bamako
Bandar Seri Begawan
Bandung
Bangalore
Bangkok
Bangui
Barcelona
Barranquilla
Basel
Battle Creek
Beijing
Beirut
Belem
Belfast
Belgrade
Belo Horizonte
Bentonville
Bergen
Berlin
Bern
Bhilai
Bhopāl
Bhubaneswar
Bilbao
Birmingham (Alabama - US)
Birmingham (UK)
Bishkek
Bissau
Blantyre
Bogota
Bologna
Bordeaux
Boston
Bratislava
Brasilia
Brazzaville
Bremen
Brisbane
Bristol
Brussels
Bucharest
Budapest
Buenos Aires
Buffalo (NY)
Bulawayo
Bursa
Cairo
Calcutta
Calgary
Cali
Campinas
Canberra
Cape Town
Caracas
Cardiff
Casablanca
Cebu
Chandigarh
Changsha
Charleston
Charlotte (North Carolina)
Chattanooga
Chelyabinsk
Chengdu
Chennai
Chiba
Chicago
Chihuahua
Chisinau
Chittagong
Chongqing
Christchurch
Cincinnati
Ciudad Juarez
Clermont-Ferrand
Cleveland
Cochin

Coimbatore
Cologne
Colombo
Columbus (Ohio)
Conakry
Copenhagen
Cordoba
Cotonou
Curitiba
Daejeon
Dakar
Dalian
Dallas
Damascus
Dammam
Danbury
Dar es Salaam
Davao
Dehradun
Denver
Des Moines
Detroit
Dhaka
Dili
Djibouti
Doha
Donetsk
Dortmund
Douala
Dresden
Dubai
Dublin
Duisburg
Durban
Dushanbe
Düsseldorf
Edinburgh
Edmonton
Essen
Faisalabad
Florence
Fortaleza
Frankfurt
Freetown
Fukuoka
Fuzhou
Gaborone
Gaza
Geneva
Genoa
Georgetown (Cayman)
Georgetown (Guyana)
Glasgow
Goiania
Gothenburg
Graz
Greensboro
Guadalajara
Guangzhou
Guatemala City
Guayaquil
Guiyang
Gujranwala
Gwangju
Haifa
Halifax
Hamamatsu
Hamburg
Hamilton
Hangzhou
Hannover
Hanoi
Harare
Hartford (Connecticut)
Havana
Hefei
Heidelberg
Helsinki
Hiroshima
Ho Chi Minh City
Hobart
Hong Kong
Honolulu
Houston
Hsinchu City
Hyderabad
Ibadan
Incheon
Indianapolis
Indore
Isfahan
Islamabad
Istanbul
Izmir
Jacksonville
Jaipur
Jakarta
Jeddah
Jerusalem
Jinan
Johannesburg
Johor Bahru
Kabul
Kampala
Kano
Kānpur
Kansas City
Kaohsiung
Karachi
Karlsruhe
Kathmandu
Kawasaki
Kazan
Kharkov
Khartoum
Kiev
Kigali
Kingston
Kingston
Kinshasa
Kitakyushu
Kobe
Krakow
Krasnoyarsk
Kuala Lumpur
Kumasi
Kunming
Kuwait City
Kyoto
La Paz
Labuan
Lagos
Lahore
Lanzhou
Las Vegas
Lausanne
Leeds
Leicester
Leipzig
Leon
Leverkusen
Libreville
Liege
Lille
Lilongwe
Lima
Linz
Lisbon
Little Rock (Arkansas)
Liverpool
Ljubljana
Lodz
Lomé

London
Los Angeles
Luanda
Lucknow
Ludhiāna
Ludwigshafen
Lusaka
Luxembourg
Lyon
Macao
Madison (Wisconsin)
Madrid
Madurai
Malabo
Malacca
Malmö
Managua
Manama
Manaus
Manchester
Manila
Maputo
Maracaibo
Marseille
Maseru
Mashhad
Mbabane
Medan
Medellin
Meerut
Melbourne
Memphis (Tennessee)
Mexico City
Miami
Milan
Milwaukee
Minneapolis
Minsk
Mogadishu
Mombasa
Monrovia
Monterrey
Montevideo
Montpellier
Montreal
Moscow
Multan
Mumbai
Munich
Muscat
Nagoya
Nāgpur
Naha
Nairobi
Nanjing
Nantes
Naples
Nashville (Tennessee)
Nassau
N'Djamena
New Delhi
New Orleans
New York
Newcastle
Niamey
Nice
Nicosia
Ningbo
Nizhny Novgorod
Norfolk (Virginia)
Norwich
Nottingham
Nouakchott
Novosibirsk
Nürnberg
Omaha (Nebraska)
Omsk
Oran
Orlando
Osaka
Oslo
Ottawa
Ouagadougou
Palembang
Palermo
Palo Alto
Panama City
Paramaribo
Paris
Patna
Penang
Peoria
Perm
Perth
Peshawar
Philadelphia
Phnom Penh
Phoenix
Pittsburgh (Pennsylvania)
Plymouth
Podgorica
Pombal
Port Harcourt
Port Louis
Port Moresby
Port of Spain
Port-Au-Prince
Portland
Porto
Porto Alegre
Porto Novo
Poznan
Prague
Pretoria
Providence (Rhode Island)
Puebla
Pune
Pusan
Pyongyang
Qingdao
Qiqihar
Quebec
Queretaro
Quito
Rabat
Rājkot
Raleigh (North Carolina)
Ranchi
Rawalpindi
Rayong
Recife
Reykjavik
Richmond (Virginia)
Riga
Rio De Janeiro
Riyadh
Rochester (NY)
Rome
Rosario
Rostov-on-Don
Rotterdam
Sacramento
Sakai
Salt Lake City
Salvador
Samara
San Antonio
San Diego
San Francisco
San Jose (California)
San Jose
San Juan
San Salvador

Sanaa
Sandviken
Santa Cruz
Santiago
Santo Domingo
Sao Paulo
Sapporo
Sarajevo
Saratov
Saskatoon
Seattle
Semarang
Sendai
Seoul
Seville
Shanghai
Shantou
Sheffield
Shenyang
Shenzhen
Shizuoka
Singapore
Skopje
Sofia
Southampton
Srīnagar
St Louis
St Petersburg
Stockholm
Strasbourg
Stuttgart
Surabaya
Sūrat
Surgut
Suva

Suzhou
Sydney
Taipei
Taiyuan
Takamatsu
Tallinn
Tampa
Tashkent
Tbilisi
Tegucigalpa
Tehran
Tel Aviv
The Hague
Thimphu
Tianjin
Tijuana
Tirana
Tokyo
Toluca
Toronto
Toulouse
Toyama
Trieste
Tripoli
Trivandrum
Tucson
Tulsa
Tunis
Turin
Ufa
Ulan Bator
Ulsan
Urumqi
Utrecht
Valencia (Spain)

Valencia (Venezuela)
Valparaíso
Vancouver
Venice
Victoria
Vienna
Vientiane
Vijayawāda
Vilnius
Vitoria
Vladivostok
Volgograd
Warsaw
Washington
Wellington
Wenzhou
Windhoek
Winnipeg
Wolfsburg
Wroclaw
Wuhan
Wuxi
Xiamen
Xi'an
Yangon
Yantai
Yaondé
Yekaterinburg
Yerevan
Yokohama
Zagreb
Zamboanga
Zhengzhou
Zhuhai
Zurich

参考书目

Abrams, P. 1978. Towns and economic growth: Some theories and problems. In: Abrams, P. and Wrigley, E. A. (eds) *Towns in Society* (9–33). Cambridge: Cambridge University Press.

Abu-Lughod, J. L. 1989. *Before European Hegemony: The World System AD 1250–1350*. New York: Oxford University Press.

Abu-Lughod, J. L. 1999. *New York, Chicago, Los Angeles: America's Global Cities*. Minneapolis, MN: University of Minnesota Press.

Acuto, M. 2014. Dubai in the 'Middle'. *International Journal of Urban and Regional Research*, 38, 1732–48.

Acuto, M. and Steele, W. (eds) 2013. *Global City Challenges. Debating a Concept, Improving the Practice*. London: Palgrave Macmillan.

Agnew, J. A. 2013. Arguing with regions. *Regional Studies*, 47, 6–17.

Alderson, A. S. and Beckfield, J. 2004. Power and position in the world city system. *American Journal of Sociology*, 109, 811–51.

Alderson, A. S., Beckfield, J. and Sprague-Jones, J. 2010. Intercity relations and globalisation: The evolution of the global urban hierarchy, 1981–2007. *Urban Studies*, 47, 1899–923.

Allen, J. 1999. Cities of power and influence: Settled formations. In: Allen, J., Massey, D. and Pryke, M. (eds) *Unsettling Cities* (181–227). London: Routledge.

Allen, J. 2010. Powerful city networks: More than connections, less than domination and control. *Urban Studies*, 47, 2895–911.

Allen, J., Massey, D. and Cochrane, A. 1998. *Rethinking the Region*. London: Routledge.

Amin, A. 2004. Regions unbound: Towards a new politics of place. *Geografiska Annaler: Series B, Human Geography*, 86, 33–44.

Amin, S. 1990. *Delinking: Towards a polycentric world*. London: Zed Books.

Argenbright, R. 2013. Moscow on the rise: From primate city to megaregion. *Geographical Review*, 103, 20–36.

Arrighi, G. 1994. *The Long Twentieth Century*. London: Verso.

Arrighi, G. 2007. *Adam Smith in Beijing: Lineages of the twenty-first century*. London: Verso.

Bagnasco, A. and Le Gales, P. 2000. Introduction: European cities – local societies and collective actors. In: Bagnasco, A. and Le Galès, P. (eds) *Cities in Contemporary Europe* (1–32). Cambridge: Cambridge University Press.

Barber, B. R. 2013. *If Mayors Ruled the World: Dysfunctional nations, rising cities*. New Haven, CT: Yale University Press.

Barnet, R. J. and Muller, R. E. 1974. *Global Reach: The power of multinational corporations*. New York: Simon & Schuster.

Bassens, D. 2013. 'The-City-upon-the-Gulf': The relational growth and decline of 'world city' Dubai. In: Acuto, M. and Steele, W. (eds) *Global City Challenges: Debating a concept, improving the practice* (47–62). Houndmills and New York: Palgrave Macmillan.

Bassens, D. and Van Meeteren, M. 2015. World cities under conditions of financialized globalization. *Progress in Human Geography* (in press). Doi: 10.1177/0309132514558441.

Bassens, D., Engelen, E., Derudder, B. and Witlox, F. 2013. Securitization across borders: Organizational mimicry in Islamic finance. *Journal of Economic Geography*, 13(1), 85–106.

Bathelt, H., Malmberg, A. and Maskell, P. 2004. Clusters and knowledge: Local buzz, global pipelines and the process of knowledge creation. *Progress in Human Geography*, 28, 31–56.

Batten, D. F. 1995. Network cities: Creative urban agglomerations for the 21st century. *Urban Studies*, 32, 313–27.
Batty, M. 2013. *The New Science of Cities*. Cambridge, MA: MIT Press.
Beaverstock, J. V., Smith, R. G. and Taylor, P. J. 1999. A roster of world cities. *Cities*, 16, 445–58.
Beaverstock, J. V., Smith, R. G., Taylor, P. J., Walker, D. and Lorimer, H. 2000. Globalization and world cities: Some measurement methodologies. *Applied Geography*, 20, 43–63.
Beaverstock, J. V., Hoyler, M., Pain, K. and Taylor, P. J. 2001. *Comparing London and Frankfurt as World Cities: A relational study of contemporary urban change*. London: Anglo-German Foundation.
Beaverstock, J. V., Doel, M., Hubbard, P. and Taylor, P. J. 2002. Attending to the world: Competition/co-operation and co-efficiency in the world city network. *Global Networks*, 2, 111–32.
Beckfield, J. and Alderson, A. 2006. Whither the parallel paths? The future of scholarship on the world city system. *American Journal of Sociology*, 112(3), 895–904.
Begg, I. 1999. Cities and competitiveness. *Urban Studies*, 36, 795–809.
Bentlage, M., Lüthi, S. and Thierstein, A. 2013. Knowledge creation in German agglomerations and accessibility – An approach involving non-physical connectivity. *Cities*, 30, 47–58.
Berry, B. J. 1961. City size distributions and economic development. *Economic Development and Cultural Change*, 9, 573–88.
Berry, B. J. 1964. Cities as systems within systems of cities. *Papers in Regional Science*, 13, 147–63.
Berry, B. J. and Garrison, W. L. 1958. Alternative explanations of urban rank-size relationships. *Annals of the Association of American Geographers*, 48, 83–90.
Berry, B. J. and Okulicz-Kozaryn, A. 2012. The city size distribution debate: Resolution for US urban regions and megalopolitan areas. *Cities*, 29, S17–S23.
Berry, B. J. and Pred, A. 1961. *Central Place Studies: A bibliography of theory and applications*. Philadelphia, PA: Regional Science Research Institute.
Berry, B. J. L. and Horton, F. E. 1970. *Geographic Perspectives on Urban Systems: With integrated readings*. Englewood Cliffs, NJ: Prentice Hall.
Berry, B. J. L. and Meltzer, J. 1967. *Goals for Urban America*. Englewood Cliffs, NJ: Prentice Hall.
Birdsall, S. S. 1980. Alternative prospects for America's urban future. In: Brunn, S. D. and Wheeler, J. O. (eds) *The American Metropolitan System: Present and future* (201–12). New York: Wiley.
Borchert, J. R. 1967. American metropolitan evolution. *Geographical Review*, 57, 301–32.
Borgatti, S. P. 2002. *NetDraw: Graph visualization software*. Harvard, MA: Analytic Technologies.
Borgatti, S. P. and Everett, M. G. 2006. A graph-theoretic perspective on centrality. *Social Networks*, 28, 466–84.
Bostock, M. 2013. *Data driven documents D3.js JavaScript library*. Available at http://d3js.org (accessed 30 July 2014).
Boulding, K. E. 1978. The city as an element in the international system. In: Bourne, L. S. and Simmons, J. W. (eds) *Systems of Cities* (150–8). New York: Oxford University Press.
Bourne, L. S. 1975. *Urban Systems: Strategies for regulation: A comparison of policies in Britain, Sweden, Australia, and Canada*. Oxford: Clarendon Press.
Bourne, L. S. and Simmons, J. W. 1978. *Systems of Cities: Readings on structure growth and policy*. New York: Oxford University Press.
Boyd, J. P., Mahutga, M. C. and Smith, D. A. 2013. Measuring centrality and power recursively in the world city network: A reply to Neal. *Urban Studies*, 50, 1641–7.
Brand, S. 2010. *Whole Earth Discipline*. London: Atlantic Books.
Braudel, F. 1981. *Civilization and Capitalism, 15th–18th Century: Volume I, The structures of everyday life*. New York: Harper & Row.
Braudel, F. 1984. *The Perspective of the World*. London: Collins.
Brenner, N. 2004. *New State Spaces*. New York: Oxford University Press.
Brenner, N. and Keil, R. 2006. *The Global Cities Reader*. London: Routledge.
Brenner, N. and Schmid, C. 2014. The 'urban age' in question. *International Journal of Urban and Regional Research*, 38, 731–55.

Brenner, N. and Theodore, N. 2002. Cities and the geographies of 'actually existing neoliberalism'. *Antipode*, 34, 349–79.

Broekel, T., Balland, P.-A., Burger, M. and Van Oort, F. 2014. Modeling knowledge networks in economic geography: A discussion of four empirical strategies. *Annals of Regional Science*, 53, 423–52.

Brooker-Gross, S. R. 1980. Users of communication technology and urban growth. In: Brunn, S. D. and Wheeler, J. O. (eds) *The American Metropolitan System: Present and future* (145–60). New York: Wiley.

Brotchie, J., Batty, M., Blakely, E., Hall, P. and Newton, P. 1995. *Cities in Competition*. Melbourne: Longman.

Brown, L. R. 1973. *World Without Borders*. New York: Vintage.

Brunn, S. D. and Wheeler, J. O. (eds) 1980. *The American Metropolitan System: Present and future*. New York: Halsted Press.

Bunge, W. 1966. *Theoretical Geography*. Gleerup: Royal University of Lund, Dept. of Geography.

Burger, M. J. and Van Oort, F. G. 2014. *International Handbook of Globalization and World Cities and The Connected City: How Networks are Shaping the Modern Metropolis. Journal of Regional Science*, 54, 348–51.

Burger, M. J., Van der Knaap, B. and Wall, R. S. 2014. Polycentricity and the multiplexity of urban networks. *European Planning Studies*, 22, 816–40.

Calkins, J. 2013. Banking abroad: The globalization of Chinese banks. *CKGSB Knowledge*. Available at http://knowledge.ckgsb.edu.cn/2013/03/28/china/banking-abroad-the-globalization-of-chinese-banks (accessed 11 June 2015).

Camagni, R. P. and Salone, C. 1993. Network urban structures in northern Italy: elements for a theoretical framework. *Urban Studies*, 30, 1053–64.

Cappelin, R. 1991. International networks of cities. In: Camagni, R. (ed.) *Innovation Networks: Spatial Perspective* (230–44). London: Belhaven.

Carroll, W. K. 2007. Global cities in the global corporate network. *Environment and Planning A*, 39, 2297–323.

Castells, M. 1989. *The Informational City: Information technology, economic restructuring, and the urban-regional process*. Oxford: Blackwell.

Castells, M. 1996. *The Rise of the Network Society*. Oxford: Blackwell.

Castells, M. 2001. *The Rise of the Network Society*, 2nd edn. Oxford: Blackwell.

Castells, M. 2012. *Networks of Outrage and Hope: Social movements in the internet age*. Cambridge: Polity Press.

Choi, J. H., Barnett, G. A. and Chon, B. S. 2006. Comparing world city networks: A network analysis of Internet backbone and air transport intercity linkages. *Global Networks*, 6, 81–99.

Christaller, W. 1966. *Die Zentralen Orte in Süddeutschland* [Central Places in Southern Germany] (translated by Carlisle W. Baskin). Englewood Cliffs, NJ: Prentice-Hall.

Clark, G. L., Monk, A., Dixon, A., Pauly, L. W., Faulconbridge, J., Yeung, H. W.-C. and Behrendt, S. 2010. Symposium: Sovereign fund capitalism. *Environment and Planning A*, 42, 2271–91.

Coe, N. M., Dicken, P., Hess, M. and Yeung, H. W. C. 2010. Making connections: global production networks and world city networks. *Global Networks*, 10, 138–49.

Cohen, R. B. 1981. The new international division of labor, multinational corporations and urban hierarchy. In: Dear, M. and Scott, A. J. (eds) *Urbanization and Urban Planning in Capitalist Society* (287–315). London: Methuen.

Corijn, E., Vandermotten, C., Decroly, J. and Swyngedouw, E. 2009. Brussels as an international city. *Brussels Studies*, Synopsis 13.

Cox, K. R. (ed.) 1997. *Spaces of Globlization: Reasserting the power of the local*. New York: Guilford.

Dale, B. and Sjøholt, P. 2007. The changing structure of the central place system in Trøndelag, Norway, over the past 40 years – viewed in the light of old and recent theories and trends. *Geografiska Annaler: Series B, Human Geography*, 89B, 13–30.

Daniels, P. W. 1985. *Service Industries: A geographical appraisal*. London: Methuen.

Davies, W. 1998. Urban systems research: Unfulfilled promises. *Canadian Journal of Regional Science*, 11, 349–56.

Derudder, B. 2006. On conceptual confusion in empirical analyses of a transnational urban network. *Urban Studies*, 43, 2027–46.

Derudder, B. 2008. Mapping global urban networks: A decade of empirical world cities research. *Geography Compass*, 2, 559–74.

Derudder, B. and Parnreiter, C. 2014. Introduction: The interlocking network model for studying urban networks: Outline, potential, critiques, and ways forward. *Tijdschrift voor Economische en Sociale Geografie*, 105, 373–86.

Derudder, B. and Witlox, F. (eds) 2010. *Commodity Chains and World Cities*. Chichester: Wiley-Blackwell.

Derudder, B., Taylor, P., Ni, P., De Vos, A., Hoyler, M., Hanssens, H., Bassens, D., Huang, J., Witlox, F. and Shen, W. 2010. Pathways of change: Shifting connectivities in the world city network, 2000–08. *Urban Studies*, 47, 1861–77.

Derudder, B., Hoyler, M., Taylor, P. J. and Witlox, F. (eds) 2012. *International Handbook of Globalization and World Cities*. Cheltenham: Edward Elgar Publishing.

Devriendt, L., Derudder, B. and Witlox, F. 2008. Cyberplace and cyberspace: two approaches to analyzing digital intercity linkages. *Journal of Urban Technology*, 15, 5–32.

Di Battista, G. D., Eades, P., Tamassia, R. and Tollis, I. G. 1994. Algorithms for drawing graphs: An annotated bibliography. *Computational Geometry*, 4, 235–82.

Dicken, P. 1998. *Global Shift*, 3rd edn. London: Paul Chapman.

Dicken, P. 2010. *Global Shift: Mapping the changing contours of the world economy*. London: Sage Publications.

Dixon, A. D. 2011. Variegated capitalism and the geography of finance: Towards a common agenda. *Progress in Human Geography*, 35, 193–210.

Ducruet, C. and Lugo, I. 2013. Cities and transport networks in shipping and logistics research. *The Asian Journal of Shipping and Logistics*, 29, 145–66.

Ducruet C., Ietri D. and Rozenblat, C. 2011. Cities in worldwide air and sea flows: A multiple networks analysis. *Cybergeo: European Journal of Geography* 528. Available at http://cybergeo.revues.org/23603 (accessed 12 February 2015).

Dunning, J. H. and Norman, G. 1983. The theory of the multinational enterprise: An application to multinational office location. *Environment and Planning A*, 15, 675–92.

Easterly, W. 2014. *The Tyranny of Experts: Economists, dictators, and the forgotten rights of the poor*. London: Basic Civitas Books.

Elmhorn, C. 2001. *Brussels: A reflexive world city*. Stockholm: Almqvist & Wiksell International.

Engelen, E. 2012. Grasping the spatial paradoxes of finance: Theoretical lessons from the case of Amsterdam. In: Derudder, B., Hoyler, M., Taylor, P. J. and Witlox, F. (eds) *International Handbook of Globalization and World Cities* (251–64). Cheltenham: Edward Elgar.

Enright, M. J., Scott, E. E. and Chang, K.-M. 2005. *Regional Powerhouse: The Greater Pearl River Delta and the rise of China*. Singapore: John Wiley & Sons (Asia).

Epstein, B. J. 1969. External relations of cities: City – hinterland. *Journal of Geography*, 68, 134–47.

Faulconbridge, J. R. 2007. London's and New York's advertising and law clusters and their networks of learning: Relational analyses with a politics of scale? *Urban Studies*, 44, 1635–56.

Faulconbridge, J. R., Hall, S. and Beaverstock, J. V. 2008. New insights into the internationalization of producer services: Organizational strategies and spatial economies for global headhunting firms. *Environment and Planning A*, 40, 210–34.

Faulconbridge, J. R., Taylor, P., Nativel, C. and Beaverstock, J. 2011. *The Globalization of Advertising: Agencies, cities and spaces of creativity*. London: Routledge.

Faulconbridge, J. R., Muzio, D. and Cook, A. 2012. Institutional legacies in TNCs and their management through training academies: The case of transnational law firms in Italy. *Global Networks*, 12, 48–70.

Favaro, J.-M. and Pumain, D. 2011. Gibrat Revisited: An Urban Growth Model Incorporating Spatial Interaction and Innovation Cycles. *Geographical Analysis*, 43, 261–86.

Feagin, J. R. and Smith, M. P. 1987. Cities and the new international division of labor. In: Smith, M. P. and Feagin, J. R. (eds) *The Capitalist City* (3–36). Oxford: Blackwell.

Fenby, J. 2012. *Tiger Head, Snake Tails: China today, how it got there and why it has to change*. London: Simon & Schuster.

Finnie, G. 1998. Wired cities. *Communications Week International*, 18 May, 19–22.
Florida, R. 2008. *Who's Your City?* New York: Basic Books.
Frank, A. G. 1969. *Latin America: Underdevelopment or revolution*. New York: Monthly Review Press.
Frank, A. G. 1998. *ReOrient: Global economy in the Asian age*. Oakland, CA: University of California Press.
Friedmann, J. 1978. The spatial organization of power in the development of urban systems. In: Bourne, L. S. and Simmons, J. W. (eds) *Systems of Cities* (328–40). New York: Oxford University.
Friedmann, J. 1986. The world city hypothesis. *Development and Change*, 17, 69–83.
Friedmann, J. 1995. Where we stand: A decade of world city research. In: Knox, P. L. and Taylor, P. J. (eds) *World Cities in a World System* (21–47). Cambridge: Cambridge University Press.
Friedmann, J. 2002. *The Prospect of Cities*. Minneapolis, MN: University of Minnesota Press.
Friedmann, J. and Wolff, G. 1982. World city formation: An agenda for research and action. *International Journal of Urban and Regional Research*, 6, 309–44.
Friedman, T. L. 2005. *The World is Flat: A brief history of the twenty-first century*. New York: Farrar, Straus & Giroux.
Frobel, F., Heinrichs, J. and Kreye, O. 1979. *The New International Division of Labor*. New York: Cambridge University Press.
García Ballesteros, A. and Jiménez Blasco, B. C. 2013. Migration: Spain's reverse flows. *American Quarterly*, 7(1), 133–5.
Geddes, P. 1924. A world league of cities. *Sociological Review*, 26, 166–7.
Girardet, H. 2008. *Cities/People/Planet: Urban development and climate change*, 2nd edn. Chichester: John Wiley.
Godfrey, B. J. and Zhou, Y. 1999. Ranking world cities: Multinational corporations and the global urban hierarchy. *Urban Geography*, 20, 268–81.
Goerzen, A., Asmussen, C. G. and Nielsen, B. B. 2013. Global cities and multinational enterprise location strategy. *Journal of International Business Studies*, 44, 427–50.
Goldsmith, E. and Mander, J. 2001. *The Case Against the Global Economy and for a Turn Towards Localisation*. London: Earthscan.
Gottmann, J. 1961. *Megalopolis*. New York: Twentieth Century Fund.
Gottmann, J. 1984. *Orbits: The ancient Mediterranean tradition of urban networks*. Oxford: Leopard Head's Press.
Gottmann, J. 1987. *Megalopolis Revisited: 25 years later*. College Park, MD: Institute of Urban Studies, University of Maryland.
Gottmann, J. 1989. What are cities becoming the centres of? Sorting out the possibilities. In: Knight, R. V. and Gappert, G. (eds) *Cities in a Global Society*. Newbury Park, CA: Sage.
Graham, S. 1999. Global grids of glass. *Urban Studies*, 36, 929–49.
Graham, S. and Marvin, S. 1996. *Telecommunications and the City*. London: Routledge.
Guimera, R., Mossa, S., Turtschi, A. and Amaral, L. N. 2005. The worldwide air transportation network: Anomalous centrality, community structure, and cities' global roles. *Proceedings of the National Academy of Sciences*, 102, 7794–9.
Hall, P. G. 1966. *The World Cities*. London: Heinemann.
Hall, P. G. and Hay, D. 1980. *Growth Centres in the European Urban System*. Berkeley, CA: University of California Press.
Hall, P. V. and Hesse, M. 2012. *Cities, Regions and Flows*. London and New York: Routledge.
Hall, P. G. and Pain, K. 2006. *The Polycentric Metropolis: Learning from mega-city regions in Europe*. New York: Routledge.
Hamnett, C. 1994. Social polarisation in global cities: Theory and evidence. *Urban Studies*, 31, 401–24.
Harrison, J. 2013. Configuring the new 'regional world': On being caught between territory and networks. *Regional Studies*, 47, 55–74.
Harrison, J. and Hoyler, M. 2014. *Megaregions: Globalization's new urban form?* Cheltenham: Edward Elgar Publishing.
Harvey, D. 1989. *The Condition of Postmodernity*. Oxford: Blackwell.

Hejazi, W. 2009. Does China receive more regional FDI than gravity would suggest? *European Management Journal*, 27, 327–35.
Hennemann, S. 2013. Information-rich visualisation of dense geographical networks. *Journal of Maps*, 9, 68–75.
Hennemann, S. and Derudder, B. 2014. An alternative approach to the calculation and analysis of connectivity in the world city network. *Environment and Planning B*, 41, 392–412.
Hennemann, S., Derudder, B. and Taylor, P. J. 2015. Cutting the Gordian knot of visualizing dense spatial networks: The case of the world city network, 2013. *Environment and Planning A* (in press).
Hesse, M. 2010. Cities, material flows and the geography of spatial interaction: Urban places in the system of chains. *Global Networks*, 10, 75–91.
Hesse, M. 2013. Cities and flows: Re-asserting a relationship as fundamental as it is delicate. *Journal of Transport Geography*, 29, 33–42.
Hill, R. C. and Fujita, K. 1995. Osaka's Tokyo Problem. *International Journal of Urban and Regional Research*, 19, 181–93.
Hill, R. C. and Fujita, K. 2003. The nested city: Introduction. *Urban Studies*, 40, 207–17.
Hill, R. C. and Kim, J. W. 2000. Global cities and developmental states: New York, Tokyo and Seoul. *Urban Studies*, 37, 2167–95.
Hines, C. 2000. *Localisation: A global manifesto*. London: Earthscan.
Hirst, P., Thompson, G. and Bromley, S. 2009. *Globalization in Question*, 3rd edn. Cambridge: Polity Press.
HM Treasury. 2003. *UK Membership of the Single Currency: An assessment of the five economic tests*. London: HM Treasury.
Hohenberg, P. M. and Lees, L. H. 1985. *The Making of Urban Europe, 1000–1994*. Cambridge, MA: Harvard University Press.
Holten, D. and Van Wijk, J. J. 2009. Force-directed edge bundling for graph visualization. *Computer Graphics Forum*, 28(3), 983–90.
Hopkins, R. 2008. *The Transition Handbook: From oil dependency to local resilience*. Totnes: Green Books.
Hoyler, M., Freytag, T. and Mager, C. 2008. Connecting Rhine-Main: The production of multi-scalar polycentricities through knowledge-intensive business services. *Regional Studies*, 42, 1095–111.
Hoyler, M. and Watson, A. 2013. Global media cities in transnational media networks. *Tijdschrift voor Economische en Sociale Geografie*, 104, 90–108.
Hymer, S. H. 1972. The multinational corporation and the law of uneven development. In: Bhagwati, J. (ed.) *Economics and World Order from the 1970s to the 1990s* (113–40). London: Collier-Macmillan.
Israel, J. I. 1989. *Dutch Primacy in World Trade, 1585–1740*. Oxford: Oxford University Press.
Jacobs, J. 1961. *The Death and Life of Great American Cities*. New York: Random House.
Jacobs, J. 1969. *The Economy of Cities*. New York: Vintage.
Jacobs, J. 1984. *Cities and the Wealth of Nations: Principles of economic life*. New York: Random House.
Jacobs, J. 1992. *Systems of Survival*. New York: Vintage.
Jacobs, J. 2000. *The Nature of Economies*. New York: The Modern Library (Random House).
Jacobs, J. and House, R. 1992. *Systems of Survival: A dialogue on the moral foundations of commerce and politics*. New York: Random House.
Jacobs, W., Ducruet, C. and De Langen, P. 2010. Integrating world cities into production networks: The case of port cities. *Global Networks*, 10, 92–113.
Jacobs, W., Koster, H. and Hall, P. 2011. The location and global network structure of maritime advanced producer services. *Urban Studies*, 48, 2749–69.
Johnson, J. H. 1967. *Urban Geography*. Oxford: Clarendon Press.
Johnston, R. J. 1982. *The American Urban System: A geographical perspective*. London: Longman Harlow.
Jonas, A. E. 2012. Region and place: Regionalism in question. *Progress in Human Geography*, 36, 263–72.

Jones, A. 2002. The 'global city' misconceived: The myth of 'global management' in transnational service firms. *Geoforum*, 33, 335–50.
Jones, M. 2009. Phase space: Geography, relational thinking, and beyond. *Progress in Human Geography*, 33, 487–506.
Keeling, D. J. 1995. Transport and the world city paradigm. In: Knox, P. L. and Taylor, P. J. (eds) *World Cities in a World-System*. Cambridge: Cambridge University Press.
Keil, R. 1998. *Los Angeles: Globalization, urbanization and social struggles*. New York: John Wiley & Sons.
Kentor, J., Sobek, A. and Timberlake, M. 2011. Interlocking corporate directorates and the global city hierarchy. *Journal of World-System Research*, 17, 498–514.
King, A. D. 1990. *Global Cities*. London: Routledge.
Knapp, W., Scherhag, D. and Schmitt, P. 2006. RhineRuhr: 'Polycentricity at its Best'? In: Hall, P. G. and Pain, K. (eds) *The Polycentric Metropolis: Learning from mega-city regions in Europe* (154–62). New York: Routledge.
Knight, R. V. 1989a. The emergent global society. In: Knight, R. V. and Gappert, G. (eds) *Cities in a Global Society* (24–43). Newbury Park, CA: Sage.
Knight, R. V. 1989b. City building in a global society. In: Knight, R. V. and Gappert, G. (eds) *Cities in a Global Society* (326–34). Newbury Park, CA: Sage.
Knight, R. V. and Gappert, G. (eds) 1989. *Cities in a Global Society*. Newbury Park, CA: Sage.
Knoke, D. and Kuklinski, J. H. 1982. *Network Analysis*. Beverly Hills, CA: Sage.
Knox, P. L. 1995. World cities in a world-system. In: Knox, P. L. and Taylor, P. J. (eds) *World Cities in a World-System* (3–20). Cambridge: Cambridge University Press.
Knox, P. L. 1996. Globalization and urban change. *Urban Geography*, 17, 115–17.
Knox, P. L. and Agnew, J. 1989. *The Geography of the World Economy*. London: Arnold.
Knox, P. L. and Taylor, P. J. (eds) 1995. *World Cities in a World-System*. Cambridge: Cambridge University Press.
Korff, R. 1987. The world city hypothesis: a critique. *Development and Change*, 18, 483–93.
Krätke, S. 2003. Global media cities in a world-wide urban network. *European Planning Studies*, 11, 605–28.
Krätke, S. 2014a. Cities in contemporary capitalism. *International Journal of Urban and Regional Research*, 38, 1660–77.
Krätke, S. 2014b. How manufacturing industries connect cities across the world: Extending research on 'multiple globalizations'. *Global Networks*, 14, 121–47.
Kunzmann, K. R. 1998. World city regions in Europe: Structural change and future challenges. In: Lo, F.-C. and Yeung, Y.-M. (eds) *Globalization and the World of Large Cities* (37–75). Tokyo: United Nations University Press.
Lai, K. 2012. Differentiated markets: Shanghai, Beijing and Hong Kong in China's financial centre network. *Urban Studies*, 49, 1275–96.
Lee, R. and Pelizzon, S. 1991. Hegemonic cities in the modern world-system. In: Kasaba, R. (ed.) *Cities in the World-System* (43–54). New York: Greenwood.
Lewis, M. W. and Wigen, K. E. 1997. *The Myth of Continents*. Berkeley, CA: University of California Press.
Lewis, M. W. and Wigen, K. 1999. A maritime response to the crisis in area studies. *Geographical Review*, 89, 161–8.
Lin, G., Yang, F. F. and Hu, F. Z. 2012. The new geography of information and consulting services in China: Comparing Beijing and Guangzhou. *Habitat International*, 36, 481–92.
Liu, X. and Derudder, B. 2012. Two-mode networks and the interlocking world city network model: A reply to Neal. *Geographical Analysis*, 44, 171–3.
Liu, X. and Taylor, P. J. 2011. Research note – A robustness assessment of global city network connectivity rankings. *Urban Geography*, 32, 1227–37.
Liu, X., Derudder, B., Liu, Y., Witlox, F. and Shen, W. 2013a. A stochastic actor-based modelling of the evolution of an intercity corporate network. *Environment and Planning A*, 45, 947–66.
Liu, X., Derudder, B. and Gago Garcia, C. 2013b. Exploring the co-evolution of the geographies of air transport aviation and corporate networks. *Journal of Transport Geography*, 30, 26–36.
Liu, X., Derudder, B., Witlox, F. and Hoyler, M. 2014. Cities as networks within networks of cities: The evolution of the city/firm-duality in the world city network, 2000–2010. *Tijdschrift voor Economische en Sociale Geografie*, 105, 465–82.

Liu, X., Derudder, B. and Liu, Y. 2015. Regional geographies of the intercity corporate network: Exponential random graph models of regional network formation. *Papers in Regional Science*, 94(1), 110–26.
Lo, F.-C. and Yeung, Y.-M. 1998. *Globalization and the World of Large Cities*. Tokyo: United Nations University Press.
London Planning Advisory Council. 1991. *London: World city moving into the twenty first century*, London: HMSO.
Lukermann, F. 1966. Empirical expressions of nodality and hierarchy in a circulation manifold. *East Lakes Geographer*, 2, 17–44.
Lüthi, S., Thierstein, A. and Bentlage, M. 2011. Interlocking firm networks in the German knowledge economy. On local networks and global connectivity. *Raumforschung und Raumordnung*, 69, 161–74.
Ma, X. and Timberlake, M. F. 2008. Identifying China's leading world city: A network approach. *GeoJournal*, 71, 19–35.
Ma, X. and Timberlake, M. 2013. World city typologies and national city system deterritorialisation: USA, China and Japan. *Urban Studies*, 50, 255–75.
McCann, E. and Ward, K. 2011. *Mobile Urbanism: Cities and policymaking in the global age*. Minneapolis, MN: University of Minnesota Press.
McCann, P. and Acs, Z. J. 2011. Globalization: Countries, cities and multinationals. *Regional Studies*, 45, 17–32.
McCormick, B. H., Defanti, T. A. and Brown, M. D. 1987. Visualization in scientific computing. *JEEE Computer Graphics and Applications*, 7, 69–79.
Mackay, J. R. 1958. The interactance hypothesis and boundaries in Canada: A preliminary study. *Canadian Geographer*, 11, 1–8.
Mahutga, M. C., Ma, X., Smith, D. A. and Timberlake, M. 2010. Economic globalisation and the structure of the world city system: The case of airline passenger data. *Urban Studies*, 47, 1925-47.
Malecki, E. J. 1980. Science and technology in the American urban system. In: Brunn, S. D. and Wheeler, J. O. (eds) *The American Metropolitan System* (127–44). New York: Wiley.
Malecki, E. J. 2002. Hard and soft networks for urban competitiveness. *Urban Studies*, 39, 929–45.
Malecki, E. J. 2004. Fibre tracks: Explaining investment in fibre optic backbones. *Entrepreneurship and Regional Development*, 16, 21–39.
Malecki, E. J. and Wei, H. 2009. A wired world: The evolving geography of submarine cables and the shift to Asia. *Annals of the Association of American Geographers*, 99, 360–82.
Martinus, K., Sigler, T., Searle, G. and Tonts, M. 2015. Inside and outside down under: A comparative analysis of corporate energy networks. *Geoforum* (in press).
Massey, D. 1979. In what sense a regional problem? *Regional Studies*, 13, 233–43.
Massey, D. 1993. Power-geometry and a progressive sense of place. In: Bird, J., Curtis, B., Putnam, T., Robertson, G. and Tickner, L. (eds) *Mapping the Futures: Local cultures, global change* (59–69). London: Routledge.
Massey, D. B., Allen, J. and Pile, S. 1999. *City Worlds*. London: Routledge.
MasterCard Worldwide. 2008. *Worldwide Centers of Commerce Index 2008*. New York: MasterCard Worldwide.
Matsumoto, H. 2004. International urban systems and air passenger and cargo flows: Some calculations. *Journal of Air Transport Management*, 10, 239–47.
Matthiessen, C. W. and Schwarz, A. W. 2010. World cities of scientific knowledge: Systems, networks and potential dynamics – an analysis based on bibliometric indicators. *Urban Studies*, 47, 1879–97.
Meijers, E. 2007. From central place to network model: Theory and evidence of a paradigm change. *Tijdschrift voor Economische en Sociale Geografie*, 98, 245–59.
Meyer, K. E., Mudambi, R. and Narula, R. 2011. Multinational enterprises and local contexts: The opportunities and challenges of multiple embeddedness. *Journal of Management Studies*, 48, 235–52.
Musil, R. 2009. Global capital control and city hierarchies: An attempt to reposition Vienna in a world city network. *Cities*, 26, 255–65.

Musil, R. 2014. European global cities in the recent economic crisis. *Tijdschrift Economische en Sociale Geografie*, 105, 492–503.
Neal, Z. 2008. The duality of world cities and firms: Comparing networks, hierarchies, and inequalities in the global economy. *Global Networks*, 8, 94–115.
Neal, Z. 2011. Differentiating power and centrality in the world city network. *Urban Studies*, 48, 2733–48.
Neal, Z. 2013a. Does world city network research need eigenvectors? *Urban Studies*, 50, 1648–59.
Neal, Z. 2013b. Brute force and sorting processes: Two perspectives on world city network formation. *Urban Studies*, 50, 1277–91.
Neal, Z. 2014. Validity in world city networks. *Tijdschrift voor Economische en Sociale Geografie*, 105, 427–43.
Nijman, J. 2007. Comparative urbanism. *Urban Geography*, 28, 1–6.
Norberg-Hodge, H. 2002. *Bringing the Local Economy Home: Local alternatives to global agribusiness*. London: Zed Books.
O'Connor, K. 2010. Global city regions and the location of logistics activity. *Journal of Transport Geography*, 18, 354–62.
O'Connor, K. and Fuellhart, K. 2012. Cities and air services: The influence of the airline industry. *Journal of Transport Geography*, 22, 46–52.
O'Connor, K., Derudder, B. and Witlox, F. 2015. Logistics services: Global functions and global cities. *Growth and Change* (in press).
OECD 2012. *Compact City Policies: A comparative assessment*. OECD Green Growth Studies. Paris: OECD Publishing.
Oliver, R. and Fage, D. 1988. *A Short History of Africa*. London: Penguin.
Orford, S., Dorling, D. and Harris, R. 1998. *Review of Visualization in the Social Sciences: A state of the art survey and report*. Bristol: School of Geographical Sciences, University of Bristol.
Otiso, K. M., Derudder, B., Bassens, D., Devriendt, L. and Witlox, F. 2011. Airline connectivity as a measure of the globalization of African cities. *Applied Geography*, 31, 609–20.
Owen, D. 2009. *The Green Metropolis*. New York: Riverhead Books.
Paasi, A. 1986. The institutionalization of regions: A theoretical framework for understanding the emergence of regions and the constitution of regional identity. *Fennia*, 164, 105–46.
Paasi, A. 2004. Place and region: Looking through the prism of scale. *Progress in Human Geography*, 28, 531–54.
Palan, R., Murphy, R. and Chavagneux, C. 2010. *Tax Havens: How globalization really works*. Ithaca, NY: Cornell University Press.
Parker, G. 2004. *Sovereign City: The city-state through history*. London: Reaktion Books.
Parnreiter, C. 2010. Global cities in global commodity chains: Exploring the role of Mexico City in the geography of global economic governance. *Global Networks*, 10, 35–53.
Parnreiter, C. 2014. Global cities and the production of uneven development. In Desai, V. and Potter, R. (eds) *The Companion to Development Studies* (3rd edition) (291–5), London: Routledge.
Parr, J. B. 2002. The location of economic activity: Central place theory and the wider urban system. In: McCann, P. (ed.) *Industrial Location Economics* (32–41). Cheltenham: Edward Elgar.
Peirce, N. R., Johnson, C. W. and Hall, J. S. 1993. *Citistates: How urban America can prosper in a competitive world*. Washington DC: Seven Locks Press.
Petrella, R. 1995. A global agora vs. gated city-regions. *New Perspectives Quarterly*, 12, 21–2.
Phelps, N. A. and Tewdwr-Jones, M. 2014. A man for all regions: Peter Hall and regional studies. *Regional Studies*, 48, 1579–86.
Phillips, P. D. and Brunn, S. 1980. New dynamics of growth in the American metropolitan system. In: Brunn, S. D. and Wheeler, J. O. (eds) *The American Metropolitan System: Present and future* (1–20). New York: Wiley.
Pirie, G. 2010. Trajectories of north – south city inter-relations: Johannesburg and Cape Town, 1994–2007. *Urban Studies*, 47, 1985–2002.

Potter, R. B., Binns, T., Elliot, J. A. and Smith, D. 2004. *Geographies of Development*. Edinburgh: Pearson Education.

Powell, W. W. 1990. Neither market nor hierarchy: Network forms of organization. In: Staw, B. M. and Cummings, L. L. (eds) *Research in Organizational Behavior* (295–336). Greenwich, CT: JAI Press.

Pred, A. 1978. On the spatial structure of organizations and the complexity of metropolitan interdependence. In: Bourne, L. S. and Simmons, J. W. (eds) *Systems of Cities* (292–309). New York: Oxford University Press.

Pred, A. R. 1977. *City-Systems in Advanced Economies: Past growth, present processes and future development options*. London: Hutchinson London.

Pred, A. R. 1990. *Making Histories and Constructing Human Geographies: The local transformation of practice, power relations, and consciousness*. Boulder, CO: Westview Press.

Reed, H. C. 1981. *The Pre-eminence of International Financial Centers*. New York: Praeger.

Reuters. 2012. Shenzhen's 'mini-Hong Kong' to test China's financial ambitions. *Daily Maverick*. Available at www.reuters.com/article/2012/06/27/us-china-minihongkong-idUSBRE85Q0Z520120627 (accessed 11 June 2015).

Rimmer, P. J. 1991. The global intelligence corps and world cities: Engineering consultancies on the move. In: Daniels, P. W. (ed.) *Services and Metropolitan Development: International perspectives* (66–106). London: Routledge.

Robinson, J. 2002. Global and world cities: A view from off the map. *International Journal of Urban and Regional Research*, 26, 531–54.

Robinson, J. 2005. Urban geography: World cities, or a world of cities. *Progress in Human Geography*, 29, 757–65.

Rokkan, S. 1980. Territories, centres, and peripheries: Toward a geoethnic–geoeconomic–geopolitical model of differentiation within Western Europe. In: Gottmann, J. (ed.) *Centre and Periphery: Spatial variation in politics* (163–204). Beverly Hills: Sage.

Rossi, E. C., Beaverstock, J. V. and Taylor, P. J. 2007. Transaction links through cities: 'Decision cities' and 'service cities' in outsourcing by leading Brazilian firms. *Geoforum*, 38, 628–42.

Rostow, W. W. 1960. *The Stages of Economic Development: A non-communist manifesto*. Cambridge: Cambridge University Press.

Rozenblat, C. 2012. A multi-level and multi-dimensional approach of city-systems through multinational firms' network. Presentation to the 2012 meeting of the Urban Commission of the International Geographical Union. Available at www.unil.ch/igu-urban/files/live/sites/iguurban/files/shared/Rozenblat_IGU_2012_NETWORKS.pdf (accessed 12 February 2015).

Rozenblat, C. and Pumain, D. 2006. Firm linkages, innovation and the evolution of urban systems. In: Taylor, P., Derudder, B., Saey, P. and Witlox, F. (eds) *Cities in Globalization: Practices, policies, and theories* (130–56). London: Routledge.

Rugman, A. M. 2005. *The Regional Multinationals*. Cambridge: Cambridge University Press.

Rummel, R. J. 1970. *Applied Factor Analysis*. Evanston, IL: Northwestern University.

Rutherford, J., Gillespie, A. and Richardson, R. 2004. The territoriality of pan-European telecommunications backbone networks. *Journal of Urban Technology*, 11, 1–34.

Sack, R. D. 1986. *Human Territoriality: Its theory and history*, Cambridge, Cambridge University Press.

Sassen, S. 1991. *The Global City*. Princeton, NJ: Princeton University Press Princeton.

Sassen, S. 1994. *Cities in a World Economy*. Thousand Oaks, CA: Pine Forge.

Sassen, S. 2000. New frontiers facing urban sociology at the Millennium. *The British Journal of Sociology*, 51, 143–59.

Sassen, S. 2001. *The Global City*, 2nd edn. Princeton, NJ: Princeton University Press.

Sassen, S. (ed.) 2002. *Global Networks, Linked Cities*. London: Routledge.

Sassen, S. 2008. *Territory, Authority, Rights: From medieval to global assemblages*. Princeton, NJ: Princeton University Press.

Sassen, S. J. 2011. *Cities in a World Economy*. London: Sage Publications.

Schmitt, P. and Smas, L. 2012. Nordic 'intercity connectivities' in a multi-scalar perspective. *Nordregio Working Paper*, 7.

Scott, A. J. 1998. *Regions and the World Economy*. Oxford: Oxford University Press.

Scott, A. J. 2000. Global city-regions and the new world system. In: Yusuf, S., Wu, W. and Evenett, S. (eds) *Local Dynamics in an Era of Globalization: 21st century catalysts for development* (84–93). New York: Oxford University Press.
Scott, A. J. 2012. *A World in Emergence: Cities and regions in the 21st century*. Cheltenham and Northampton: Edward Elgar Publishing.
Scott, J. 1998. *Seeing Like a State*. New Haven, CT: Yale University Press.
Sharzer, G. 2012. *No Local: Why small-scale alternatives won't change the world*. Winchester: Zero Books.
Shin, K. H. and Timberlake, M. 2000. World cities in Asia: Cliques, centrality and connectedness. *Urban Studies*, 37, 2257–85.
Short, J. R. and Kim, Y.-H. 1999. *Globalization and the City*. Harlow: Longman.
Short, J. R., Kim, Y., Kuus, M. and Wells, H. *et al.* 1996. The dirty little secret of world cities research: Data problems in comparative analysis. *International Journal of Urban and Regional Research*, 20, 697–717.
Short, J. R., Breitbach, C., Buckman, S. and Essex, J. 2000. From world cities to gateway cities: Extending the boundaries of globalization theory. *City*, 4, 317–40.
Shuman, M. 2000. *Going Local: Creating self-reliant communities in a global age*. London: Routledge.
Sigler, T. J. 2013. Relational cities: Doha, Panama City, and Dubai as 21st century entrepôts. *Urban Geography*, 34, 612–33.
Simmons, J. W. 1978. The organization of the urban system. In: Bourne, L. S. and Simmons, J. W. (eds) *Systems of Cities* (61–69). New York: Oxford University Press.
Skinner, G. W. 1965. Marketing and social structure in rural China, Part III. *Journal of Asian Studies*, 24, 363–99.
Smith, D. A. and Timberlake, M. F. 2001. World city networks and hierarchies, 1977–1997: An empirical analysis of global air travel links. *American Behavioral Scientist*, 44, 1656–78.
Smith, D. A. and Timberlake, M. 2002. Hierarchies of dominance among world cities: A network approach. In: Sassen, S. (ed.) *Global Networks, Linked Cities* (117–41). London: Routledge.
Smith, M. P. 2001. *Transnational Urbanism*. Oxford: Blackwell.
Smith, R. G. 2003a. World city actor-networks. *Progress in Human Geography*, 27, 25–44.
Smith, R. G. 2003b. World city topologies. *Progress in Human Geography*, 27, 561–82.
Smith, R. G. 2014. Beyond the global city concept and the myth of 'command and control'. *International Journal of Urban and Regional Research*, 38, 98–115.
Smith, R. G. and Doel, M. A. 2011. Questioning the theoretical basis of current global-city research: Structures, networks and actor-networks. *International Journal of Urban and Regional Research*, 35, 24–39.
Smith, W. D. 1984. The function of commercial centers in the modernization of European capitalism: Amsterdam as an information exchange in the seventeenth century. *The Journal of Economic History*, 44, 985–1005.
Soja, E. W. 1989. *Postmodern Geographies: The reassertion of space in critical social theory*. London: Verso.
Soja, E. W. 2000. *Postmetropolis: Critical studies of cities and regions*. Oxford: Blackwell.
Soja, E., Morales, R. and Wolff, G. 1983. Urban restructuring: An analysis of social and spatial change in Los Angeles. *Economic Geography*, 195–230.
Stanback, T. M. and Noyelle, T. J. 1982. *Cities in Transition*. Totowa, NJ: Allanheld, Osmun.
Steel, C. 2008. *Hungry City: How food shapes our lives*. London: Chatto & Windus.
Stephens, J. D. and Holly, B. P. 1980. The changing patterns of industrial corporate control in the metropolitan United States. In: Brunn, S. D. and Wheeler, J. O. (eds) *The American Metropolitan System: Present and future* (161–80). New York: Wiley.
Taaffe, E. J., Morrill, R. L. and Gould, P. R. 1963. Transport expansion in underdeveloped countries: A comparative analysis. *Geographical Review*, 53, 503–29.
Taylor, P. J. 1996. *The Way the Modern World Works: World hegemony to world impasse*. Chichester: Wiley.
Taylor, P. J. 1997. Hierarchical tendencies amongst world cities: A global research proposal. *Cities*, 14, 323–32.

Taylor, P. J. 1999a. *Modernities: A geohistorical interpretation*. Cambridge: Polity Press.
Taylor, P. J. 1999b. So-called 'world cities': The evidential structure within a literature. *Environment and Planning A*, 31, 1901–04.
Taylor, P. J. 2004. *World City Network: A global urban analysis*. London: Routledge.
Taylor, P. J. 2005. Leading world cities: Empirical evaluations of urban nodes in multiple networks. *Urban Studies*, 42, 1593–608.
Taylor, P. J. 2006. Parallel paths to understanding global inter-city relations. *American Journal of Sociology*, 112, 881–94.
Taylor, P. J. 2007. Problematizing city/state relations: Towards a geohistorical understanding of contemporary globalization. *Transactions of the Institute of British Geographers*, 32, 133–50.
Taylor, P. J. 2012a. Extraordinary cities: Early 'city-ness' and the origins of agriculture and states. *International Journal of Urban and Regional Research*, 36, 415–47.
Taylor, P. J. 2012b. On city cooperation and city competition. In: Derudder, B., Hoyler, M., Taylor, P. J. and Witlox, F. (eds) *International Handbook of Globalization and World Cities* (51–63). Cheltenham: Edward Elgar.
Taylor, P. J. 2013. *Extraordinary Cities: Millennia of moral syndromes, world-systems and city/state relations*. Cheltenham: Edward Elgar Publishing.
Taylor, P. J. 2014. The world cities. In: Tewdwr-Jones, M., Phelps, N. A. and Freestone, R. (eds) *The Planning Imagination: Peter Hall and the Study of Urban and Regional Planning* (217–227). London: Routledge.
Taylor, P. J. and Aranya, R. 2008. A global 'urban roller coaster'? Connectivity changes in the world city network, 2000–2004. *Regional Studies*, 42, 1–16.
Taylor, P. J. and Lang, R. E. 2005. *US Cities in the 'World City Network'. Metropolitan Policy Program Survey Series*. Washington, DC: Brookings Institution,
Taylor, P. J., Catalano, G. and Walker, D. R. 2002. Exploratory analysis of the world city network. *Urban Studies*, 39, 2377–94.
Taylor, P. J., Derudder, B. and Witlox, F. 2007. Comparing airline passenger destinations with global service connectivities: A worldwide empirical study of 214 cities. *Urban Geography*, 28, 232–48.
Taylor, P., Evans, D. and Pain, K. 2008a. Application of the interlocking network model to mega-city-regions: Measuring polycentricity within and beyond city-regions. *Regional Studies*, 42, 1079–93.
Taylor, P. J., Hoyler, M. and Evans, D. M. 2008b. A geohistorical study of 'The Rise of Modern Science': Mapping scientific practice through urban networks, 1500–1900. *Minerva*, 46, 391–410.
Taylor, P. J., Hoyler, M. and Verbruggen, R. 2010a. External urban relational process: Introducing central flow theory to complement central place theory. *Urban Studies*, 47, 2803–18.
Taylor, P. J., Ni, P., Derudder, B., Hoyler, M., Huang, J. and Witlox, F. (eds) 2010b. *Global Urban Analysis: A survey of cities in globalization*. London: Routledge.
Taylor, P. J., Derudder, B., Hoyler, M. and Ni, P. 2013. New regional geographies of the world as practised by leading advanced producer service firms in 2010. *Transactions of the Institute of British Geographers*, 38, 497–511.
Taylor, P. J., Hoyler, M., Pain, K. and Vinciguerra, S. 2014. Extensive and intensive globalizations: Explicating the low connectivity puzzle of US cities using a city-dyad analysis. *Journal of Urban Affairs*, 36, 876–90.
Therborn, G. 2011. End of a paradigm: the current crisis and the idea of stateless cities. *Environment and Planning A*, 43, 272.
Thompson, G. F. 2003. *Between Hierarchies and Markets: The Logic and Limits of Network Organization*. Oxford: Oxford University Press.
Thrift, N. 1987. The fixers: The urban geography of international commercial capital. In: Henderson, J. and Castells, M. (eds) *Global Restructuring and Territorial Development* (203–33). London: Sage.
Thrift, N. 1999. Cities and economic change: global governance? In: Allen, J., Massey, D. and Pryke, M. (eds) *Unsettling Cities* (283–325). London: Routledge.
Toly, N., Bouteligier, S., Smith, G. and Gibson, B. 2012. New maps, new questions: Global cities beyond the advanced producer and financial services sector. *Globalizations*, 9, 289–306.

Townsend, A. M. 2001. Network cities and the global structure of the internet. *American Behavioral Scientist*, 44, 1697–716.
Tranos, E. and Gillespie, A. 2011. The urban geography of Internet backbone networks in Europe: Roles and relations. *Journal of Urban Technology*, 18, 35–50.
Tranos, E., Kourtit, K. and Nijkamp, P. 2014. Digital urban network connectivity: Global and Chinese internet patterns. *Papers in Regional Science*, 93, 409–28.
Van der Waal, J. and Burgers, J. 2009. Unravelling the global city debate on social inequality: A firm-level analysis of wage inequality in Amsterdam and Rotterdam. *Urban Studies*, 46, 2715–29.
Van der Wusten, H. 2002. Comment on Manuel Castells' paper in this issue: Local and global: cities in the network society. *Tijdschrift voor Economische en Sociale Geografie*, 93, 559–62.
Van Meeteren, M., Derudder, B. and Bassens, D. 2015. Can the straw man speak? An engagement with postcolonial critiques of 'global cities research'. Working paper available from authors.
Verhoeven, D. and Morris, B. 2014. Rankings fever: Melbourne goes over the top – again. *The Conversation*. Available at http://theconversation.com/rankings-fever-melbourne-goes-over-the-top-again-30700 (accessed 12 February 2015).
Vinciguerra, S., Taylor, P. J., Hoyler, M. and Pain, K. 2010. Contemporary *Mappa Mundi*: American exceptionalism in the world city network. *Environment and Planning A*, 42, 1271–2.
Vorley, T., Mould, O. and Courtney, R. 2012. My networking is not working! Conceptualizing the latent and dysfunctional dimensions of the network paradigm. *Economic Geography*, 88, 77–96.
Wall, R. S. and Van der Knaap, G. 2011. Sectoral differentiation and network structure within contemporary worldwide corporate networks. *Economic Geography*, 87, 267–308.
Wallerstein, I. M. 1991. *Unthinking Social Science: The limits of nineteenth-century paradigms*. Cambridge: Polity Press.
Wallerstein, I. M. 2004. *World-Systems Analysis: An introduction*. Durham, NC: Duke University Press.
Warf, B. 1989. Telecommunications and the globalization of financial services. *The Professional Geographer*, 41, 257–71.
Wills, J., Datta, K., Evans, Y., Herbert, J., May, J. and McIlwaine, C. 2010. *Global Cities at Work: New migrant divisions of labour*. London: Pluto Press.
Wójcik, D. 2013. The Dark Side of NY–LON: Financial centres and the global financial crisis. *Urban Studies*, 50, 2736–52.
Wood, P. A. 1987. Producer services and economic change. In: Chapman, K. and Humphry, G. (eds) *Technological Change and Industrial Policy* (51–77). Oxford: Blackwell.
Woodin, M. and Lucas, C. 2004. *Green Alternatives to Globalisation: A manifesto*. London: Pluto Press.
Wu, F. 2000. The global and local dimensions of place-making: Remaking Shanghai as a world city. *Urban Studies*, 37, 1359–77.
Yeung, H. W. C. 2005. Rethinking relational economic geography. *Transactions of the Institute of British Geographers*, 30, 37–51.
Zhang, L.-Y. 2003. Economic development in Shanghai and the role of the state. *Urban Studies*, 40, 1549–72.
Zhao, M., Liu, X., Derudder, B., Zhong, Y. and Shen, W. 2015. Mapping producer services networks in mainland Chinese cities. *Urban Studies* (in press). Doi: 10.1177/0042098014558541.
Zook, M. A. 2001. Old hierarchies or new networks of centrality? *American Behavioral Scientist*, 44, 1679–96.
Zook, M. A. and Brunn, S. D. 2006. From podes to antipodes: Positionalities and global airline geographies. *Annals of the Association of American Geographers*, 96, 471–90.

《城市研究系列》总目

☑ 已出版，☐ 待出版

- ☑ 马克思主义与城市
- ☑ 保卫空间
- ☑ 城市空间的社会生产
- ☑ 城市：非正当性支配
- ☑ 现代性和大都市
- ☑ 驱逐：全球经济中的野蛮性与复杂性
- ☑ 浮现的世界：21 世纪的城市与区域
- ☑ 空间问题：文化拓扑学和社会空间化
- ☑ 文化崩溃：创意阶层的衰落
- ☑ 城市的视角
- ☑ 世界城市网络：一项全球层面的城市分析
- ☐ 为增长而规划：中国的城市与区域规划
- ☐ 社会理论和城市问题
- ☐ 未来是什么？
- ☐ 阁楼生活方式：城市变化中的文化与资本
- ☐ 城市发展的基本趋势
- ☐ 大都市与精神生活
- ☐ 全球城市政治